KB202456

독덴 샤캬 쉬리

독덴 샤캬 쉬리

출간일 2025년 3월 1일
지은이 카톡 시투 최키 갸초
옮긴이 이봉수
펴낸이 전승선
펴낸곳 자연과인문
판 형 신국판
대표전화 02-735-0407
팩 스 02-6455-6488
주 소 서울 강남구 영동대로 602, 6층 A76(삼성동, 삼성동 미켈란107)
홈페이지 http://www.jibook.net
이 메 일 jibooks@naver.com
출판등록 제300-2007-172호
책 값 20,000원

ⓒ2015

ISBN 9791186162804(03220)

이 책은 저작권법에 따라 보호를 받는 저작물이므로 무단복제와 무단전재를 금하며 이 책 내용의 전부 또는 일부를 이용하려면 반드시 저작권자와 자연과인문의 서면동의를 받아야 함

독덴 샤캬 쉬리

TOGDEN SHAKYA SHRI

카톡 시투 최키 갸초 지음

이봉수 옮김

자연과인문

샤카 쉬리의 스승들

잠양 켄체 왕포

잠괸 콩툴 로되 타예

아좀 둑빠

팔툴 린포체

6대 캄툴 린포체 텐뻬 니마의 동상

샤캬 쉬리의 동상

티베트 동부의 라드락 양쭝에 있는 샤캬 쉬리의 은둔 수행처

독덴 샤캬 쉬리

Togden Shakya Shri

1853년 동티베트 베루에서 출생

두구 사원으로 출가

남부 티베트 '행복한 동굴'에서 은둔 수행

소남 상뽀, 티폰 린포체 등 제자 양성

족첸, 마하무드라, 나로육법 수행 및 각종 심보장 발견

네팔 스와얌부탑 복원

1919년 입적

티폰 린포체

1878년 라다크에서 출생
19세 때 고향을 떠나 샤캬 쉬리의 제자가 됨
귀의 대배 10만번 15회 수행
고창빠가 수행한 동굴에서 은둔 수행
족첸, 마하무드라. 나로육법 수행 성취
경전을 만들어 티베트, 부탄, 라다크 등에 배포
1959년 11월 입적

Tripon Rinpoche

아포 린포체

A
p
h
o
R
i
n
p
o
c
h
e

1922년 남부 티베트 라와푹에서 출생

소남 상뽀 문하에서 마하무드라와 족첸 수행

둑빠 까규 전통의 책 16권 집필

나로육법 수행 성취

1942년 키푹 은둔 수행처 복원

1948년 키푹의 축라캉 사원 완공

1958년 인도로 망명하여 마날리에 정착

1974년 7월 입적

세이 린포체

1961년 12월 시킴의 탁체에서 출생

소남 상뽀로부터 둑빠 까규의 모든 수행법 전수

딜고 켄체로부터 족첸 전수

인도 불교담론연구소에서 불교철학 공부

뚬모, 포와 등 나로육법 수행 성취

현재 인도 마날리의 '치메 둡빼 가찰' 사원에서 수행 및
전법활동

THE DALAI LAMA

FOREWORD

Togden Shakya Shri (1853–1919) was an important master of the Drugpa
Kagyu tradition of recent times. A highly realized being and a principle
holder of the ear-whispered lineage of Mahamudra and Six Yogas of Naropa
of the Drugpa Kagyu tradition, he was responsible for its revival and
dissemination in Tibet and the Himalayan region in the recent times. His life
of austere practice, his consequent realizations, his teachings and his
unceasing concern for the welfare of sentient beings remain a magnificent
example to us all.

I am happy to learn that Apho Rinpoche's son, Sey Rinpoche Gelek Namgyal,
is publishing a new edition of the English translation of the biography of
Togden Shakya Shri, written by the third Kathog Situ Choekyi Gyatso,
supplemented by short biographies of three of Shakya Shri's lineage-holders.
I offer my prayers that readers who are moved to engage in spiritual practice
by reading this book will meet with success.

서문

달
라
이
라
마

　은둔 수행자 독덴 샤캬 쉬리(1853-1919)는 근세의 둑빠 까규 전통에 있어 중요한 성취자다. 둑빠 까규 전통인 마하무드라와 나로육법에 통달한 분이자 높은 깨달음을 성취한 분으로, 티베트와 히말라야에 이런 전통을 되살리고 전파하는데 기여한 분이다. 그의 금욕적인 수행과 중요한 깨달음, 가르침 그리고 일체중생의 행복을 위한 끊임없는 노력은 오늘날 우리들에게 좋은 귀감으로 남았다.

　나는 이번에 아포 린포체의 아들인 세이 린포체가 샤캬 쉬리 존자의 전기를 보완하여 새롭게 출간한다는 소식을 듣고 매우 기쁘다. 제3대 카톡 시투 최키 갸초가 쓴 샤캬 쉬리 전기에 그의 법맥을 계승한 세 분의 간략한 전기를 추가하여 내는 새로운 이 책을 많은 독자들이 읽고 감동을 받아 큰 성취가 있기를 기원한다.

달라이라마

역자 서문

이
봉
수

최근 많은 사람들이 티베트 불교에 비상한 관심을 보이고 있다. 티베트 망명정부를 이끌고 있는 달라이라마의 영향도 있지만 티베트 불교의 독특한 수행체계와 보리심으로 가득한 티베트의 순수 정신이 물질만능과 이기주의에 찌든 현대인들에게 참신한 대안으로 떠올랐기 때문이다.

티베트 불교는 밀교라고 하는 금강승 불교로 대표된다. 소승과 대승을 거쳐 발전된 금강승은 독특한 수행체계를 갖고 있다. 내밀한 방법으로 스승이 제자에게 부처님법을 전수하는 전통의 맥을 잇고 있다. 격리된 은둔처에서 엄격한 수행을 하는 것도 티베트 불교의 특징 중 하나다. 티베트 불교의 원조라고 하는 빠드마삼바바의 '사자의 서'가 발견되어 서구에 알려지면서 큰 반향을 불러일으킨 것은 서구 자본주의 사회에 티베트의 정신문화가 던져준 신선한 선물이었다.

이 책은 티베트 밀교수행 성취자들의 삶과 대자유를 위한 정신수행 이야기다. 샤캬 쉬리(1853~1919)는 우리에게 약간 낯선 이름이

긴 하지만 근자에 보기 드문 위대한 밀교 수행 성취자였다. 그는 티베트인들이 제2의 부처로 숭앙하는 빠드마삼바바(717-762)의 25제자 중 한 명인 나남 뒤좀의 환생자다. 생전에 걸인과 같은 모습으로 외딴 은둔처에서 수행하여 큰 깨달음을 얻고 많은 이적을 행사한 그는 무지개몸을 성취하고 열반한 위대한 스승이었다. 그는 대원만수행인 족첸과 대수인수행 마하무드라에 통달하였고, 나로빠가 전해준 수행법인 나로육법에도 정통한 수행자였다. 1919년 그가 열반할 때는 하늘에 수많은 무지개가 피어오르고 땅에서는 지진이 났으며 허공에서 헐헐헐 하는 소리가 들렸다. 대성취자 샤캬 쉬리가 완전한 깨달음을 이루었다는 징표였다.

왕대밭에서 왕대가 나듯 그의 제자와 후손 중에는 밀교수행 성취자들이 많다. 티폰 빼마 쵸갤, 아포 린포체, 세이 린포체가 이들이다. 둑빠 까규 법맥인 이들은 밀라레빠의 전통을 이어받아 외딴 은둔처에서 오랜 기간 수행을 한다. 이들 중에서 현존하는 사람은 세이 린포체로 북인도 마날리에서 수행정진과 전법활동을 하고 있다. 그는 둑빠 까규 전통에 따라 실수행을 가장 많이 한 수행자로, 배꼽불 수행인 뚬모를 실행하는 수행자 중 한 명이라고 달라이라마는 말했다.

세이 린포체의 전생인 티폰 린포체는 샤캬 쉬리의 제자 중 한 명이다. 그는 1878년 라다크의 둑빠 텍촉사원 근처에 사는 독실한 가정의 부모로부터 태어났다. 어려서부터 홀로 동굴에서 명상하기를 좋아했고, 토굴과 외진 장소를 좋아했다. 어린 나이에 승려가 되기 위해 텍촉사원에 들어갔으나 19세 되던 해에 덧없는 삶에 희의를 느끼고 고향을 등진 채 위대한 스승 샤캬 쉬리를 만나 큰 깨달음을 이루었다. 1959년에 그는 82세의 나이로 완전한 열반에 들었다. 땅이 진동하고 맑은 하늘에서 꽃비가 내리는 상서로운 징조를 많은 사람들이 목격했다.

아포 린포체는 세이 린포체의 아버지로 밀라레빠의 환생자다. 그는 1922년 7월에 남부 티베트의 차르 키푹에 있는 라와푹에서 태어났다. 두 살 때 아버지가 돌아가시자 삼촌 팍촉 도르제가 법맥을 돌보는 사람으로 그에게 관정을 주고 샤캬 쉬리의 정신 수행에 관한 모든 것들을 전승해 주었다. 다섯 살 때는 닝마파 사원인 데르게 셉다 족첸 사원에서 아포 린포체를 그들의 정신적 스승으로 추대하였다. 아포 린포체는 샤캬 쉬리의 제자인 부탄 출신 소남 상뽀로 부터 부처님 가르침의 심원한 진리를 완벽하게 배웠다. 1937년 16세 되던 해에 그는 위대한 스승 티폰 린포체를 만났다. 티폰 린포체는 아포 린포체에게 마하무드라와 나로육법 등의 가르침을 전승해 주었다. 1974년 53세의 나이로 그는 가부좌를 하고 앉은 채 열반하였다. 그는 죽음 후의 명상수행인 툭담을 유지한 상태로 6일간을 숨을 쉬지 않고도 몸의 열을 잃지 않았다.

이 책은 철저한 사실에 바탕을 두고 쓴 수행자들의 일대기 형식이지만, 중간 중간에 각종 밀교 수행법을 구체적으로 소개하고 있다. 그런데 무엇보다도 중요한 것은 인간의 삶과 죽음의 문제를 해결하는 가장 빠른 지름길을 보여준다는 점이다. 진정한 스승을 만나 비밀한 법을 전수받으면 이번 생에서 바로 대자유를 얻는 길이 이 책 속에 들어있다.

이 책은 카톡 시투 최키 갸초가 티베트어로 쓴 샤캬 쉬리 전기를 이탈리아 출신 엘리오 구아리스코가 영문으로 번역하여 'TOGDEN SHAKYA SHRI'라는 책을 낸 것을, 다시 '독덴 샤캬 쉬리'라는 한국어판으로 번역 출간하면서 샤캬 쉬리 문중의 티폰 빼마 쵸걜과 아포 린포체, 세이 린포체의 간략한 전기를 추가하여 증보판으로 만든 것이다.

세이 린포체는 나의 근본스승이며, 한국에서 샤캬 쉬리 문중의 법맥 소유자는 최니 랑돌 스님과 최니 된똑 스님이 있다. 이 책을 내게 된 동기는 이 스님들과의 인연 때문이다. 최니 랑돌 스님은 일찍이 범어사로 출가하여 비구계를 받은 다음 2007년 인도 따시종으로 가서 겔룩파로부터 사미계와 비구계를 받고 다시 마날리로 가서 세이 린포체와 인연을 맺어 약 7년간 나로육법 수행을 하고 귀국했다. 2013년 한국으로 귀국한 스님은 설악산 은비령에서 3년 3개월간 홀로 무문관 수행을 하였으며 뚬모를 실제 수행할 수 있는 법력을 가진 분이다. 최니 된똑 스님도 인도 마날리로 가서 세이 린포체로부터 법을 전수받고 돌아와 지리산 깊은 산중에서 3년간 무문관 수행을 마치고 지금도 은둔 수행 중이다.

나는 이 책을 쓰면서 환희심에 밤잠을 설친 날이 많았다. 티베트의 정신적 스승들이 보여준 끝없는 자기 성찰과 불법을 수호하기 위한 실천행을 보면서 큰 감동을 받았다. 제자는 스승을 부처님처럼 믿고 따르고, 스승은 제자를 헌신적으로 보살피는 티베트의 수행 전통을 우리나라 불자들에게 소개하는 것 자체가 내게는 큰 영광이다. 기존에 출판된 영문판 샤캬 쉬리 전기의 저작권 문제를 정리해 주시고 추가된 세 분의 전기에 대한 원고를 주신 세이 린포체께 감사드리며, 축하의 서문을 보내 주신 달라이라마 존자님께 깊은 감사의 말씀을 드린다.

2025년 3월
정명 이봉수 합장

서문

쵸
걜

남
카
이

노
르
부

위대한 수행자 샤캬 쉬리는 찬란한 둑빠 까규[1] 법맥에서 위대한 성취를 이룬 스승이다. 그는 은둔수행자로 두구^{Drugu}의 독덴^{Togden} [2] 이다. 그는 마하무드라 수행뿐만 아니라 원만수행인 족첸의 위대한 성취자였다. 더욱이 그는 숨겨진 보물^{hidden treasure}이라고 하는 특별한 보장(뗄마^{terma})의 가르침을 드러내 보였다. 그 보장은 심원하고 높은 경지에 이른 아티 족파 첸포의 숨겨진 비밀스러운 가르침이다. 이런 사실들과 그가 성취한 것들을 살펴보면, 그는 오디야나의 스승 빠드마삼바바의 25 제자 가운데 한 명이 환생한 분임을 알 수 있다.

그리고 샤캬 쉬리는 유명한 수행자였던 족첸 냐글라 랑릭 린포체[3]와 그의 부인, 그리고 빠오 도띨 도르제로 알려진 아좀 둑빠 린포체[4]와 함께 공부한 성취자이기도 하다. 릭진 창춥 도르제가 내게 특별히 말했다. 이 두 명의 고승들이 예언하기를 자기는 샤캬 쉬리 로부터 가르침을 받을 것이라고 예언했다는 것이다. 그리고 실제로 그 후 두구의 독덴 샤캬 쉬리는 릭진 창춥 도르제의 스승 중 한 명이 되었다.

누구든지 이렇게 뛰어난 수행자의 해탈에 관한 이야기에 관심을 갖는 사람은 이 전기를 읽으면서 왜 샤캬 쉬리가 마하무드라와 족첸 가르침의 위대한 성취자로 평가되는지를 알 것이다. 그리고 그가 부처님의 가르침과 일체 중생을 위해 다방면에서 이룩한 일들에 고마움을 느낄 것이다. 이런 이유 때문에 나는 많은 사람들에게 이 책을 읽어볼 것을 권한다.

행복을 빌면서
쵸걀 남카이 노르부

---

1) 티베트 불교에는 닝마, 샤까, 까규, 겔룩 4대 종파가 있으며 까규파의 종조는 11세기 역경사였던 마르빠다. 그는 인도의 밀교 수행자인 띨로빠와 나로빠로부터 밀교 수행법을 전수받았으며 밀라레빠와 같은 위대한 제자를 길러냈다. 밀라레빠의 법맥은 '해탈장엄론'을 저술한 감보빠로 이어진다.

   둑빠 까규는 감뽀빠의 제자인 팍모 두빠의 제자 제1대 걀왕 둑빠 린포체로부터 시작된다. 둑빠 까규는 히말라야의 부탄, 라다크 등지에서 번창하고 있으며 나로육법과 마하무드라 실수행을 하는 은둔 수행자들이 많다. 인도 북부의 따시종에 있는 캄툴 린포체, 툭시 린포체, 촉니 린포체, 도종 린포체와 마날리의 세이 린포체 등이 둑빠까규 문중에 속한다.
2) 독덴 : 티베트 불교에서 수행을 통하여 마음의 본성을 깨달은 사람을 일컫는 말이다. 출가 수행자이긴 하지만 밀라레빠의 전통에 따라 머리를 깎지 않고 흰색 가사를 걸친다.
3) Nyagla Rangrig Rinpoche(1847-1903): 릭진 창춥 도르제의 근본스승
4) Adzom Drugpa Rinpoche(1842-1924): 족첸 수행의 대가로 보장의 가르침을 발견한 사람

서문

겔
렉

남
걀

샤카 쉬리는 위대한 신앙심과 특별한 헌신으로 깨달음을 성취하신 분이다. 마치 인도의 대성취자 나로빠와 티베트의 밀라레빠처럼 깨달음을 이루셨다. 위대한 성취자인 샤카 쉬리 시대의 아좀 둑빠, 주 미팜 린포체 같은 분은 샤카 쉬리를 영광스러운 위대한 성취자 사라하[5]가 현현하신 것으로 인증하였으며, 그를 "갠지즈 강변으로부터 그 북쪽을 통틀어 비교할 데 없이 뛰어난 세기의 성취자"였다고 말했다.

이러한 성취를 통하여 그는 수많은 둑빠 까규의 수행자들과 족첸 수행자들을 도왔고, 그 외에도 수많은 중생들을 도왔다. 부탄의 정신적 계보에서 언급하기를 샤카 쉬리는 둑빠 까규의 거룩한 가르침의 원천이라고 한다. 그래서 그의 법맥 계승자이자 증손자인 본인 세이 린포체 겔렉 남걀은, 카톡 시투 최키 갸초에 의해 씌어진 샤카 쉬리의 전기가 이번에 한국어로 출간되는데 대해 기쁨을 감출 수 없다.

이를 계기로 독자들과 이 세상의 수행자들이 이렇게 위대한 은둔 수행자인 독덴에 대해서 배울 수 있고 그의 자취를 따라 가서 그 분과 같은 거룩한 성취를 이루기 바란다.

축복의 기도를 올리며
세이 린포체 겔렉 남걀

---

5) Saraha : 대승불교의 창시자인 용수보살(나가르쥬나)의 스승으로 탄트라 불교를 최초로 정립한 사람이다.

샤캬 쉬리의
전기를 쓴 작가와
그의 작품들

샤캬 쉬리 전기의 완전한 제목은 '꽃다발 : 대성취자 샤캬 쉬리, 위없는 지금강불의 해탈에 관한 이야기'이다. 전기의 저자는 제3대 카톡 시투인 쿤켄 오기엔 최키 걔초(1880-1925)다. 샤캬 쉬리의 문집 중 초기시대의 것으로 발견된 자서전은 전통적인 찬탄의 말과 소개말에 이어 상서로운 8가지의 상징들과 조화를 이루는 전체 8장으로 구성되어 있다.

최키 걔초는 숨겨진 보물인 보장(뗼마)이 많은 계곡인 딜고에서 태어났다. 딜고는 동티베트의 닝마파 카톡 사원으로부터 북서쪽 방향에 있다. 그는 잠양 켄체 왕포와 잠괸 콩튤 로되 타예 문하로 출가하여 법명을 받았다. 카톡 사원에서 콩튤 로되 타예(1813-1900), 미팜 쵸글 남걀(1846-1912), 아좀 둑빠 린포체(1842-1924), 켄첸 타시 외제르(1836-1910), 로테르 왕포(1847-1914), 그리고 15대 카르마파의 카캽 도르제와 같은 80명이 넘는 당대 최고의 성취자들로부터 가르침을 받았다. 최키 걔초가 이들 스승들로부터 전수받지 못한 가르침은 아무것도 없어 보인다. 대승경전과 밀교경전, 그리고 기타 다른 분야에 걸친 그의 방대한 지식은 그를 '시투 판디따'라는 이름을 붙여주었다. 특히 켄체 왕포는 최키 갸초를 인가하였다. 그는 최키 갸초를 모든 가르침의 궁극적인 의미를 다 이해하고, 깨달음의 경지에 이르렀다고 믿었다.

지식을 완벽하게 갖추고 내부적인 깨달음을 이룬 후에, 최키 갸초는 티베트 내의 여러 군데에 있는 중요한 성스러운 장소들을 열심히 여행했다. 순례여행을 하는 동안 그는 여러 가지 어려움을 겪으면서도 여러 성취자들과 도서관 기록물들을 만나고 희귀한 경전들을 수집하였다. 그리하여 잊힌 보물인 오래 된 값진 경전들을 찾아내 세상에 내놓았다. 그래서 그는 7천 종 이상의 자료를 축적하였으며 그것들은 여러 학교로부터 갖고 온 거대한 경전도서관을 이루게 되었다. 그는 이 여행을 기초로 하여 '1918년부터 1920년까지의 중부 티베트 순례 보고서'를 썼다.

한편 그는 각 사원을 책임지고 있는 성취자들 및 그분들의 제자들과 함께 동티베트의 여러 지역에 공부에 전념할 수 있는 대학 25개를 설립하는데 큰 역할을 했다. 특히 카톡 사원에서 미팜 린포체와 함께 설립한 대학은 명망 있는 종교 지도자 '켄포'(단과대 학장)들을 계속 배출하였다. 이들은 수행의 이론과 실제를 밝힌 사람들이며 특히 족첸 수행에 정통하였다. 최키 갸초는 밤낮으로 운 좋은 학생들을 가르쳐 종파를 초월한 거대한 가르침의 바다를 이루었으며, 그로 인하여 점차 티베트 불교의 오래된 학교나 신생 학교에 있는 모든 사람들로부터 존경을 받게 되었다. 그의 문하에는 수많은 학생들이 있었다. 그 중에는 잠양 켄체 최키 로되(1893-1959)와 네걉 린포체(1902-1952)[6]가 있으며 그로부터 가르침을 받은 쵸걜

---

6) Negyab Rinpoche : 잠양 로되 갸초로도 알려진 카톡 시투의 제자

남카이 노르부는 닝마파의 오랜 수행전통인 카마$^{Kama7)}$의 법맥을 전수 받았다.

이 전기는 티베트어로 '남탈$^{Namthar'8)}$이라고 하는 범주에 속한다. 이것은 주로 주인공의 생애에서 겉으로 드러난 사건들을 중심으로 간결하게 기술하는 것이다. 이런 전기는 시적으로 압축한 운문을 산문 앞에 배치한다. 이 전기는 최초로 부탄에서 로쁸 소남 상뽀 (1892-1983)에 의해 목판에 새겨졌다. 그는 샤캬 쉬리의 제자로 부탄에서 마하무드라와 족첸 수행의 대가였다. 그 목판 원본은 인도 마날리에 있는 아포 린포체 사원에 보존되어 있다.

카톡 시투 최키 갸초는 샤캬 쉬리를 위대한 스승으로 생각하였으며 그에게 전적으로 헌신하였다. 그것은 아래의 기원문에 명백하게 나타나 있다. 그가 스승인 '두구의 독덴'이 빨리 환생하기를 기원하면서 지은 아래 기원문을 보면 그의 헌신이 어떠했는지 명확히 드러난다. 이 기원문은 대성취자가 입적하셨을 때 지은 것으로, '축복과 선행이 소용돌이치는 바다인 성취자의 마음에 갈구하는 기원'이다.

> 한량없는 부처님의 깨달은 몸과 말과 마음의 진수,
> 이 생에서 탄트라와 만달라의 고요한 주재자이신 분
> 당신은 밀교 성취자로 현현하신 깨달은 자들의 왕이시라.
> 영광의 스승님, 그대의 발아래 엎드려 기원합니다.
>
> 궁극적 가르침을 지니고 보전하며 전파하신
> 지고하고 순수한 수많은 스승님들로부터 당신은 가피를 받으셨고
> 스승님들 가슴 속 감로가 그대에게 채워졌다오.
> 지고하신 스승님, 그대의 발아래 엎드려 기원합니다.

대자유의 상태에서 당신은 일상을 마술 같은 환상으로 보셨습니다.

끝없는 참된 진리와 함께, 당신은 열정으로 가르침을 실천하셨습니다.

대자비로 완전한 깨달음에 이르신

위없는 스승님, 그대의 발아래 엎드려 기원합니다.

완벽한 정진으로 그대는 존재의 궁극적 실체를 깨달았습니다.

대자비로 행운의 제자들을 길러내시고,

순수한 이타행으로 당신은 가르침에 승리의 깃발을 올렸습니다.

비교할 곳 없는 스승님, 그대의 발아래 엎드려 기원합니다.

위대한 까규의 수많은 성취자 싯다들에 의하여 전승된

파괴될 수 없는 마하무드라 요가를 통하여

그대 샤캬 쉬리는 마르빠, 밀라레빠와 감뽀빠를 친견하였습니다.

지혜의 근원인 스승님, 그대의 발아래 절합니다.

궁극적인 밀교 요가의 위대한 수행자로서

금강의 육신 속에 있는 기능들을 연결하는 방법을 통달하여

기맥과 호흡과 생명의 정수[9]에 기초한 네 가지 즐거움의 지혜를 성취하신

파괴될 수 없는 다카[10]의 왕이시여, 당신의 발아래 기원합니다.

수많은 힘 있는 장소[11]에서 당신은 수행의 진수를 경험하셨고,

---

7) Kama : 닝마파의 가르침으로 17세기 후반에 릭진 테닥 링빠(Rigdzin Terdag Ling-pa)에 의해 성문화 된 전체 13장이었던 것을, 후에 뒤쥼 린포체(Düdjom Rinpoche)가 많은 주석을 달아 58장으로 만들었다. 최근에 카톡 사원에 의해 108장으로 만들어졌다.

8) 티베트의 자서전 기술 방식에는 세 가지가 있는데, 첫째 나타난 사건 위주로 기술하는 외적 남탈, 깨달음의 내부적인 경험을 이야기하는 내적 남탈, 이러한 구분 없이 쓰는 비밀 남탈이 있다.

9) 기맥, 호흡, 생명의 정수(channels, winds, vital essences) : 이 세 가지는 미묘한 금강육신을 만드는 아뇩다라 요가(anuttaratantra)의 마지막 단계에서 해탈하는 기법의 핵심이다.

10) Daka : 여기서는 밀교 성취자란 듯으로 쓰였으나 원래 다카는 다니키에 상대되는 남성을 말한다.

11) 힘 있는 장소(power places) : 밀교 수행에 좋은 장소로 다카와 다키니가 있어 힘을 주는 곳이다.

수행의 내부적인 두 가지 단계[12]를 안착시켜 완벽한 믿음을 성취하셨고,
언제나 최상의 수행으로써 만나는 사람마다 이익 되게 하셨으니
'순수한 깨달음의 한량없는 에너지를 갖추신 다카'[13]의 발아래 기원합니다.

대자유의 성채 안에서 그대는 '현상이 사라지는 경지'[14]를 깨달으셨습니다.
근원적 순수에서 주체와 객체의 전도된 모습을 결론짓고
어디에도 물을 곳 없는 방대하고 열린 지식을 깨달았으니
'육식(六識)으로부터 스스로 해탈'[15]을 이루신 그 발아래 기원합니다.

존재의 땅에서 솟아나는 현상계의 본질을 깨닫고
궁극적 경지에서 끝없이 현현하는 빛나는 실체를 보셨습니다.
안으로는 근원적 지혜의 순수함이 당신의 육신을 성숙시켰던
불멸의 에너지 무지개몸에 제가 기원합니다.

위대한 완성의 교리인 족첸의 광명이여
이는 '깨달음으로 가는 아홉 가지 길'[16]의 정상에 있는
'아티의 자발적인 지혜와 명상'[17]으로부터 벗어나지 않음이여
보현보살의 진수이자 깨달음을 성취하신 그대의 발아래 기원합니다.

밝은 빛 '젊음의 꽃병'[18]으로부터 현현하신 당신은
태양처럼 빨리 솟아올라 환생하실 것입니다.
다섯 가지 지혜의 광명 모습으로 나타나시어
일체중생을 포함하여 특별히 제자들을 구원하소서.

위대한 존자시여, 당신의 세 가지 비밀스러운 불멸의 지혜가

우리들 공고한 경험과 꿈을 통하여 현현하게 하여 주시고

안내자도 없는 중생들을 굽어 살펴 주소서.

당신의 완벽한 지혜의 거대한 에너지가 우리에게 스며들게 하소서.

온갖 나쁜 행위를 버리고 아름다운 정열의 갑옷을 입어

세상에 알려진 여덟 가지 고뇌와 망상으로부터 벗어나

깨달음을 성취할 때까지 흔들리지 않게 하소서.

열심히 수행하는 것이 스승님을 가장 즐겁게 하는 일,

우리는 아마도 영광스러운 스승님의 지위를 성취할 것입니다.

위대한 존자시여, 세세생생 당신과 떨어지지 않게 하소서.

우리는 위대한 길로 가는 진언을 완벽하게 수행할 것입니다.

지금 이 몸이 부처님의 세계로 이동하여

다카와 다키니들이 계시는 스승님의 만달라 중앙에서

깨달음과 방편의 단계를 완벽하게 수행하여

스승님의 실제 모습인 지금강불의 지위를 이루겠습니다.

엘리오 구아리스코

---

12) 두 가지 단계 : 아눅다라 요가 수행을 구성하는 두 가지 단계다. '창조 단계'(phase of creation)와 '완성 단계'(phase of completion)를 말한다. 창조 단계에서는 창조적 생각으로 만달라를 만들고 자신이 그 가운데 주된 본존이 되었다고 생각하면서 우주의 기원, 죽음, 중음, 탄생 등을 경험하면서 육신과 육신에 집착하는 것을 정화하는 데 목적이 있다. 완성 단계에서는 자신이 본래부터 충만한 존재의 상태로 들어가는 것을 말한다. 거기에는 새롭게 창조해야 할 것이 아무 것도 없다. 미묘한 육체와 정신의 단계에서 내적 지혜를 체험하는 것이다.

13) Daka of Unrestricted Energy of Pure Awareness : 샤캬 쉬리의 다른 이름이다.

14) Exhaustion of phenomena(현상의 사라짐) : 족첸에서 퇴갤 수행의 네 가지 비전 중 마지막 단계로 개념적으로 만들어진 모든 현상이 사라져 법신의 경지를 체득하는 것이다.

15) Self Liberation of Six Senses : 색, 성, 향, 미, 촉, 법으로부터 스스로 벗어남

16) Nine paths to realization : 티베트 불교 닝마파의 전통에서 깨달음으로 가는 길을 9가지(9승교판)로 세분화 한 것이다.

17) 족첸, 아티요가

18) 족첸의 특별한 용어로 '젊은 꽃병 몸'(youthful vase body)을 의미한다. 존재의 원초적인 내적 청정성을 유지한 꽃병과 같이 젊고 파괴될 수 없는 육신을 말하며, 깨달은 자들이 현현할 수 있는 바탕이다.

contents

독덴 샤캬 쉬리 전기

티베트 수행자의
삶과 해탈에 관한 이야기

Togden Shakya Shri

샤캬 쉬리의 육성

Togden Shakya Shri

그의 직설적인 가르침과 경험에 기초한 깨우침의 노래

마음의 본질을 소개하는 특별하고 간결한 가르침

해탈로 가는 문 열기

스승님에 대한 존경

나는 근본스승이신 텐뻬 니마[19]의 몸과 말과 마음에 최상의 존경심을 표시하면서 그의 발아래 절한다. 스승님은 세상에 충만한 존재로 근원적인 구원자다. 존재의 모습과 마음의 진정한 조건에 대한 지식을 설파하기 위해 그분에게 허락을 구하고 가피를 내려주시기를 발원한다. 이를 위하여 몇 가지의 예비수행과 본수행을 소개한다. 일반적인 예비수행은 인신난득, 제행무상과 죽음, 인과응보 즉 업의 피할 수 없는 결과, 그리고 윤회하는 존재의 고통을 생각하는 명상 수행법이다. 당신은 일상의 집착으로부터 초연해질 때까지 이런 주제에 익숙해져야 하며 이것이 진리라는 것을 믿어야 한다. 특별한 예비수행은 당신이 귀의대배를 할 은신처를 구하는 것, 금강살타 진언수행, 만달라 공양과 구루요가로 구성되며 이는 족첸 수행법에서 설명하고 있는 것과 같다. 당신이 이들을 깨닫는 신호가 올 때까지 계속 수행하라.

---

19) Tenpe Nyima (1849-1907) 3대 캄툴인 쿤가 텐진의 환생자로 동티베트 낭첸에서 태어났다. Tsongnyi 린포체로부터 나로육법과 구전비법을 배웠다.

본수행은 육체의 자세로 하는 수행으로 힘을 불어넣어주는 스승님의 에너지를 받는 것이며, 동시에 그 마음을 관찰하는 것이다. 취하는 자세는 일곱 가지 특성을 지닌 바이로차나 자세[20]로 알려진 것이다. 힘을 불어넣어주는 스승님의 에너지를 받기 위해 당신은 일시에 마호타라[21] 분노존이 되었다고 관상하라. 그리고 당신의 정수리 위에 연꽃과 월륜이 있다고 관상하라. 스승님은 법신불의 모습[22]으로 월륜좌 위에 푸른 색 보현보살(사만타바드라)로 앉아 계시면서 한 손 위에 다른 손을 얹고 명상자세를 취하고 있다. 그는 위대한 존재의 크고 작은 특징[23]으로 장엄되어 있다. 영적 배우자인 하얀 몸 지혜의 보현불모(사만타바드리)를 안고 빛나는 오색 무지갯빛 가운데 앉아 계신다. 당신 마음 속 깊이 계시는 스승님께 다음과 같이 기원하라.

"자비로운 스승님,
현생과 내생에 귀의해야 할 주재자시여
삼문의 극진한 존경심으로 기원합니다.

저에게 힘을 주는 에너지를 주시옵소서.
그래서 청정한 존재와 원초적 청정의 공성이
하나임을 인식하게 하소서.

직접 도약[24]을 위한 네 가지 힘을 완벽하게 주시어,
제가 무지개몸[25]을 성취하게 하소서."

그대 몸의 털이 일어서고
눈물이 흐를 때 까지 이 기원을 계속하라.
그러고 나서 다음을 관상하면서 반복하라.

영광스러운 스승님의 이마에 있는

'옴'자로부터 하얀 빛이 계속 흘러나와

내 이마에 흰 빛방울[26)로 들어온다.

그 빛방울은 일시에 빛나는 흰색 '옴'자로 변한다.

그래서 수많은 전생에서 몸에 쌓았던

장애와 무명들을 정화시킨다.

"저는 기원합니다. 저에게 힘을 주시어

중생을 교화하는 화신Nyrmanakaya의

지위를 성취하게 하소서."

다음에는 '아'자가 영광스러운

스승님의 목에서 붉은색 빛으로 계속 흘러나와

내 목에 붉은 빛방울로 들어온다.

그 빛방울은 일시에 빛나는 붉은색 '아'자로 변한다.

그래서 수많은 전생에서 말로 쌓았던

장애와 무명들을 정화시킨다.

"저는 기원합니다.

저에게 힘을 주시어 끊임없는 즐거움이 있는

---

20) 결가부좌, 손은 명상 자세, 척추를 바로 세움, 목은 약간 앞으로 숙임, 어깨와 팔은 몸통으로부터 떨어지게 함, 눈은 코끝을 응시, 혀는 입 천정에 붙임
21) Mahottara : 쳄촉 헤루까, 빠드마삼바바의 분노존
22) Dharmakaya : 법신불, 여기서는 완전한 나신의 모습으로 공성을 상징함
23) 32상 80종호
24) thögal : 퇴걀, 족첸 수행법으로 네 가지의 비전에 의한 '직접 도약'으로 번역 되며 모든 허상들을 근원적 상태로 바꾸는 것이다. 네 가지 비전은 현상의 직접적인 인식, 계속 증가되는 명상의 경험, 인식의 한계에 도달함, 현상에 대한 집착 끊기가 눈앞에 나타나는 것을 말한다.
25) rainbow body (ja lus): 족첸수행으로 얻어지며, 육체의 구성요소들을 빛으로 바꾸는 것을 말한다.
26) thigle (thig le) : 틱레, 빛의 둥근 구체, 빛방울

보신sambhogakaya의 지위를 성취하게 하소서."

영광스러운 스승님의 가슴에 있는
'훔'자로부터 푸른빛이 계속 흘러나와
내 가슴에 푸른 빛방울로 들어온다.

그 방울은 일시에 빛나는 푸른색 '훔'자로 변한다.
그래서 수많은 전생에서 마음으로 쌓았던
장애와 무명들을 정화시킨다.

"저는 기원합니다.
저에게 힘을 주시어 태어나지 않는 실체인
법신dharmakaya의 지위를 성취하게 하소서."

그 다음에 붉은색 글자 '흐릿'이
영광스러운 스승님의 배꼽으로부터
붉은 색 빛으로 계속 흘러나와
내 배꼽에 붉은 빛 방울로 들어온다.

그 방울은 일시에 빛나는 붉은색 '흐릿'자로 변한다.
그리하여 내 삼문의 장애와 무명들이 똑같이 정화된다.

"저는 기원합니다.
저에게 힘을 주시어
자성신svabhavikakaya의 경지를 성취하게 하소서."

내 힘찬 헌신을 통한 이 관상의 최종적 결말은 스승님과 그의 영적 부인이 빛의 형태로 스며들어 순수한 나의 존재와 하나가 되어 분리될 수 없게 되고, 형언할 수 없고 생각을 뛰어 넘어 표현할 수 없는 보현보살(사만타바드라)의 마음으로 확장되어 섭수되는 것이다.

아, 당신이 이 말을 반복하면 당신의 마음과 스승님의 마음이 불가분의 하나가 된다. 당신이 할 수만 있다면 이런 상태를 가급적 오래 유지하라. 생각이 일어나면 그 본질을 똑바로 직시하라.

본수행을 위해서 당신은 어떤 물체의 도움을 받아 적정의 상태[27]를 추구해야 하며, 그 다음에는 그 물체의 도움 없이 적정의 상태에 머물러야 한다. 물체의 도움을 받아 적정의 상태로 들어가기 위해서는 작은 조약돌 하나를 당신 앞에 두고 그곳에 아주 예리하게 초점을 맞추어 마음이나 시선이 방황하지 않게 해야 한다. 마음이 한 곳에 머물지 않고 생각에 끌려 다니면, 조약돌 위에 생각과 시선을 합일시키고 관찰하라. 어느 정도 하고나서 쉬어라. 고요함이 지속되는 경험을 할 때까지 이런 방법으로 간단하지만 반복적인 수행을 계속하라. 그리고 나서 당신 가슴속에 '훔'자를 관상하라. 그 글자로부터 수많은 '훔'자가 계속 흘러나와 조약돌 주변을 시계방향으로 소용돌이치며 돌면서 맨 첫 번째 '훔'자가 조약돌 위에 머물 때 까지 돌린다. 당신의 의식은 이 첫 번째 '훔'자에 집중해 있어야 한다. 그런 다음 모든 글자들은 가슴속의 '훔'자로 돌아와 다시 거기에 섭수된다. 다시 당신은 쉬어야 한다. 당신은 이 연습에 쉽게 익숙해질 때까지 이런 방법으로 명상해야 한다.

그 다음에는 당신 몸이 푸른색 '훔'자가 되어 땅 위의 공중에 떠있는 것으로 생각하라. 점차적으로 '훔'자를 몸 밖으로 내보내다가 나

---

27) calm state, 티베트 gnas pa, 산스크리트어로 사마타라고 함, 지(止) 또는 적정을 말함

중에는 먼 산까지 보내라. 마음속에 미미하지만 글자들이 있다는 것을 유념하면서 쉬어라. 그러고 나서 글자들을 원래 위치로 돌려보내라. 이 관상을 많이 반복해야 한다. 이제 두 개의 글자 위에 명상하라. 하나는 당신 가슴속에 있는 '훔'자이고 다른 하나는 당신 앞에 있는 '훔'자이다. 가슴속 '훔'자를 방출하여 앞에 있는 '훔'자를 맞혀 증가된 빛으로 반짝이게 하라. 이 '훔'자가 당신 머리의 정수리로 들어가 아래로 내려와서 가슴속의 '훔'자에 흡수된다. 관상이 안정적으로 될 때까지 연습하라.

이 수행법들은 적정의 상태에 이르는데 아주 유용하다. 결론적으로 말하면 이것이 물체와 함께 적정에 이르는 수행법이다. 물체의 도움 없이 적정의 상태에 머물기 위해서는 앞에서 설명한대로 바이로차나 자세와 시선을 생각하라. 당신 정수리 위에는 은혜를 갚을 길 없이 자애로운 스승님이 계신다고 관상하라. 그분에게 강열하게 기원하라. 스승님이 당신 속으로 들어와 하나가 된 후에 당신은 완전히 이완된 순수 존재로서 부드러운 공성이 열림을 경험할 것이다. 그것이 적정의 상태(나스 빠, gnas pa)이다. 그 상태에서 생각들이 갑자기 일어날 것이다. 그것은 움직이는 것(규바, gyu ba)이다. 정지된 상태와 움직이는 상태를 알아차리는 것이 순수의식(릭 빠, rig pa)이다.

당신이 그런 상태로 오래 머물려고 할 때, 처음에는 생각이 더욱 많이 일어날 것이다. 이것이 적정의 상태에 이르는 초기 단계다. 중단 없이 당신이 그 적정의 상태에 머물면 망상은 점차 가라앉고 저절로 적정의 상태가 길어질 것이다. 결국에는 생각의 이동이 일어나더라도, 이것은 당신의 적정한 상태를 아주 약간 변화시킬 수밖에 없다. 이런 상태는 '중간 정도의 적정의 상태'로 알려져 있다. 계속적으로 명상을 이런 방법으로 접근하면 결국에는 당신이 원하는 만큼 길게 적정의 상태에 머물 수 있게 될 것이다. 당신은 행복과 깨어있음의 특징을 경험할 것이다. 비록 약간의 생각이 일어난다고 해도 이것이 적정의 상태에 전혀 영향을 미치지 못한다. 이것이 '진정한 적정의 상태'로 알려져 있다. 이런 고귀한 상태에 안정적으로 머무는 것이 아주 중요하다. 당신이 이런 적정의 본질을 관찰할 때 역동적인 생각들이 일어나는 것을 곧바로 직시하라. 그것들이 허공처럼 텅 빈 공으로 사라질 것이다. 그 자체는 직관의 명료성[28]이 일어나는 것이다. 이런 상태에 계속 머물면 당신의 즐거움과 청정함에 대한 경험은 증가할 것이다. 하지만 아주 중요한 것은 이런 경험들의 공성을 알아차리고 있더라도 그것들에 집착해서는 안 된다는 것이다. 이런 방법으로 수행하면 적정과, 생각이 일어나 움직이는 것과, 순수 존재가 하나로 합일 될 것이다. 심지어 망상이 일어나더라도 그것은 공이 될 것이다. 이런 상태를 '최고 불가분의 의식rtse gcig chen po'이라고 한다.

이런 단계에서 당신이 잠을 자게 되면, 낭떠러지에서 떨어지는 것처럼 느끼거나 무서운 꿈을 꿀 것이다. 이런 경험을 하고 나서 결국 당신은 광대무변한 청정의 상태에 오래 머물러 쉬게 될 것이다. 결론적으로 당신에게 깨달은 것처럼 보이는 상당한 순간이 있게 될 것이다. 나는 이것을 '빛나는 청정'이라고 믿는다. 이 단계에서는 고도로 깨어있는 상태에 머무는 것과는 별도로 진실로 명상할 대상이 없어져버린다. 가끔 잠 잘 때 '빛방울'이 나타나 점차 커지면서 당신이 있는 방을 대낮처럼 환히 밝힐 정도로 커질 것이다. 나는 빛나는 청정과 방금 설명한 빛방울들이 번갈아 나타나는 것을 알았다.

스승에 대한 강렬한 헌신으로 수행을 지속하다 보면, 당신이 가

---

28) Intuitive clarity, 티베트 lhag thong

졌던 쾌락과 청정의 경험들이 완전히 사라지는 것을 알게 될 것이다. 고요한 적정의 상태도 더 이상 강렬하지 못할 것이다. 당신은 '이것이야' 혹은 '저것이 아니야' 등으로 판단하지 마라. 당신이 자연 상태에 있는지 아닌지, 혹은 그것이 공인지 아닌지 상관하지 마라. 당신은 어떤 상태에 있는지 의심하기 시작한다. 잠자는 동안 당신은 외부환경과 당신의 육체가 없어지는 것처럼 느끼게 된다. 그 순간 당신은 놀라서 화들짝 일어나게 될 것이다. 낮 동안에 흐트러지지 않는 마음 상태에서 벗어나는 순간이 생기면, 당신은 완벽하게 아무 것도 할 일이 없음을 알게 될 것이다. 아주 중요한 핵심은 계속 이런 상태를 유지하는 데 있다. 어떤 때에 망상이 갑자기 일어나면 '팻'이라고 크게 소리치면서 그 망상의 실체가 무엇인지 바로 들여다보라. 또 어떤 때에는 '팻'이라고 강력하게 소리치고 하늘을 바라보면서 청정한 존재와 본질적 현상을 하나로 일체화 시켜라. 이런 식으로 명상을 하다보면 당신은 내부의 순간적이고 청정한 존재와 외부의 현상들이 이미 분리된 실체가 아닌 서로 구분할 수 없는 상태임을 경험하게 될 것이다. 당신이 산만해지지 않는다면 당신은 마음의 광대한 열림을 경험하게 될 것이다. 그 광대한 열림은 8식에 일어나는 현상들을 이것이라거나 혹은 저것이라고 집착하지 않는 상태다. 당신이 집중하지 못하면 이런 경험은 일어나지 않는다.

이 단계에서 망상과 무기의 상태가 자주 일어날 것이다. 그러므로 부지런하고 반복적인 깨어있음을 통하여 자연적 상태를 지속적으로 유지하는 것이 아주 중요하다. 심지어 잠자는 동안에도 어떤 때에는 작지만 빛나는 청정을 알아차리게 된다. 때로는 청정은 없어지고 대신에 광대한 열림이 있을 수 있으며, 종종 빛나는 청정이 당신과 당신 주변의 환경을 비추기도 할 것이다. 그 다음에는 꿈에 청정하고 즉각적인 존재의 광대함이 나타날 것이며, 그 꿈속에서 또는 그 꿈에 의해서 자유롭게 될 것이다. 이렇게 나타나는 것들은 '꾸 밈없는 단순한 의식[tha mal pa'i shes pa]'으로 진정한 깨달음의 상태이며 일 체 중생의 본모습이고, 존재의 본질을 인식하는 것이라고 나는 생 각한다. 족첸 수행 교재에서 설명한 것처럼 그런 인식에 의해서 당 신은 몸과 말과 마음이 완전히 이완된 꾸밈없는 청정의 상태[29]를 얻 게 될 것이다. 그리고 강력한 퇴갤의 투영에 의해서 수행을 완성하 고 육체를 빛의 덩어리로 만들어 버릴 것이다.

지금 설명한 것처럼 초기 단계에서나 중간 단계 혹은 마지막 단계 에서 일어나는 경험들과 자연적 상태의 인식, 장애나 망상이 일어 나고 사라지는 것 등등은 오로지 당신이 얼마만큼 스승에게 헌신하 느냐에 달렸다. 그래서 늙은 걸인인 나는 오직 스승에게 기원했다. 그에 대한 헌신이 있었기에 그분의 자비를 통하여 약간의 깨달음을 성취하였다. 만약 다음 세대의 수행자들이 진실로 스승에게 헌신한 다면 가장 중요하고 깊은 가르침의 핵심은 바로 여기에 있다는 것 을 알게 될 것이다. 그래서 나는 수행자들은 그들의 가슴 속에 스승 에게 간절히 기원하는 마음을 간직하라고 권한다. 그들이 혹시 마 음의 본질에 대한 지식을 갖고 있다 하더라도, 그 지식을 향상시키 지 못한다면 깨달음에 진전이 없을 것이다. 지혜를 향상시키는 방 편들이 아주 중요한데, 그 중의 최고는 스승에게 헌신하는 것이다. 그래서 당신 정수리 위에 스승이 계신다고 반복적으로 관상하고 당 신과 스승의 마음이 하나가 될 때까지 그에게 애원하라. 이것은 틀 림없이 당신의 지식을 깊게 만들 것이다.

조잡한 오독심[30]이 일어날 때는 그것을 억누르지 말고 그냥 그 본질을 직시하면, 광대한 열림이 되어버리는 데 그것이 바로 지혜 다. 만약 당신이 잘못된 질책과 같은 부정적이거나 고통스러운 말

---

29) 티베트 tregchö텍최, 순수의식 상태에서 신(身) 구(口) 의(意)의 완전한 이완
30) 탐심, 진심, 치심, 자만심, 질투심

을 듣게 되면, 이 말들의 본질을 그대로 직시하라. 그러면 스스로 대자유가 생겨날 것이다. 그렇게 할 수만 있다면 당신은 큰 진전을 경험할 것이다. 초심자의 경우 마음의 본질에 관한 지혜에 머물고자 하면, 따분함과 평정심의 결여 그리고 혼미한 마음 등으로 인하여 괴로울 것이다. 이러한 문제를 극복하기 위하여 다음과 같은 방법을 써라. 만약에 망상이 일어나면 몸과 마음을 완전히 쉬게 하고 눈을 반쯤 뜬 채로 앉은 자리를 내려다보라. 마음이 희미해지면 시선을 들어 하늘을 바라보면서 의식을 좀 더 다잡아라. 졸음이 오면 눈알을 안쪽으로 굴려라. 생각들이 당신을 괴롭히면 청정한 의식으로 태연하게 알아차리는 것이 중요하다. 이렇게 함으로써 모든 장애를 극복할 수 있다.

나의 도반인 쵸펠이 그에게 도움을 줄 심원한 안내서를 써달라고 계속 나에게 요청했다. 나는 그럴만한 능력이 없고 나같이 늙고 어리석은 사람이 현혹하는 거짓말을 쓴다는 것은 적절하지 않다. 그럼에도 불구하고 그의 요청을 거절할 수 없어 텐뻬 니마 님의 보답하기 힘든 은혜에 감사드리면서 이 늙은 걸인 샤캬 쉬리는 밤중에 버터램프 아래서 이 글을 쓴다. 이 간략한 마음 가르침이 혹시 나와 같이 저급한 지성들에게 도움이 될지 모르겠다. 만약 내게 실수가 있다면 나는 그것을 보현보살의 경지에서 용서를 빈다. 이로 인하여 이익이 증장되어 일체 중생이 자유롭게 되기를 바란다.

에카 프라티쉬타 호!

성취하기 어려운 네 가지
그의 경험에 기초한 안내의 노래

부처님과 합일된 가족들의 수장이며

이렇게 심원한 핵심적인 가르침을 주는 아버지에게

정열적이고 눈물겨운 헌신이 없다면

그대가 인내로써 수행을 한다고 해도

그대 마음이 부처임을 알기는 어려울 것이네.

기맥과 호흡을 통한 외부적 기법을 적용하고

몸속의 불꽃[31]으로 짤막한 '아'자를 만들었다 해도

거기에 상대되는 생명의 정수[32]를 통제할 수 없다면

그대의 본성에 있는 네 가지 즐거움[33]을 알기는 어려울 것이네.

그대가 얀트라[34]에 능숙하여 외부의 장애를 떨칠 수 있다 해도

바라히의 청정하고 공한 몸[35]의 핵심적인 수행법을 적용할 수 없다면

그리고 생명의 정수를 끌어올려 뿌릴 수 없다면[36]

몸속의 불로부터 용솟음치는 그 본질을 얻기는 진실로 어려울 것

---

31) 뚬모 또는 내부의 열(inner heat), 붉은 생명의 정수(red vital essence, 티베트 khams dmar po), 육신의 태양 에너지로 배꼽 아래 세 치 정도의 중맥에서 활성화 된다.
32) 흰 생명의 정수(white vital essence, 티베트 khams dkar po), 육신의 달 에너지로 이것의 조잡한 모양이 정액이다.
33) 몸속의 배꼽불이 머리로 올라와 거기서 흰 생명의 정수로 활성화되어 다시 배꼽으로 하강할 때 느끼는 네 가지 기쁨이다. 초기 기쁨, 최고의 기쁨, 특별한 기쁨, 타고난 기쁨이 있다.
34) 까규파의 나로육법 및 다른 비전(秘傳)과 관련이 있는 요가 운동의 하나이지만, 해와 달의 합일 요가(The Union of the Sun and Moon Yantra)라 불리는 얀트라 요가처럼 얀트라는 독립된 수행체계이다.
35) 밀교 수행자가 자신의 몸 밖에는 불모(佛母)인 도제 팍모(rdo rje phag mo) 즉 바즈라바라히(챠크라삼바라의 영혼의 부인)가 나타나심을 관상하면서 자신의 몸은 내면이 텅 빈 것(티베트 stong ra)으로 관상하는 것이다.
36) 정액을 통제하는 능력이다. 밀교 수행 중 정액이 성기의 끝에 도달할 때, 요가 운동을 통하여 그 방향을 바꿔 몸속에 에너지로 확산시키는 것이다.

이네.

만약 그대가 진정 마음의 본질과 상태를 알았다 해도
깨달은 스승에 대한 헌신이 부족하고
깨달음의 길에서 공성을 이해하고 이용할 수 없다면
그대 마음이 부처라는 것을 깨닫기는 어려우리라.

오! 운 좋은 사람들이여,
성취하기 어려운 네 가지를 가리키는
이 터무니없는 말들을 잘 활용하게나.

위대한 스승
샤캬 쉬리

최고의
금강을 간직하신 분의
대자유 이야기

찬탄

지혜를 성취한 수많은 사람들 위에 우뚝 선

금강승[37]의 수승한 길을 보여주는 방편을 가지신

위대한 밀교의 스승님, 우리에게 선량함과 탁월함을 내려주소서.

당신은 불변의 깨달음으로 빛나는

인간의 모습을 한 진정한 금강살타 부처님이십니다.

수승한 방편과 자비로써, 수많은 모습으로 나타나시어

당신은 환상의 세계로 들어가 길들이기 힘든 중생들을 구원합니다.

온 우주에 충만한 금강살타 스승님,

샤캬의 사자[38]이신 빠드마삼바바 당신의 발아래 머리 숙여 찬탄합니다.

---

37) 금강(바즈라)의 길(야나) 또는 금강승. 티베트 rdo rje theg pa. 바즈라나 도르제
는 불가분의 존재를 상징한다. 바즈라야나는 방편과 지혜로 몸과 말과 마음을 깨
닫는 금강승의 길이다.
38) 샤캬시마(인도) 또는 샤캬생개(티베트)로 빠드마삼바바의 다른 이름이다. 히마찰
프라데쉬 주의 만디(옛 지명 사호르)에서 프라바하스티로부터 받은 법명이 '샤캬의
사자(Lion of Shakas)'이다.

청정한 승리자들의 힘찬 말씀,

지혜를 성취한 자와 호법신장들의 정점에 있으면서

진실로 영광스러운 헤루까[39]로 현현하신

연꽃 왕[40]이신 빠드마삼바바 당신의 발아래 존경하며 찬탄합니다.

남섬부주[41]에서 깨달은 사람들의 왕이신 사라하[42]에게

그리고 마하무드라와 족첸의 모든 성취자들에게도

밀교의 궁극적 길이요 위대한 길의 정상에 계신 분이시여

제가 당신께 존경하며 절합니다.

나는 쿤가 텐진[43]과 전승의 스승님들의 친절을 기억한다. 그들은 영광스러운 탁포 법맥[44]의 가르침의 북소리와 함께 거대한 설원의 땅을 밝히고 축복을 내린 분들이다. 나는 성취자인 위대한 학자 잠양 켄체 왕포를 기억한다. 무수한 부처님의 강력한 목소리와 모든 불교 분야에서 뛰어난 최고의 지혜가 환상적으로 드러난, 만주고샤 Manjughosha [45]는 지식과 자비가 합일된 비길 데 없는 지혜로 명성이 나 있고 수행 성취자들의 왕이다. 나는 콩툴 로되 타예 보살을 기억한다. 그는 바다 같은 부처님 경전의 네 번째 편찬이라고 할 만한 작업을 통하여 모든 티베트 성취자들의 깨달은 행적을 정리하였다.(티베트에서는 3번의 부처님 경전 편찬 작업이 있었다.) 그리하여 말세[46]의 중생들에게 행운을 내려주었다.

나는 위대한 성취자 샤캬 쉬리 스승님께 존경심으로 절한다. 그는 그냥 그대로 존재하는 내재적이고 원천적인 실체인 모든 현상의 본질을 깨달은 분이다. 그 본질은 숭고한 전승 스승님들의 마음속 축복으로 채워진 탁월한 보병[47]가운데에서 뽑아낸 것으로 윤회와 열반이 완전히 같은 것임을 보여준다. 그는 석가족의 현자이신 부처

님 사상이 서산의 해처럼 기울 무렵에, 완벽하고 직접적인 방법으로 내재적 실체를 드러내 보이고 일체 중생에게 이익을 주는 탁월한 길을 보여주었다. 그는 영광스러운 깨달음의 주재자이고, 최고의 법인 부처님 가르침의 왕이다.

경전에 이르기를,

그들의 열정에 의하여 스승을 따르고자 하는 사람들은

세 번을 경험하는 대자유와

그의 몸과 말과 마음의 상태에서

감로수를 마시는 것 같은 경이로운 행위를 즐길 것이라.

어떻게 하면 똑바로 글을 시작할 수 있을지를 생각하다가,

단딘은 그의 책 '시의 거울'[48]에서 다음과 같이 말한다.

찬탄하는 상서로운 말들은

모든 가르침으로 들어가는 대문이로다.

먼저 저명한 스승님께 찬탄을 올리고 나서

이제 우리는 책의 핵심적 내용으로

---

39) 헤루까는 '피를 마시는 자'라는 뜻으로 남성 분노존(wrathful deity)을 말한다.
40) 인도 빠드마 라자, 티베트 빠드마 걀뽀. '연꽃 왕'은 오디야나의 왕을 가르친 스승으로서 빠드마삼바바의 다른 이름이다.
41) 남섬부주는 Jambudvipa로 고대 인도의 우주론에서 남쪽 대륙을 뜻하며, 지구상에서는 인도반도를 말한다.
42) 사라하는 다르마팔라(769-803) 왕 시기에 오리싸에서 태어난 분으로 용수보살의 스승이자 밀교의 창시자다.
43) 쿤가 텐진(1680-1728)은 제3대 캄툴 린포체다.
44) Tagpo lineage. 밀라레빠의 수제자 감뽀빠로부터 내려오는 법맥이다.
45) 산스크리트어 만주고샤는 티베트의 잠양이다. '아름다운 목소리'란 뜻이며, 지혜의 보살인 문수보살(Manjushri)의 별칭이다.
46) 산스크리트 kāliyuga, 티베트 dus mtba, 우주적 시간의 끝 혹은 재앙이 만연하는 말세를 말한다.
47) 보배의 꽃병, excellent vase
48) Dandin은 인도의 작가로 'Mirror of Poetics'라는 책을 썼다.

샤캬 쉬리의 모범적 삶을 기술하고자 한다.

이 혼란의 시기에 샤캬 쉬리는 깨달은 존재들의 바다에 나부끼는
승리의 깃발 꼭대기에 있으며, 핵심적이고 최상의 의미[49]를 가진 교
리를 마스터한 수많은 성취자들에게는 왕관과 같은 장신구이다. 그
는 살아있을 당시에 강렬한 밀교수행자로서 고귀한 길을 따라 갔으
며, 결국 진여 자성을 직접 깨달았다.[50] 사실 그는 영겁의 세월 전
에 이미 원천적 궁극의 차원을 깨달았다. 그럼에도 불구하고 연민
의 마음으로 고통 받는 가없는 중생들을 계속 돌보았다. 그 중생들
의 마음은 윤회의 감옥에 갇혀 이기적이고 내면의 자아에 집착하는
악마에 의해 삐걱대는 상태다. 그것은 부정적인 업과 무명의 밧줄
로 단단히 묶여 있다. 타락의 시대보다 더한 지금, 샤캬 쉬리는 살
아있는 화신으로서 스스럼없이 신 · 구 · 의 삼밀을 통하여 마법의
카리스마를 보여주었다. 그의 행위는 세 개의 세계(신 · 구 · 의) 위
에 쳐진 하얀 파라솔처럼, 그가 만나는 사람마다 그들의 능력에 따
라 해탈의 길로 가는 씨앗을 심어주었다.

젊은 시절부터 샤캬 쉬리는 부처님의 가르침에 깊은 관심을 갖고
푹 빠져들었으며, 세속적인 사람들에게 뚜렷한 대자유를 드러내 보
였다. 그의 밖으로 드러난 행적은 방랑하는 밀교 수행자들의 왕과
같았다. 그는 세상의 모든 경이로운 것들을 물거품처럼 보고 본질
적인 가치가 없는 것으로 본다. 내면적으로 그는 분리될 수 없는 명
상의 상태에서 살았고, 그 단아함으로 그는 현생에서 가장 높은 깨
달음의 옥좌에 올랐다. 여기서 우리는 간단하게 그의 대자유에 대
해 이야기 하고자 한다. 그것은 원초적인 법신불과 분리되어질 수
없는 위대한 은둔 수행자의 왕이 구체화시킨 세 가지의 인생사[51]에
관한 이야기다.

그의 전생

샤캬 쉬리는 특별한 삶을 살았다. 그것을 이야기 하는 것은 큰 의미가 있을 뿐만 아니라 큰 이득을 가져다준다. 그의 일대기를 읽으면 그를 직접 만나는 행운을 갖지 못한 사람들도 신앙심이 북돋워질 것이다. 그리고 그의 실제 제자였던 사람들에게는 헌신을 더하게 하여 그들의 신앙심이 사라지지 않고 변함없이 남아있게 할 것이다. 여기에 부응하여 찬드라고민Chandragomin52)은 말했다.

> 이런 선행은 위대한 명성의 징표로다.
>
> 부처님들의 길을 밝혔네.
>
> 믿음이 부족한 이들은 신심을 기를 것이다.
>
> 그래서 고결한 이야기들은 기쁨의 원천이로다.

학자와 성자로서 환생하여 중생들을 이롭게 하신 만달라의 왕53) 샤캬 쉬리의 전생의 이름은 다음과 같다.

이 논쟁의 시대 어느 한 때에 그는 브라흐민 사라하54)로 태어났었다. 그는 바다와 같이 수많은 깨달은 자들의 조상이며, 밀교 성취자로서 오늘날까지 티베트에서는 그의 명성이 잘 알려져 있다. 또 다른 시기에 인도에서 미트라요긴(1010-1089)55)으로 태어났었다.

---

49) 일반적으로 '최상의 의미'(definitive meaning, 티베트 nges don)라고 하면 존재의 본질인 심원한 공성과 청정의 진리를 드러내는 것을 말한다. '핵심적이고'(essential, 티베트 snying po)라는 뜻은 마하무드라와 족첸 가르침의 진수로 공성과 청정의 핵심을 말한다.

50) 불교에서 깨달음의 길에는 다섯 단계가 있는데 선업 축적, 준비, 관찰, 명상, 가르침이 필요 없는 단계를 말한다. 진여자성을 직접 깨달으면 더 이상 가르침이 필요 없는 경지다.

51) 신, 구, 의 세 가지의 사이클을 말함

52) 6세기 후반 남인도에서 태어난 날린다 대학 교수

53) Lord of Mandala : 만달라 배치도에서 중앙에 있는 본존으로 주변에 그로부터 나온 수많은 본존들이 있음

54) 사라하 : 용수보살의 스승, 밀교 창시자

그는 '해골의 꽃다발' 56)이라 불리는 성취자인 빠드마삼바바의 8화
신 중 한 명인 구루 빼마 퇴팅쩰Guru Pema Thötrengtsel과 분리할 수 없는 본
성을 갖고 계신 분이다. 그는 무량한 부처님들의 사랑과 연민을 실
천하는 지고한 존재인 관세음보살의 화신이다. 그는 다시 인도에서
태어났는데, 이번에는 학자인 나로빠(956-1040)57)로 태어났다. 그
는 비크라마실라 신학대학58)의 북쪽 문을 지킨 분이다.

근자에 티베트에서 그는 나남 가문의 릭진59) 도르제 뒤좀60)으로
태어났다. 그는 제2의 부처님인 빠드마삼바바의 9제자 혹은 타고
난 애제자 중의 한 명이다. 그는 또 남쫑 보디라자61)로 태어났다. 그
는 밀라레빠의 정신적 아들로서 밀라레빠가 '다키니의 구전'62)이라
는 보장을 그에게 전수 하였고, 성취자의 법맥에서 강물과 같은 원
천이다. 한번은 링첸 레빠(1128-1188)63)로 태어났다. 그는 갠지즈
강의 대평원에 도달한 높이 깨달은 사람으로 명성이 높아 티베트의
사라하로 불렸다. 그는 드로괸 팍모 두빠의 제자였으며, 팍모 두빠
는 대석 캄빠 도르걀64)로도 알려져 있다. 그는 까규 성취자들의 왕
관이라는 응악레 세오로 태어났다. 그의 본명은 린첸 갈첸65)이었다.
그는 쿤팡 아바두티파 세랍 갸초66)로 태어났다. 그는 영광스러운 둑
빠 까규 법맥의 심원한 가르침의 보장을 갖고 있었으며 궁극적 깨
달음의 교리를 조명한 백련의 성취자 빼마 깔뽀이다. 그는 밀교수
행자 암카르 렌키예 도르제였다. 그는 한 생에서 가장 빠르고 지복
이 넘치는 다키니의 비법을 전수받아 무지개몸을 성취하여 육신을
남기지 않고 우주 공간으로 날아가 버렸다.

그는 또 대신이었던 뎬마 창트라 혹은 뎬마 율걀 토괴라 불리는
사람으로 태어났다. 그는 링제 게사르67) 왕의 뜻을 실현하기 위하여
활과 화살로 무장하여 신앙의 적들과 어두운 악마의 세력을 진압하

였다. 제자들이나 수행자들의 요구에 부응하여 샤캬 쉬리는 순차적
으로 또는 동시다발적으로 마치 한 개의 달이 수많은 강에 뜨듯이
상상을 초월한 많은 모습으로 환생을 거듭하였다. 샤캬 쉬리의 전
생은 오디야나의 스승 빠드마삼바바의 불멸의 예언에 나타나 있었
다. 그 중 일부는 샤캬 쉬리 자신이 기억해 냈고, 일부는 두 명의 '
거룩한 구원자'인 켄체 왕포와 콩툴 로되 타예와 타락한 시대의 전
지자인 둑빠 용진, 그리고 많은 진정한 성취자들이 샤캬 쉬리를 위
하여 지은 만수무강을 비는 기원문에 나타나 있다. 그의 전생을 모

---

55) 관세음보살을 친견한 인도의 대성취자
56) Lotus Garland of Skulls : 빠드마삼바바가 오디야나의 왕을 바꾸기 위하여 그 지역
   을 걸인 행각으로 여행할 때의 일이다. 자기 아들을 죽인 대신 한 사람이 빠드마삼
   바바와 영적 부인을 장작더미에 올려놓고 화형을 하였지만, 불길이 잦아들자 그들
   은 호수 가운데 연꽃 속에서 왕관을 쓰고 나타났다.
57) 인도의 저명한 밀교 대가 84인 중 한 명으로, 노파의 모습으로 나타난 다키니의 도
   움으로 궁극의 가르침을 준 스승 띨로빠(Tilopa)를 찾았다.
58) 11세기에 현재의 인도 비하르주 동부에 위치했던 불교 대학
59) 지혜를 간직한 자
60) 티송 데첸 왕이 빠드마삼바바를 티베트로 초대하기 위하여 보낸 사람, 후에 그는 빠
   드마삼바바의 제자가 되었으며 침푸(Chimphu)의 25 성취자 중 한 명이다.
61) 동 티베트 출신으로 밀라레빠의 제자가 되어 모든 법을 전수받고 가르침의 개요서
   를 만들었다.
62) Oral Transmission of Dakinis : 밀라레빠가 남쫑 보디라자에게 전수한 것이지만,
   사실은 밀라레빠의 다른 제자인 레충빠(Rechungpa)가 밀라레빠의 지시를 받고 인
   도로 가서 다키니를 만나 가져온 '형상 없는 다키니의 9가지 가르침'(Nine Teach-
   ings of Formless Dakini)이다.
63) Lingchen Repa 또는 Lingje Repa Pema Dorje로 불리며, 어릴 적에 출가승으로 임
   명되었으나 후에 파계하여 결혼을 했다. 이후 그들은 팍모 두빠(Phagmo Trupa)
   를 만날 때까지 무명옷을 입고 방랑하면서 살았다. 팍모 두빠는 결혼한 수행자는
   받아들이지 않았지만, 링첸 레빠를 무척 반기면서 그에게 핵심 가르침을 주었다.
   그가 사흘 만에 깨달음을 성취하자, 팍모 두빠는 그를 티베트의 사라하(용수보살
   의 스승)라 불렀다.
64) Phagmo Trupa(110-1170) : 감뽀빠의 4대 제자 중 한 명이다. 인도의 성취자
   (siddha) 라바빠(Lavapa)가 발현한 것으로 여겨진다. 그는 외로운 명상가로 살았으
   며 어떤 후원자의 집에도 들어가지 않았다. 그에게 가르침을 받은 사람은 모두 일찍
   깨달음을 얻었다. 그는 사첸 쿤가 닝뽀(Sachen Kunga Nyingpo, 1092-1158)의
   제자이기도 하다. 사첸 쿤가 닝뽀는 샤캬 스쿨(Shaka School)의 5대 종조 중 한 사
   람이다. 팍모 두빠는 굉장한 기적을 행사하는 능력을 타고난 깨달은 성취자다. 그
   의 제자들은 8개의 작은 까규 스쿨의 맥을 잇는 기원이 되었다. 그는 남 티베트 로
   카(Lokha)에 있는 덴사틸(Densatil)사원을 세웠다.
65) 팍모 두빠의 4대 제자 중 한 명이다. 팍모 두빠의 가르침으로 정신적 깨달음을 성
   취한 후 동 티베트로 가서 레귄(Legön) 사원을 건립했다.
66) 산스크리트어 아바두티파(avadhūtipa)는 완전한 떨림을 의미한다. 그것은 진동
   을 일으키는 최고의 행복이다. 그는 기맥(channels), 호흡(prana)과 정수(vital es-
   sence)의 달인이었다. 이런 요가수행을 비밀의 영적 배우자와 함께 하는 쌍신수행
   도 했다.
67) King Lingje Gesar (1038-1124) : 동 티베트 지역의 전설적인 투사 왕이다. 구
   전 서사시로 전하는 주제 중의 하나다.

두 이야기 하는 데는 많은 시간이 걸리므로 그것을 알려는 사람들은 환생자들의 개별적 자서전을 읽으면 된다.

진여의 광대함이 우주를 뒤덮는 것처럼
당신 지혜의 끝없는 광명이
헤아릴 수 없는 모든 제자들의 대지를 비추네.

아무런 생각도 없는 그대의 열정은
영원한 보름달과 같아 진여의 모습을 버리지 않고
당신은 뛰어난 제자들 위에 환히 빛나네.

우주를 채우는 모든 영광스러운 사람들의 본성으로
당신은 수많은 중생들을 자연의 상태로 이끌었네.
윤회가 없어질 때까지 당신의 기적 같은 환생은 끝나지 않으리.

그의 생애의 여덟 가지 상서로운 모습

샤카 쉬리의 전기는 모두 8장으로 되어 있으며, 이는 그의 여덟 가지 상서로운 모습들의 숫자와 일치한다.

1. 그의 탄생은 그의 전생의 열망이 싹튼 것이다.
2. 그의 깨달음의 본성은 어린 나이에 꽃피었다.
3. 성취자 스승님의 가르침에 대한 의지가 그의 마음을 성장시키고 자유롭게 했다.
4. 밀교 수행자로서 그의 삶은 외딴 장소에서 명상 수행을 하고

내면적 지혜를 깨달았다.

5. 수행에 전념한 그의 삶, 본존과 스승의 모습을 관하고 심원한 보장을 발견한 것처럼 그는 축복과 완성을 성취하였다.

6. 그의 이타적 성취와 특징적인 가르침은 남을 이롭게 하고, 신앙심을 비추고, 스승님을 재촉하여 그에게 찬탄의 꽃비가 내리게 하였다.

7. 나락으로 떨어진 부처님의 몸과 말과 마음의 특별하고 신성한 상징들을 복원하는데 기여했고, 끝없는 이타적 열정의 힘을 통하여 신성한 존재의 모습들을 만들어 내었다.

8. 그가 위대하고 넓은 진여의 세계로 사라져 간 것은 이 세상 중생들을 위한 일을 마친 것이다.

제 1 장

탄생 – 전생의 고귀한 열망이 싹틈

  밀교 수행자의 왕인 샤캬 쉬리는 1853년에 나루 가문에서 태어났다. 태어난 곳은 베루라는 고산 초원지대로 두구의 북쪽 경계에 위치한 성스러운 땅 라드락 빼마 양쫑이다. 이 지방은 티베트 동부의 여러 지역 중에서 중앙에 위치한 곳으로 참도 주의 참빠 링빠 지역에 속한다. 부친의 이름은 나루 뛴덴이었고, 어머니 냐초 된마는 얌전한 성품의 축복받은 청정한 수행자였다. 아기를 가졌을 때와 탄생일이 가까워질 때 부모님들은 상서로운 꿈을 꾸었다. 그의 어머니는 임신 기간 내내 즐거움을 유지하였고, 아무런 고통 없이 아이를 낳았다. 라트나 링빠, 빼마 외살 도 응악 링빠와 다른 보장을 밝혀 낸 자들처럼 샤캬 쉬리는 긴 머리카락을 갖고 태어났으며, 그의 몸에는 특별한 존재의 탄생을 알리는 놀라운 표시가 있었다. 티베트력으로 '여성 물–소의 해' Female Water Ox Year에 태어난 그는 '라트나추다의 일생The Life Story of Ratnachuda'에서 많은 부분 언급하고 있듯이 윤회와 열반에서 덕을 타고나 마치 새싹처럼 급성장하였다.

출산일이 가까워지자
하늘에 있는 감로의 빛처럼
존재의 모호함을 깨끗이 떨쳐버린 아이가
성스러운 어머니로부터 태어났네.

한량없는 자비의 구름 속에서
수백 가지의 덕을 비추는 빛줄기로 장식되어
그의 한량없이 부드러운 달과 같은 육신이
자랑스러운 제자들의 하늘 가운데 빛나네.

제 2 장

일찍 꽃핀 깨달음의 본성

샤캬 쉬리의 어린 시절 모든 것들은, 심지어 그가 즐겨했던 놀이까지도 놀라운 자질로 가득한 위대한 존재로 피어날 잠재력을 보여주었다. 그의 놀이는 보통 애들과 달랐다. 조약돌을 갖고 놀면서 똘마[68]처럼 쌓거나 다른 의식의 목적물로 만들어 놓고 그의 고유한 노래와 찬탄을 함께 하였다. 물 두레박의 끈은 그의 명상 벨트가 되었다. 그 끈을 두르고 그는 만족스럽게 앉아 몸 주의에 후광을 발하면서 가부좌 자세로 정확하게 응시하는 명상자세를 취하고 있었다. 가끔은 돌로 왕좌를 만들어 그 위에 앉아 마치 다른 친구들에게 설법을 하는 것처럼 오래 앉아 있기도 하였다.

그가 네 살 때 갑자기 어디선가 다키니의 지혜의 눈[69]을 가진 소녀가 나타나, 그에게 붉은 줄이 들어있는 흰 옷을 왜 입고 있느냐고 물었다. 그는 대답하기를 "이제 막 다키니들의 가나차크라[70]에 참석하였소."라고 대답하였다. 그는 틀린 것으로부터 바른 것을 말하고, 평가하기 힘든 어떤 상황에서 무엇이 고통을 가져오고 무엇이 이익을 가져올 것인가를 예견하는 고도의 의식을 갖고 있었다. 예를 들면, 하루는 어떤 아버지와 양치기 아들이 함께 싸움에 가담했는데 그 싸움은 차그라 파와 바죈 파의 사원 사이에 일어난 싸움이었다. 어머니와 양치기 아들의 부인은 서로의 머리를 빗겨주면서 집에 있었다. 갑자기 그 소년이 말했다. "당신들 남편들은 적을 죽이고 있는데, 당신들은 너무 한가한 시간을 보내고 있는 중이야." 이때 두 여인은 소년을 꾸짖으며 "그런 말 하면 불운이 닥쳐."라고 하면서 그를 집 밖으로 내보냈다.

잠시 후 그 여인들이 싸움에서 어떤 일이 벌어졌는지를 들었는데, 그날 그녀들의 남편 쪽이 상대편을 물리쳤다고 했다. 이를 보고나서 그 소년의 주변 사람들은 그 소년이 어떤 말을 해도 심각하게 받아들이게 되었다. 그는 진정으로 윤회와 윤회의 고통으로부터 환멸을 느끼고 벗어나 있었다. 결론적으로 그는 세속적인 일들을 갈망하거나 추구하지 않았다. 그는 적을 향한 증오심이나 친구를 위한 호감 때문에 싸워 본 적이 없다. 그는 그가 처한 상황에 대해서 불평하는 일 없이 늘 이렇게 말했다. "나는 걸인이오. 먹을 것이나 입을 것이 아무 것도 없소." 그러나 가난하고 힘없는 사람들을 만나면 가없는 연민심으로 눈물을 흘리면서 그들을 도울 수 있는 모든 일을 다 하였다. 그는 자신을 위해서 재물을 쌓아두지 않으려 했으며 다른 사람들도 본인을 위해 물건을 사 오지 못하게 하였다. 그는 교활하지 않고 잡담이나 의미 없는 수다에 관여하지 않았다. 그는 만물의 무상한 본성을 말하기 좋아 했다. 그는 어린 시절의 나날들을 이런 식으로 보냈다.

---

68) tormas : 불단에 놓는 원뿔 모양의 음식 공양물로 버터를 바른 밀가루 반죽으로 구운 것이다. 공양을 올리는 본존에 따라 각기 다른 모양과 색깔로 만든다.
69) 그녀가 다키니라고 상징하는 말임
70) ganachakra : 밀교의 향연으로 청정한 의식의 상태에서 스승이나 본존에게 공양을 올리고 참석자들이 음식과 마실 것을 즐긴다.

보살십지경에 이르기를,

불은 연기로 구분할 수 있고, 물은 백로에 의해 구분할 수 있듯이,

보살의 지혜로운 본성은 그 기색을 보고 알 수 있다

전생으로부터의 신성한 유산 때문에 샤캬 쉬리는 어릴 때부터 위대한 스승 빠드마삼바바에 대한 믿음이 견고하고 면면하였다. 그래서 누구든지 스승을 비난하는 말을 하면 그는 기탄없이 그 사람에게 대항하였다. 그는 소년으로 참도에 있는 승가대학의 어느 승려를 시봉하였다. 그 스님은 샤캬 쉬리가 너무나 좋아하는 조그만 빠드마삼바바 상을 갖고 있었다. 소년은 스님에게 그 불상을 달라고 계속 말했지만 스님의 대답은 이랬다. "만약 네가 평생 동안 나를 시봉하면 이 불상을 주겠다."

그 후 어느 날 샤캬 쉬리는 길에서 돈이 들어있는 조각으로 장식된 작은 담뱃갑 하나를 발견했다. 그것은 아마도 그 스님을 찾아와 머물다가 간 어느 여행자가 떨어뜨린 것으로 보였다. 그는 그 돈을 자신을 위해 사용할 생각이 없었다. 심지어 옷을 살 생각도 하지 않고 그 전부를 스님에게 주고 조그만 빠드마삼바바 상을 달라고 간청하였다. 스님이 승낙하자 소년은 불상을 손에 넣고 너무 기뻐했다. 그는 그 불상을 자신의 특별히 성스러운 물건으로 여기고 항상 간직하고 다녔다. 그는 전생의 경험 때문에 아주 익숙하게 자동적이고 지속적인 명상의 상태가 발현되었고, 어떠한 상황에서도 그 명상의 상태가 흐트러지지 않는 확고한 마음가짐을 유지하고 있었다.

이것은 그가 스승으로부터 밀교의 관정을 받거나 어떤 설명이나 가르침을 받기 전에 일어난 일이었다. 16세 혹은 17세 때부터 그는 많은 찬란한 내적 능력을 나타내기 시작하였다. 하나 하나가 직전

것 보다는 더욱 주목할 만한 것이었다. 가끔씩 순수하고 텅 빈 공성과 진여의 광대한 열림의 모습을 경험하곤 하였다. 이런 대단한 능력에도 불구하고 그는 자신이 특별한 사람이라는 자부심으로 인한 어떤 오점도 남기지 않았다. 그는 부처님법을 수행하는 보통 사람들보다 더 겸손하였다. 최고의 은둔 요가 수행자의 삶을 살았지만 샤캬 쉬리는 사람들에게 신과 악마에 관한 예언을 하기 위해 신통력을 쓰지 않았고, 경건한 사람을 칭찬하거나 사악한 사람들을 경멸하지도 않았다. 그는 부자들에게 감명을 주고 관심을 끌기 위하여 그의 모습이나 행동을 바꾸어본 적이 없었다. 이런 방식으로 그는 다른 많은 성스러운 화신들로 알려진 사람들과는 달랐다. 그는 뛰어난 가문 출신이다. 샤카 판디따[71]가 말했듯이, "대부분의 경우 아이들은 행동이 그의 부모를 닮는다." 전생에서 행한 어마어마한 수행력 때문에 그의 고귀한 본성은 모든 면에서 완벽했다. 이 위대한 존재는 경전에 나오듯이 마치 성스러운 신들의 소원성취 나무[72]와 같다.

> 그는 태어남을 아름다운 공원에 들어가는 것으로 본다.
>
> 그는 번영과 쇠락의 시간을 걸어서 지나간다.
>
> 그러나 정열과 고통에 의해 때 묻지 않고 남는다

　샤캬 쉬리는 고통 받는 사람들을 위한 대자비심 때문에 의식적으로 태어났다. 그는 마치 왕 중의 왕이 궁전에 있는 정원에 즐겁게 뛰어들듯이 세상에 뛰어들었다. 이것은 확실히 그가 생과 해탈이 같은 것임을 깨달은 증거이며, 그것은 결국 모든 존재가 하나임을 깨달은 것이다. 그의 명성은 마치 흰 연꽃잎이 피어나듯이 퍼져나갔다. 그것은 어떤 존재의 고통에 의해서도 영향을 받거나 더럽혀지지 않았다. 그래서 스스로 성취한 행위의 꽃향기는 모두를 즐겁게 하기 위

---

71) Sakya Pandita Kunga Galtsen(1182-1251): 샤캬 스쿨의 위대한 학자로 지혜의 보살인 문수보살의 화신으로 여겨진다.
72) Devine Wish-fullfilling Tree of the Gods: 고대 인도의 우주관에서 나오는 나무로 수미산 위에 있는 33천의 신들의 영역에서 발견된다.

하여 만방으로 퍼져 나갔다.

비록 그의 육신이 아직 덜 성숙하여 어린 꽃봉오리 같았지만
전생에 깨달은 본성의 힘에 의하여,
천 개의 숭고한 능력을 지닌 백 개의 꽃잎을 가진 꽃이
만방에 향기를 떨치기 위하여 피었다.

Third

마음을 원숙하게 하고 해탈하기 위하여 성취한 스승에게 귀의함

샤캬 쉬리가 성장함에 따라 두귄 최걀 텐진 갸초[73]를 모시는 삼촌이 샤캬 쉬리를 두구 사원[74]에 들어가도록 해주었다. 거기서 샤캬 쉬리는 머리카락을 잘라 위대한 화신이자 가르침의 왕인 촉퉄 최걀에게 바치고 결혼하지 않는 청정 수행자가 될 것을 서약하였다. 샤캬 쉬리에게 첫 번째로 주어진 일은 수행승들에게 차를 준비하여 올리는 것이었다. 가끔씩은 그가 하는 일을 놓아두고 라다크 양쫑[75]의 외진 곳에서 수행하고 있는 제6대 감퉄 린포체인 텐뻬 니마를 방문할 수 있었다. 어느 날 샤캬 쉬리가 캄퉄 린포체와 함께 자신이 이해하고 있는 정신적 문제에 대해 토론할 때, 캄퉄 린포체는 깨달음의 상태에 대해 분명하게 알지 못하는 제자를 바로 잡아주면서 즐거운 기분으로 응고된 우유가 가득 든 해골잔을 내려주었다. 그 이

---

73) Lama Drugön Chögal Tendzine Gyatso : 제6대 최걀 린포체로 두구 사원의 원장이었다.
74) 티베트 동부 오지 두구 지역에 있는 사원으로 2대 최걀인 쿤가 갸초 린포체가 설립한 사원이다.
75) Lhadrag Yangdzong : 두구 산맥의 중심부에 있는 외딴 수행처로 바위산 꼭대기 아래 숨어 있음

후로 그는 다음과 같은 충고의 말과 함께 마하무드라 요가[76]를 가르쳐 주었다. "오! 뛰어난 아들이여! 너는 깨달은 법맥에 속한다. 결코 벗어나지 않는 상태에 머물라. 그 하나로 충분한 수행이 된다."

그 이후로 시간만 나면 샤캬 쉬리는 명상 상태로 응시하면서 결가부좌로 앉아 정식 수행을 하였다. '바로 최콩'과 그 사원의 다른 젊은 수행승들이 그를 괴롭히면서 '콧대 높은 빼마의 조카'라는 별명을 부르며 놀려댔다. 그들은 바늘이나 불붙은 향으로 샤캬 쉬리의 몸을 찔러 물집이 생기게 하면서 "이봐, 너 뭐하는 거야?" 라고 소리쳤다. 그럼에도 그는 아무 대꾸도 하지 않고 네 가지 법[77]을 지키면서 결코 화를 내지 않았다. 낮 동안에는 정식 수행을 할 시간이 없어, 밤이 되면 그는 사원의 공양간 중앙에 있는 큰 기둥에 기대어 돌로 된 의자에 똑바로 앉아 새벽까지 있었다. 한 밤중에 잠깐 잠깐 자는 시간을 빼고는 나머지 시간은 명상 상태로 보냈다. 그는 완벽한 금욕의 표본이 되었다.

이 기간 동안에 그는 예언을 해주는 수호본존들의 모습을 보았다. 탁첸, 착메, 체링마[78]와 다른 가르침의 수호자들이 그들의 실제 모습으로 나타나거나 마치 시자처럼 주변에 모여들어 계속 도움을 주고 보호해 주었다. 두구 사원의 촉툴 최걀과 다른 스승들, 수행승들이 공양물을 구하기 위해 유목민 지역을 여행할 때 샤캬 쉬리는 초라한 종의 모습으로 그들을 맨발로 따라 나섰다. 그는 목적지에 대한 마음이 흔들리지 않고 열심히 그 무리를 따라 갔다. 여행하는 내내 그는 끊임없이 명상 수행을 했다. 이 여행을 마치고 어느 정도 시간이 지났을 때, 낭첸의 촉니 린포체(1849-1904)가 그의 근본 스승인 캄툴 텐뻬 니마가 살고 있는 캄파갈 사원을 방문하여 법문을 요청하였다. 샤카 쉬리를 포함한 두구 사원의 몇몇 승려들이 두괸 최걀을 모시고 캄툴 린포체의 법문을 듣기 위하여 캄파갈 사원으로 갔다. 두괸 최걀은 캄파갈 사원에서 그를 수행한 승려들도 법문을 들을 수 있을 것이라고 말했다.

승려들은 조롱하듯이 샤캬 쉬리의 별명을 부르면서 말했다. "빼마의 조카, 가서 우리 말들이 밖에서 풀을 뜯게 해라. 이 일이 너의 가르침이고 입문식이다." 두괸 최걀이 승려들이 하는 말을 우연히 듣고는 감각이 뛰어난 그는 화를 내면서 승려들을 꾸짖으며 말했다. "그가 어떤 사람인지 너희들은 모른다. 그가 와서 입문식을 하고 우리와 함께 법문을 듣게 하라." 그리하여 샤캬 쉬리는 관정을 받고 다른 승려들과 함께 법문을 들을 수 있었다. 저녁 마다 승려들은 그들의 스승으로부터 그날 들은 가르침에 대해 토의하였으나, 그 내용을 조금밖에 이해할 수 없어 많은 말을 할 수가 없었다. 그러나 샤캬 쉬리는 타고난 기억력과 어린 시절 부터의 자기성찰 덕분에 그 스승이 가르친 바를 확실하게 이해하였다. 그래서 처음으로 승려들이 샤캬 쉬리의 능력을 알아보고 그것을 인정하면서 존경하기 시작했다.

하나의 예를 들면, 어느 날 샤캬 쉬리가 촉니 린포체에게 수행의 진척에 대해 보고하고 있는데, 아래서 어떤 승려 하나가 소리쳤다. "빼마의 조카, 내려와서 부엌에 불을 지펴라." 그 말을 듣고는 촉니 린포체가 아래를 향하여 소리쳤다. "그래! 빼마의 조카가 아니면 한 놈도 부엌의 불을 살려 나갈 놈이 없단 말이냐?" 크게 소리치면서 그는 다시 말했다. "언젠가 너희들은 그의 오줌도 마시려고 간청하

---

76) The Mahamudra of Innate Yoga : 둑빠 까규 전통에서 마음의 본질에 관한 가장 핵심적인 가르침이다. 감뽀빠에 의해 전승되었으며, 그의 제자인 팍모 두빠에 의해 가르침의 핵심 주제가 되었다.
77) The Four Dharma Practices : 네 가지 법을 실행하는 것으로 1) 말로 꾸짖지 않는다. 2) 육체적으로 괴롭히지 않는다. 3) 화를 화로써 대응하지 않는다. 4) 누군가가 도발을 해도 대응하지 않는다.
78) Tragtsen은 티베트 동부지역의 둑빠 까규 학교에서 널리 모셔지는 수호신이고, Tseringma는 여성 수호신으로 네 자매와 함께 여러 동물들을 타고 나타나는 본존으로 빠드마삼바바가 조복 받은 산신들 중에 속한다. Chagme는 Chagmelen이라고도 하며 Tsimar라고 불리는 수호신과 같은 분이다.

는 날이 올 것이다."

　팔촉, 페카르, 노르부를 비롯한 두구 사원과 지역의 스승들 및 승려들이 모여 나로육법과 연관된 얀트라 수행을 하고 있었다.[79] 그들 중에서 샤캬 쉬리가 금강 육신의 기맥과 에너지 그리고 생명의 정수의 실체를 이해하고 증명해 보였으며, 다른 수행자들보다 요가 운동에 한참 앞서가고 있었다. 금강 부양(vajra leap 80)이라고 알려진 운동을 할 때 샤캬 쉬리는 그의 머리를 천정의 대들보에 살짝 닿게 하였다. 참석한 밀교 수행자들은 그가 가부좌를 한 채 공중에 잠시 머무는 것을 볼 수 있었다. 단체 수행이 끝날 때, 촉니 린포체는 샤캬 쉬리를 찾아와 상서로운 관계가 될 것이라고 말하면서 쌀이 담긴 발우를 주었다. 그는 특별한 수행을 더욱 발전시키라고 격려해 주었다. 이 스승에 대한 끝없는 헌신을 느끼면서 샤캬 쉬리는 그에게 기원의 노래를 지어 바쳤다. 촉니 린포체는 종종 그에게 마음의 본질에 관한 특별한 가르침을 주었다. 그가 이미 경험한 마음의 진정한 본질에 대하여 경의를 표하면서도, 아무것도 더해지거나 변한 것이 없었다.

　그러고 나서 그는 다키니의 구전의 가르침으로 들어가 '비밀의 길'[81]을 택했다. 그의 스승들과 다키니가 그렇게 하라고 예언하고 재촉하였다. 그는 다키니[82]의 표시가 있는 토차와 가문의 최장 될 마를 맞이했다. 소위 말하는 '다른 사람의 몸을 이용하는 수행법'의 내밀한 파트너였으며 깨달음을 향해 더 나아가기 위하여 선택된 행위였다. 제대로 된 수준의 준비가 되었을 때 이런 방법을 적용하면 단숨에 가장 높은 지복의 경험을 하게 이끌어 준다. 승려들과 일반 평신도들은 샤캬 쉬리의 이런 수행에 대해서 나쁜 소문을 만들어내고 비난하고 꾸짖으며 공격하기 시작했다. 모든 칭찬과 비난을 메

아리처럼 생각하면서 그는 명상 상태에 머물러 깨달음의 단계를 더욱 높이고 있었다. 그리하여 여러 상서로운 징조들이 나타났다. 그는 수명을 늘렸고 진리의 행위가 꽃피면서 뛰어난 능력은 마치 보름달처럼 빛났다.

그의 첫 번째 수행 장소는 두구에 있는 에밤 동굴이었다. 이것은 '두구의 위대한 집Great Dwelling of Drugu'으로 알려진 곳이다. 그가 여기서 엄격한 은둔 수행을 할 때 그는 물을 끓이기 위한 깨진 토기 하나와 뚜껑으로 쓰는 평평한 돌 하나만 갖고 있었다. 간단한 무명옷 한 벌에 맨발이었다. 그는 밤낮으로 수행했다. 밤에는 그의 머리 꼭대기에 있는 머리카락을 땋았다. 오랜 기간의 은둔처 명상 수행기간 동안 그의 머리와 옷은 이와 서캐로 덮여 흰색이 되었다. 마치 땅에 뿌려놓은 하얀 곡식 알갱이처럼 보였다. 먹을 보릿가루 빵이 없으면 두구 사원의 인근 마을로 나가 걸식을 했다. 그는 그냥 주어진 대로 살면서 오로지 수행에만 전념하였다. 그는 세속 사람들이나 여러 마을에서 사람들이 원하는 바대로 순응하지 않으면서 의식의 대가로 받는 신도들의 공양물이나 사원에 의존하지 않았다. 대신 공짜로 주어지는 약간의 음식이나 옷으로 만족했다. 우연히 곡식 반 자루 정도만 시주를 받아도 그것을 먹고 견디었다.

얼마 지나지 않아 많은 사람들이 그에게 공양을 올리면서 후원자가 되기 시작했다. 그래서 더 이상 조금씩 임시변통은 하지 않아도 되었다. 촉툴 최걀 린포체를 시작으로 많은 승려들과 두구 사원의

---

79) 나로육법(Six Yogas of Naropa)이라는 이름은 나로빠에 의해서 전해진 아주 특별한 밀교 명상 수행체계를 말한다. 이것은 아누타라요가의 배꼽불 수행(뚬모), 환신, 꿈, 정광명, 바르도(중음), 의식 전이(포와) 등의 원리와 요소들을 포함하고 있다.
80) 결가부좌로 앉아 공중으로 뛰어올라 결가부좌를 유지한 채로 땅바닥에 내려앉는 요가 수행법
81) Secret Path, gsang lam 상람 : 내밀한 능력을 가진 다른 사람의 몸을 이용하는 요가 수행법 (쌍신수행)
82) 여기서는 내밀한 여성 상대자를 말한다.

스승들이 점차 그를 좋아하고, 특히 바즈라다라[83] 캄툴 린포체 텐뻬 니마가 아주 좋아하였다. 이 성취자가 바로 샤캬 쉬리에게 심원한 마하무드라와 둑빠 까규 전통의 최종 의미를 전수한 분이다. 정신적이고 물질적인 이익을 주면서 캄툴 린포체는 샤캬 쉬리에게 무엇과도 비교할 수 없는 친절을 베풀었다. 그의 일생 중 어느 시점에 캄툴 린포체는 깨달은 행위를 증명하고 수명을 늘리기 위한 상서로운 조건으로 내밀한 부인을 두었다. 캄파갈 사원의 규칙은 엄격했고, 몇몇 교만한 젊은 승려들은 이 일로 인하여 그에 대한 믿음을 저버렸다. 그들은 경멸로 가득한 목소리로 "그는 죽일 놈이다."고 했다.

캄툴 린포체는 샤캬 쉬리를 시켜 둑빠 용진 린포체에게 봉인한 편지를 보냈다. 샤캬 쉬리는 그의 스승이 시킨 것을 수행하기 위하여 밤낮으로 맨발로 걸었다. 그가 걸어가는 길 주변에 사는 샤캬 쉬리의 후원자들은 가시에 찢긴 그의 발을 보고 틀림없이 눈과 차가운 바람 속으로 걸었을 것이라고 생각하고는 신발 한 켤레를 주면서 신으라고 했다. 그는 말했다. "내 근본 스승의 명령을 수행하는데 어떤 어려움도 견딜 수 있으며 목숨까지도 내놓을 각오가 되어 있다."고 하면서 멈추지 않고 그의 길을 갔다. 생명불의 말을 타고 그는 약 2달 후에 둑빠 용진의 봉인된 편지를 갖고 돌아왔다. 그는 그 편지를 캄툴이 사는 곳인 라브랑과, 사원에 배달하였다. 그 편지가 공동체 내에서 일어난 캄툴 린포체의 행위에 대한 외부와 내부의 모든 오해를 떨쳐버리게 했다. 캄툴 린포체는 샤캬 쉬리의 임무수행에 대해 무척 기뻐하면서 감사의 표시로 그가 머물고 있는 곳으로 식사 초대를 하였다.

샤캬 쉬리가 라다크 양쫑에 있는 무문관에 머물고 있을 때, 캄툴 린포체는 거기를 방문하여 '보현보살의 마음의 정수'를 성숙시키고 해탈케 하는 가르침으로 완벽한 형태로 전해 주었다. 그것은 초규르 대첸 링파에 의해서 발견된 보장이다. 다른 경우를 보면 샤캬 쉬리 는 그로부터 '청색 구루 탁포'[84]Cycle of Blue Guru Tragpo를 전수받았는데 그 것은 심원한 릭진 최걀 도르제[85]의 보장이다. 또한 백색 잠발라 White Jambhala 등도 전수받았다. 그리고 특별히 롱첸빠 Longchenpa의 '마음의 정 수'[86]에 관한 법도 전수 받았다. 샤캬 쉬리는 잠양 켄체 왕포를 서너 번 만났다. 그 때에 샤캬 쉬리는 그로부터 구루 대와 첸뽀[87]의 가르 침에 대한 입문과 해탈 및 추가적인 가르침을 전해 받았다. 그는 또 한 '마음의 휴식 대자비'[88]라는 땅속에 묻힌 보장과, '생명의 어머니 인 찬달리의 순수 비전'[89], '다키니의 정수'[90], 그리고 '대비의 연꽃 왕'[91]과 노란 두루마리[92]로 된 '삼근의 합일'[93]에 관한 입문과 전수 그리고 가르침의 보장도 받았다.

켄체 왕포는 그에게 관정을 주고 이것들을 전해 주면서 샤캬 쉬 리에게 잘 간직할 것을 당부했다. 그리고 나서 그는 샤캬 쉬리의 영 적 부인인 최장 될마에게 10억 번의 구루 린포체 진언을 암송할 것 을 요청했다. 켄체 왕포는 샤캬 쉬리에게 비범하고 파괴될 수 없는 금강과 같은 예언의 형태로 다음과 같이 찬탄의 흰 꽃으로 만든 왕 관을 씌워주었다.

---

83) 도제창, 여기서는 존경하는 이름이란 뜻
84) 빠드마삼바바의 분노존
85) Rigdzin Chögal Dorje (1789-1859) : 캄툴 텐빼 니마의 동년배이자 스승이다.
86) Heart Essence of Longchenpa: 켄체 왕포(Khyentse Wangpo)에 의해 전수된 직 메 링빠(Jigme Lingpa)의 보장
87) Guru Dewa Chenpo : 대락의 스승 빠드마삼바바
88) The Great Compassionate One as the Mind at Rest: 잠양 켄체 왕포가 20세에 발견한 보장이다.
89) Chandali, the Mother of Life : 생명의 어머니 찬달리는 아미타불의 영적 부인으 로, 여기서는 보장 그 자체를 말한다.
90) The Quintessence of Dakini: 롱첸빠에 의해 쓰여진 것으로 'The Heart Essence of Dakini'(다키니의 마음의 정수)에 대한 주석서. '다키니의 마음의 정수'는 빠드 마삼바바가 티종 데첸 왕의 딸인 라캄 빠드마 살(Lhacham Padma Sal)과 그 화신 인 빠드마 레드렐 찰(Padma Ledrel Tsal, 1291-1315)에게 전수한 가르침이다.
91) The Great Compassionate One, the Lotus King
92) Yellow Scrolls : 비밀한 가르침이 적혀있는 종이 두루마리
93) The Union of the Three Roots : 세 가지 뿌리라 함은 구루(guru), 디바(deva), 다키니(dakini)를 말한다.

그대에게 알려준 가르침들은 다른 사람의 행복을 위해서 어떻게 해야 하는지에 대한 특별한 조언으로 구성되어 있다. 나는 그대에게 특별히 '텍최'라는 빛나는 청청의 완전한 이완에 대한 실험척 ㅇ내와, 자발척 완성 또는 직첩 도약이라는 '퇴걀' 등 많은 것들을 자세하게 가르치고 ㅇ내해 주었다.

나는 이것들을 아주 자세하고 질서청연하게 가르쳐 주었다. '어머니와 아들 마음의 청수' 94) 처럼 비교척 일반척인 예비수행을 가르치고, 그 다음에는 '윤회와 열반의 분리'95)등에 관한 특별한 족 켄 수행법을 가르쳤다. 특히 나는 '체춘의 마음의 청수'96)에 그대를 입문시키고 가르쳤다. 그것은 족켄의 비밀스런 여러 가지 가르침 중에서 핵심이다.

그대는 겸손하고 이 가르침을 위해 이상척인 사람이다. 나는 그대에게 아첨하지 않는다. 그대는 가장 비밀스럽고 내면척이며 뛰어난 족켄의 관상과 명상을 이루어 낼 것이다. 그대는 수행을 시작하는 입문이나 말로 천해주는 구전처럼 억지로 하는 청신척 행위들은 피하는 것이 좋다. 그대는 마음으로 바라보는 관상과 명상의 실질척 가르침을 통하여 수많은 중생들에게 이익을 주는 연결고리와 열청을 만들어 냈다. 이것을 마음속에 간직하게나.

켄체 왕포는 또 샤캬 쉬리에게 다 같이 깊은 뜻을 가지고 있는 '마하무드라와 족첸, 그리고 마디야미카' 97)를 설명하는 특별한 가르침을 주었다. 샤캬 쉬리가 떠날 때 그는 잠괸 콩툴 린포체 문하로 가서 입문하여 '네 가지의 마음의 정수'를 배우라고 조언해 주었다. 샤캬 쉬리는 그의 조언에 따라 콩툴 린포체에게로 갔다. 어느 날 수행을 허락하는 의식인 관정식을 하는 때에 그는 링 짜추카 사원으로부터 온 승려 한 명과 함께 있었는데 그 분이 그날 강으로 추락하여 떠내려가면서 익사할 위험에 처했다. 샤캬 쉬리는 그를 구했지만 그 때문에 콩툴 린포체가 내려주는 '다키니의 마음의 정수'라는 가르침의 입문식 일부를 놓치고 말았다. 그가 도착했을 때 잠괸 린포체는 그를 위하여 그 부분을 다시 되풀이해 주었다.

어느 날은 콩툴이 그에게 관정을 주고 구전과 일체 중생을 한 번에 해탈시키는 족첸의 가르침을 전수하였다. 그것은 린첸 링빠의 보장으로 핵심 바즈라킬라 가르침의 입문과 가르침이다. 이것은 심원한 구전의 가르침이다. 이는 이타적 마음의 헌신[98]으로 중관학파와 맥을 같이하는 깨달음으로 하늘의 가르침[99]등에 속하는 아미타불 의식이다. 이것들을 전승해 주면서 콩툴은 예언적으로 샤캬 쉬리에게 촉구했다. "지금은 제자들을 길러야 할 시간이다! 너는 이미 선업을 쌓았고 일체처 일체 중생의 행복을 증진시키기 위한 열망을 가졌다." 이런 방식으로 다시 샤캬 쉬리는 콩툴의 가피를 받았다.

잠양 켄체 왕포가 아쫌 둑빠를 방문하여 샤캬 쉬리를 언급하면서 말했다. "이 두구 사원의 은둔 수행자는 반투명 지혜의 가르침과 관

94) Mother and Son Heart Essence : 롱첸빠의 네 가지 마음의 정수를 말한다. 어머니 보장이 두 개 있는데, 원래 빠드마삼바바로부터 전해진 다키니의 마음의 정수와 비말라미트라로부터 전래된 비말라미트라 마음의 정수가 그것이다. 롱첸빠는 세 가지의 아들 보장을 만들었다. 다키니의 내면적인 정수, 스승의 내면적인 정수, 마음 속 깊은 곳으로 부터의 정수를 말한다.

95) Samsara-nirvana separation : 족첸 수행법으로 산만한 마음과 순수한 깨달음의 상태를 구분하여 순수한 깨달음의 상태를 알아차리게 한다. 여기서 윤회는 마음의 작용이며, 열반은 순수한 깨달음이다. 분리한다는 것은 이 둘을 구분하는 것이다.

96) Chetsün Heart Essence : 켄체 왕포(Khyentse Wangpo)에 의해 발견된 중요한 보장으로 체춘 셍게 왕축(Chetsün Senge Wangchug)이 물려 받았다. 어느 수도승이 홀연히 나타나 예언하는 대로 체춘(Chetsün)은 침푸(Chimphu)라는 곳으로 따라가서 어떤 여인으로부터 핵심 정수를 가르치는 책을 받았다. 그 이후 그가 진흙 동굴에서 명상을 하고 있을 때 어느 날 비말라미트라가 나타나 그에게 완벽한 관정을 주고 가르침을 주었다. 그는 125세 까지 살다가 무지개몸을 성취하고 열반하였다.

97) Mahamudra, Dzogchen and Madhyamika : 이 세 가지는 각자 다른 각도에서 바라보지만 완벽하게 같은 마음과 사물의 궁극적 본질을 밝힌다. 중도라고 하는 마디야미카는 용수보살이 만든 유명한 전통으로 반야심경에서 유래된 것이다. 중도는 유식과 함께 밀교의 철학적 기초가 되었다. 그것의 핵심 주제는 모든 현상에 내재하는 공성을 강조하면서, 존재와 비존재 즉 유와 무의 양극단을 버리는 것이다.

98) 법회 의식에서 '보살의 헌신'으로 만주시리에서부터 시작되어 용수보살(나가르주나)로 전해지고 다시 아리야데바, 산티데바로 차례로 전해졌다. 푼냐스리가 이를 티베트에 소개하여 샤캬족의 원로들에게 전해졌다. 용수보살이 중도철학을 확립한 연유로 어떤 사람들은 이를 '중관학파 의식'이라고 부른다. 이것은 유식학에 의한 깨달음의 방법과 구별되어진다. 미륵보살(마이트레야)로부터 시작되어 아상가로 전해지고 후에 아티샤(982-1054)에 의해서 티베트에 전해졌다. 그리하여 최초로 카담파와 탁뽀 까규 스쿨에서 채택하였다.

99) Sky teachings or Namchö : 남최 밍규르 도르제(1645-1667)에 의해 밝혀진 가르침의 보장이다. 그는 12살 때부터 계속 그의 종교적 환영을 통하여 많은 심보장(mind terma)을 발견하였다. 24세에 돌아가셨는데 15권의 가르침을 남겼으며 그것들은 그의 스승이자 위대한 성취자였던 까르마 창메(1610-1687)에 의해 정리되었다.

정을 받는 것이 필요하다. 내가 그에게 관정을 주면 당신이 그에게 가르침과 세부적인 방법을 알려줄 수 있을 것이다." 그리하여 샤캬 쉬리는 아좀 둑빠의 자애로운 가르침을 받았다. 그는 또한 아좀 둑빠로부터 '다키니의 비밀 모임The Union of the Secrets of the Dakinis'에 대한 관정과 가르침을 받았다. 이것은 초모 멘모[100]의 심원한 보장이다. 그리고 '큰 기쁨의 금강살타 부처님 불국토의 정화'[101], '성취자의 진수'[102] 등에 대한 가르침도 받았다. 샤캬 쉬리는 짜 팔툴 린포체[103]로부터 샨티데바의 '보살의 삶의 방식에 대한 안내'[104]라는 심원한 가르침을 받았다.

샤캬 쉬리가 카톡 사원을 방문했을 때, 라마 티메 싱콩 직메 옌텐 괸포[105]가 엄격한 은둔처 수행을 하고 있었다. 샤캬 쉬리는 누구든 중요하거나 그렇지 않거나 간에 그 스승을 만나기는 어렵다는 말을 들었다. 그럼에도 불구하고 샤캬 쉬리는 그날 밤 옌텐 괸포로부터 허락을 받고 '족첸의 심보장에 대한 자세한 가르침'[106]을 완벽하게 받았다. 족첸 켄포 빼마 도르제가 있을 때 그는 '서방정토에 태어나는 기도'에 대해 설명을 들었다. 이것은 '남최Namchö' 혹은 '스카이 티칭sky teaching'이라고 하는 일련의 가르침에 속하는 것으로 카르마 착메[107]가 집필하였다. 같은 사원의 크롬 걀와 창춥으로부터 그는 서로가 '정신적 연결'을 이루는 가르침을 받았다.

샤캬 쉬리는 라마 미팜 린포체가 가타구에 은둔하고 있을 때 그를 두 번 만났다. 샤캬 쉬리는 드루Dru 산맥에서 오랜 동안 은둔 수행을 하고 있었다. 은둔 수행 중 해제 기간에 약 500명의 제자들을 가르쳤다. 어느 날 새벽에 자기 앞에 펼쳐진 허공을 한참 바라보고 있는데, 동시에 오렌지색 얼굴을 한 문수보살이 나타나 정수리에 머리를 땋아 올리고 네 개의 손에는 활과 화살을 들고 있었다. 문수보살로 나타난 그 모습이 잠긴 미팜 린포체와 같아서 샤캬 쉬리는 반드시 그를 만날 것이라고 말했다. 샤캬 쉬리는 미팜 린포체를 아는 잠양 로살이라는 상서로운 이름을 가진 제자를 보내면서 한번 만나고 싶다는 편지를 보냈다. 가는 도중에 이 심부름꾼은 누런 곰을 만나고 홍수를 당하는 등 위험에 처했다. 그러나 운 좋게 그는 해를 입지 않았다. 결국 그는 미팜 린포체가 있는 곳에 도착하여 편지를 전했다. 미팜 린포체가 샤캬 쉬리를 만나겠다는 승낙을 받고나서 그가 돌아왔다. 샤캬 쉬리에게 돌아온 잠양 로살은 편지와 함께 미팜 린포체가 보낸 다른 물건을 내놓았다. 스승은 웃으면서 그에게 물었다. "가는 길에 혹시 누런 곰이나 홍수와 같은 위험은 없었느냐?" 이렇게 말하면서 그의 신통력을 드러내 보였다.

---

100) Chomo Menmo(1248-1283) : 예셰 쵸걜의 환생으로 라싸 남동쪽의 탁포 지방에서 태어났다. 13세 때 그녀의 양들이 풀을 뜯고 있을 때 그녀는 잠이 들었는데 거기는 빠드마삼바바 동굴 근처였다. 아름다운 목소리에 잠을 깨니 동굴의 비밀 문이 열렸다. 거기로 들어가서 많은 다키니들을 만났는데, 그 중의 최고는 바즈라바라히(금강해모)였다. 바즈라바라히가 그녀에게 '다키니의 비밀 모임' 이라는 작은 책자를 주며 축복해 주었다. 그 후 그녀는 위대한 보장의 발견자인 구루 최키 왕축(Guru Chökyi Wangchug)의 영적 아내가 되어 많은 가르침을 받았다. 그 후 그녀는 두 명의 요긴을 데리고 여행을 떠나 사람들을 도왔다. 36세 되던 해 그녀와 두 명의 요긴은 대중법회 가나차크라 의식이 한창 진행되는 중에 마치 새처럼 하늘로 날아갔으며 그 이후로 볼 수 없었다.

101) The Purification of the Buddhafield of Great Joy of Vajrasatva

102) The Quintessence of the Master

103) Dza Paltrul Rinpoche(1808-1887) : 직메 링빠(Jigme Lingpa)의 뛰어난 네 제자 중 한 명으로 그의 주된 족첸 스승은 직메 걜와이 뉴구(Jigme Gyalwai Nyugu)였지만, 족첸 사원에서 공부했다. 그는 일생 동안 아주 유명하게 되었으며 귀족을 포함하여 많은 제자를 두었다. 아무 것도 쌓아 두지 않고 그는 방랑자로서의 간단한 삶을 살았다. 그의 삶은 족첸의 무궁한 깨달음을 성취한 진정한 보살의 삶이었다.

104) Guide to the Bodhisattva's Way of Life : 본래 인도의 84명의 위대한 성취자 중 한 명인 산티데바(적천보살)에 의해 수행승 법회에 구전으로 전해진 것이다. 그 이후에 책의 형태로 전파되었으며, 인도에서만 백여 종의 주석서가 있다. 아직도 대승불교 수행자들에게 인기가 높다. 우리나라에는 '입보리행론'으로 소개 되었다.

105) Trime Shingkyong Jigme Yönten Gönpo : 카톡 사원의 3인의 주된 환생자 중 한 명이다.

106) Detailed Teaching on the Mind Cycle of Dzogchen : 족첸의 일련의 마음에 관한 세부적인 가르침으로 캄스(khams)로 알려져 있으며 가랍 도르제(Garab Dorje)로부터 유래된 가르침이다.

107) Karme Chagme(1613-1678) : 닝마와 까규 전통에 속하는 위대한 성자이며 뗄뙨(숨겨진 보석과 같은 가르침인 보장을 찾는 사람)이다. 그의 사원은 참도(Chamdo)에 있는 니에도 타셔 촐링 사원으로 마하무드라와 족첸의 병행수행을 강조하는 곳이다.

로살은 편지를 전했다고 말하면서 그가 가는 길에 겪은 홍수로 인한 위험한 상황을 이야기면서 아무런 해를 입지는 않았다고 말했다. "좋아, 그러면 문제 없어."라고 말하면서 샤캬 쉬리는 미팜이 있는 곳으로 떠날 채비를 하라고 했다. 그는 당장 그의 아들 체왕 직메, 툰게(잠양 로살의 별명)와 길을 잘 아는 다른 사람들과 함께 출발했다. 샤캬 쉬리가 가타구에 있는 미팜의 은둔처로 접근하고 있는 저녁나절에 미팜 린포체는 가까운 곳에 사는 사람 중 한 명인 외살의 집을 방문하여 말했다. "구할 수 있는 우유를 좀 준비하고 나무를 좀 잘라서 저기 잔디 위에 두세요."

샤캬 쉬리가 은둔처에 도착하자 미팜 린포체는 카루라는 이름의 스님을 보내 그에게 우유와 나무를 주고 손님들이 머물 수 있는 텐트도 주었다. 카루는 스승님이 이렇게 하라고 했다면서 말했다. "스승님은 당신과 당신의 아들 체왕을 당장 보고 싶다고 합니다." 미팜 린포체는 샤캬 쉬리를 만나 너무나도 기뻐했다. 그리고 그들은 궁극적 견해에 대해 자세한 토론을 했다. 미팜 린포체는 여러 번 그에게 말했다. "오 수행자의 왕이여, 그대 깨달음의 거대함은 갠지즈 강으로 가는 모든 길에서 필적할 자가 없다네. 이미 금강총지인 바즈라다라의 경지를 깨달았다네." 그러고 나서 그는 샤캬 쉬리에게 '보현보살의 열망Aspiration of Samantabhadra'을 전수하고 가르쳐주면서 샤캬 쉬리의 이름에 원초적 지혜를 의미하는 '즈나나'를 붙여주었다. 독덴 린포체 샤캬 쉬리는 미팜 린포체에게 말했다. "당신은 문수보살의 실제 모습입니다. 위대한 깨달음을 성취한 대가이며, 다섯 개 분야의 지식에 정통한 학자입니다." 스승에 대한 분리할 수 없는 의지와 헌신으로 샤캬 쉬리는 그의 은둔처에서 15일을 보냈다.

매일 샤캬 쉬리는 그의 아들과 함께 미팜 린포체를 만나 '수도 없는 불보살님들의 보석 목걸이' 라는 평화로운 문수보살을 성취하는 방편을 전수 받았다. 이것은 밀교 전통에 속하는 것으로 관계되는 여러 특별한 의식들과 혼합되어 있다. 노래와 잠언 모음집, '우주의 즐거움의 보석인 카마사스트라'를 전수해 주고 설명해 주었다. 그리고 대승경전과 밀교경전의 많은 어려운 부분을 설명해 주었다. 이 모든 가르침은 모두 미팜 자신이 쓴 것 중에 아주 중요한 부분이다. 그리하여 이렇게 많이 배우고 성취한 두 스승의 마음은 하나의 시내로 합쳐졌다. 이러한 날들 동안에 미팜 린포체는 샤캬 쉬리와 함께하는 대중들에게 지지를 보내면서 항상 샤캬 쉬리를 찬양했다. 그러면서 말했다. "당신들이 이런 스승과 함께 사는 것은 행운이다. 바른 방법으로 수행하라. 그것으로 족하다. 나는 이제 늙었다. 당신들이 내게 찾아오는 것은 무의미하다."

　십오일의 제일 마지막 날에 두 스승은 슬픈 마음으로 마지못해 헤어졌고, 샤캬 쉬리는 본래 있던 곳으로 돌아왔다. 드루^{Dru} 산맥에 도착하자 마자 샤캬 쉬리는 항상 그랬던 것처럼 엄격한 은둔수행을 계속하면서 제자들을 가르쳤다. 그 다음해에 독덴 린포체 샤캬 쉬리는 신성한 장소인 차리^{Tsari}로 떠났다. 차리는 '차리 강기 라와^{Tsari Ganggi Rawa}'로 알려지기도 하고, '차리의 눈 울타리로 둘러싸인 장소^{Tsari Snow Enclosure}'라고 하는 곳으로 티베트 동남부 탁포 지방의 남쪽에 위치한다. 인도의 아루나찰 프라데시 주의 국경과 가깝다. 그 곳은 깨달은 마음의 성스러운 장소로 생각되어진다. 티베트 사람들은 인도 밀교 경전에서 언급하고 있는 24승지 중의 하나인 차리트라^{Charitra}라고 믿고 있다. 때로는 남 차리트라라고도 하는데 그 이유는 위치가 남쪽이라서가 아니라, 승락금강 차크라삼바라 만달라에서 남쪽 방향에 있는 납골장과 연관되어 있다.

그래서 그 장소는 특별히 최고 밀승의 주본존인 차크라삼바라 및 그 영적 부인 바즈라바라히와 특별한 연관이 있다. 거기는 밀교경전에서 찬양하는 곳이고, 밀교 전문가들은 그곳이 운 좋은 수행자가 힘과 깨달음을 얻을 수 있는 곳으로 생각하고 있다. 차리트라는 바깥으로 드러난 만달라지만, 내적으로는 우리 몸속의 맥관에 해당한다. 비밀의 단계에서는 그것은 순수한 깨달음을 말한다. 송첸 감포는 차리트라를 연꽃 모양으로 된 비밀의 산들로 둘러싸인 곳으로 그 중앙에는 깨끗한 수정으로 된 차리 산이 있다고 한다. 그것은 마치 스스로 생긴 거대한 축복의 탑과 같다고 설명한다.

빠드마삼바바는 차리를 본존불들이 저절로 솟아오른 장소라고 말했다. 위쪽은 수많은 성스러운 집들이 있는 다키니의 정토이며, 아래쪽은 땅속에 사는 모든 존재들을 정복하는 성격을 지닌 곳이라고 했다. 그 사이에 있는 차리는 다섯 갈래의 금강저 형상 또는 시계방향으로 굽은 卍자 형상을 하고 있다. 동쪽 갈래는 뉴차리 혹은 따시종으로 깨달은 말씀의 장소라 하고, 금강저의 중심은 '흰 호수 White Lake'인데 깨달은 마음의 장소이고 차리트라 궁전으로 들어가는 입구다. 궁전을 가로지르는 문들은 동쪽에 위덕명왕의 호위 속에서 문수보살의 축복을 받은 문이 있고, 남쪽에는 금강역사의 분노존인 바즈라미타의 호위를 받는 금강역사의 문이 있으며, 서쪽에는 따라보살의 분노존인 에카자티의 호위를 받는 따라보살의 문이있다. 북쪽에는 관세음보살의 분노존인 마두관음 하야그리바의 호위를 받는 관세음보살 문이 있다. 궁전의 중간 방향에는 바즈라, 라트나, 빠드마, 까르마 가문에 속하는 밀교의 다카와 다키니들이 산다. 문바깥 쪽에는 일반인들이 접근할 수 없도록 납골장이 있고 불꽃과 금강저로 둘러싸여 있다. 차리트라의 지혜의 모습은 깨끗한 종교적 환영을 보는 축복받은 사람들에게 이처럼 나타난다. 반면에 다른 사람들에게는 그들의 업식 수준에 따라 각자 다른 모습을 드러낸다.

오래된 전설에 의하면, 세 사람의 순례자가 어느 날 이 성스러운 장소를 찾기 위해서 떠났다. 가는 길에 사람들에게 그 장소를 아느냐고 물었지만 아무도 아는 사람이 없었다. 어떤 지점의 산꼭대기에 이르러 그들은 쉬기 위해 앉았다. 그들 중 한 명이 풀잎을 하나 따서 씹었다. 그러자 순간 그 순례자는 하늘로 날아올랐다. 놀란 그는 동료들에게 구해달라고 소리쳤다. "풀잎을 뱉어! 풀잎을 뱉어!"하고 동료들이 소리쳤다. 그 말을 듣고 그가 풀잎을 뱉어 버리자, 땅으로 떨어졌다. 그 때 그들은 여태 찾았던 성스러운 장소에 도착했음을 알았다. 그래서 그곳은 차리라고 불렀는데, '차'는 풀잎을 의미하고 '리'는 산을 뜻한다. 샤캬 쉬리가 차리로 가는 길에 참도에 있는 쫑고 은둔처에 멈추어 거기서 미팜 린포체를 다시 만났다. 그들은 거기서 3일을 함께 보냈다. 그들은 샤캬 쉬리가 한 여행에 대해 담소했다.

어느 날 그들은 '구루 린포체를 찬탄하는 7행시Seven Verses of Praise to Guru Rinpoche' 108)와 관련한 대중법회인 가나차크라를 하던 중, 샤캬 쉬리가 미팜 린포체에게 특이한 다이아몬드로 장식된 금반지 하나를 주면서, 그에게 '밀교의 왕 문수보살의 이름을 찬탄하는 노래Chanting the Names of Manjurish, the King of Tantras'에 주석을 다는 문구를 써달라고 요구했다. 그러자 미팜 린포체는 샤캬 쉬리를 가르칠 의무를 느끼면서 그를 신뢰하게 되었고, 사흘 아침 내내 '타락의 시대를 진정시키는 기도, 7행시의 구루요가The Prayer that pacifies the Times of Decline, the Guru Yoga of Seven Verses'와 그 주석인 '흰 연꽃White Lotus'을 전수해 주었다. 샤캬 쉬리가 떠나려고 할 때 두 성취자는 은둔 수행처의 문 밖에 서서 함께 링 게사르가 만든 '향불을 사르는 의식'을 수행하였다. 미팜 린포체는 지극한 애정으

---

108) 오젠의 서북면에서/ 연꽃 가운데 태어 나셨네/ 가장 신비로운 능력을 타고난 / 연화생이라 알려지셨네 / 수많은 호법 칸도들에게 호위되어 / 당신의 뒤를 따라 제가 수행합니다 / 부디 오셔서 가피를 내려주소서

로 샤캬 쉬리의 텐트를 세 바퀴 돌고나서 작별을 고했다.

간략히 말하면, 이것이 샤캬 쉬리가 완벽하게 배우고, 숙고하고 명상하는 방식이다. 샤캬 쉬리가 마음의 본질에 대하여 깨달은 바를 근본스승에게 보여주면, 그들은 큰 칭찬의 감로를 내려주었다. 이 모든 스승들은 지금강불의 지위를 깨달은 분들로서, 샤캬 쉬리를 그들의 마음의 아들로 생각하였고, 틀림없이 그는 스승들과 동일한 깨달음을 성취하였다. 보통 사람의 눈에는 그가 인간 성취자의 모습을 한 부처였다. '빛나는 청정Luminous Clarity'의 차원에서 보면, 그의 심원하고 궁극적인 모습은 구루, 데바(천신), 다키니 세 뿌리의 한량없는 지혜에 의해 키워진 것이었다.

그대가 이미 지고의 자유를 얻었다고 해도
정신적 스승에게 모든 존경심으로 완전히 귀의하는 것이
필연적이고 진실하고 제일가는 길임을 알아야 하네
위대한 부처가 사람으로 현현한 그대여
수많은 안내자들과 보살들과 스승의 발 아래서 수행하면
그들은 승리의 한 길을 보여줄 것이니
그들을 세상의 구원자로 존경하게나.

보통 사람들보다 한참 능가하는 그대의 깨달음
보석과 같은 그대의 위대한 성품과 전생에 대한 신통력
자발적인 확신과 인내 등등
그대의 명성이 전해 퍼질 것이네
수많은 강물이 많은 심원한 가르침을 부어
그대 위대한 마음의 바다 깊은 심연에 이르게 하네.

현자의 수많은 약속을 믿나니

그대 위대한 태양이여, 멈추지 말고 영원히 빛나라

외딴 곳에서 수행하며
근원적 지혜를 깨닫는 요가 수행자

   샤카 쉬리는 긴 금강굴^{Long Vajra Cave}이 있는 라다크 뻬마 양쫑과 또 다른 장소에서 집중 수행을 하면서 몇 년을 보냈다. 그가 초가르텡 사원 위쪽에 있는 솔데르 은둔처에서 수행할 때, 몇 명의 생각 없고 오만한 젊은 승려들이 근처의 두뀐 사원에서 머물고 있었다. 그들은 추고쇽^{Chugoshog} 동굴 속에 청정과 음란이 불건전하게 혼재해 있다고 확신하면서 헐뜯는 말을 했다. "가족들과 여자들이 함께 저기서 살고 있다." 이런 심하고 부정적인 말을 하면서 그 승려들은 마치 힌두교 광신도들이 부처님을 괴롭혔던 것처럼 그에게 해를 끼쳤다.

   이런 일이 일어나고 있을 때 전능한 둑빠 용진이 부처님법과 중생들을 위하여 참도 지역을 여행하고 있었다. 샤카 쉬리는 그를 만나러 갔고, 둑빠 용진은 그를 보자 마치 링첸 레빠가 사람으로 다시 나타난 것으로 여겼다. 두 스승은 그들의 경험과 깨달음에 대해 이야기했다. 둑빠 용진 린포체는 너무 기뻐서 말했다. "이곳에 이처럼 위대한 요가 수행자가 있다는 것이 너무 놀랍다!" 그러면서 존경의 표시로 합장을 했다. 그는 이 성취자를 한없이 찬탄하면서 샤캬 쉬리라는 이름을 주었다. 그때 이후로 그는 독덴(깨달은 자) 샤캬 쉬리로 알려지게 되었다. 그 이후로 샤캬 쉬리의 명성이 자자해졌으며, 그의 이타행과 카리스마적 능력을 표현하는 새로운 문이 활짝 열렸다. 그에게 나쁜 마음을 품었던 사람들과 하찮게 여겼던 사람들이 크게 후회하면서 그들의 실수를 시인했다. 그 이후로 그들은 스승과 상서로운 관계를 맺고 믿음과 존경으로 제자가 되었다. 샤캬 쉬리는 그들을 정신적 지도 아래 두고 가르침을 주면서 수행할 용기를 주었다. 시간이 지나자 샤캬 쉬리는 중부 티베트와 국경지대에서 명상 수행자들을 위한 금광의 문을 연 선구자가 되었다.

캄튤 텐뻬 니마와 잠양 켄체 왕포 그리고 다른 숭고한 성취자들이 샤캬 쉬리에게 청정한 깨달음의 상태에 대한 가르침을 주었다. 이런 것이 그의 끈질긴 수행과 더불어 신념의 들판에 자양분을 주는 물과 비료의 역할을 했다. 샤캬 쉬리는 그 스승들의 가르침을 모두 수용하였다. 그 자신에게는, 윤회와 열반의 마법처럼 전개되는 모든 현상들이 주체와 객체를 포함하는 이중적 인식에 의해 생겨나고 동시에 꿈이나 환영과 같은 실체가 없는 조건들에 의해 스스로 사라졌다. 모든 것은 그 자체의 본성에 의해 자유롭다. 샤캬 쉬리는 언제나 '원초적 청정 Premodial purity'의 순수한 깨달음의 상태에서 흔들리지 않았다. 원초적 청정은 삼신의 지혜에 의해 타고난 것이다. 원초적 청정은 존재의 본성을 의미한다. 그것은 말로 표현할 수 없고 개념을 초월한 것이다. 빛나는 본질적 깨달음이고 순수한 공성이며, 자연적이고 원시적인 깨침이며 깨달음의 존재적 차원에서 보면 불변의 지혜다. 이것은 윤회와 열반으로도 존재하지 않는 그 너머의 법신이다. 여기에 내재하는 것이 세 가지 지혜다. 이 세 가지 지혜는 본질^{essence}적 지혜, 성품^{nature}의 지혜, 작용^{energy}의 지혜다. 본질은 법신이고 성품은 보신이며 작용은 화신이다. 샤캬 쉬리는 순수한 종교적 환영^{vision}을 많이 경험했지만, 거기에 전혀 집착하지 않았다. 자기가 경험한 것이 무엇이든 스스로 사라지게 놓아두었다. 마치 새가 하늘을 날아가도 흔적을 남기지 않는 것과 같았다. 그는 어떤 것에도 집착하지 않고 끝없이 위대한 우주의 요가 속에 있었다. 그래도 그는 다양한 현상들을 알 수 있는 지혜의 문을 닫지 않고 행위와 결과의 인과법에 세심한 주의를 기울였다.

제자들이 보시를 요구하여 공양물을 너무 많이 받음에 따라 인근의 수행자들로 부터 좋지 못한 말이 들려오자, 샤캬 쉬리는 이를 염려하여 그들에게 최소한의 공양물만 받게 했다. 그리고 나이 많은 사람을 빼고는 여행 할 때 말이나 다른 운송 수단을 쓰지 못하게 하였다. 그는 제자들이 물건을 비축하거나 상업적 활동을 하지 못하게 하였다. 반면에 일 년에 두 번 생필품 조달을 위한 탁발은 허용하였다. 여름 한 달 동안에는 버터와 치즈를 탁발하고 가을 한 달 동안에는 곡식과 구운 보릿가루를 탁발하였다. 그는 제자들이 승복을 입는 것을 좋아했으며, 특별한 밀교 수행자의 경우는 다른 옷을 입게 하였다. 그는 학인들에게 사원의 청규를 따르도록 권고하였다. 매일 아침과 오후에 징을 두 번 울려 수행 시간을 알렸다. 이 은둔 수행처는 완전히 격리되어 있었다. 사람이나 동물이 경내에 들어올 수 없었고 대화가 허용되지 않았다. 이런 분위기 때문에 게으른 사람들이나 샤캬 쉬리의 수행처에 머무는 다른 일반인들을 고무시켰다. 하루 이틀 정도 세속적인 일에서 떠나 자신들이 그동안 얼마나 풍족하게 살았는지 느껴보고 수행에 전념할 수 있게 하였다. 음력 10월부터 다음 해 5월까지는 모든 제자들이 묵언 정진하였다. 이 기간 동안에는 글을 읽거나 책을 보거나 글을 쓰는 것은 물론이고 의식주에 대해서 쓸 데 없는 잡담을 하는 것을 엄격히 금지했다. 그들의 후원자들을 기쁘게 하기 위하여 소리 내어 염불하는 것도 금지시켰다.

그의 주변에 있는 대부분의 사람들은 '궁극적 의미Ultimate Meaning' 에 대한 수행을 열심히 하였다. 궁극적 의미라 하면 방편적이거나 상대적인 의미와 반대되는 개념이다. 잠괸 콩툴 린포체는 그의 '총지보론Treasury of Knowledge'에서 궁극적 의미를 다음과 같이 규정한다. 모든 현상의 본질은 생각이 일어나거나 사라지는 것이 없는 심원한 공성이다. 모든 사물의 타고난 조건은 자연 그대로의 빛나는 깨어 있음이고 말과 생각과 설명을 뛰어넘는 것이다. 이것은 부처님의 말씀과 그 주석에도 잘 설명되어 있다. 이것은 가끔 마하무드라나 족첸의 핵심으로 언급되기도 한다. 샤캬 쉬리 주변의 사람들은 아침에 일찍 일어나고 저녁에 늦게 잠자리에 들었다. 샤캬 쉬리가 은둔 수행을 잠시 쉴 경우에는 그를 보러 찾아오는 수많은 사람들을 만나주었다. 한 달에 한 번 또는 일 년에 한 번 찾아오는 그들이 갖고 오는 공양물은 스승들에게 드리거나 지역 내의 사원에 있는 승려들에게 나누어 주었다.

그는 일생 동안 한 번도 생명 있는 존재들을 해롭게 한 적이 없다. 그에게 공양 올리는 고기가 혹시 일부러 잡은 고기가 아닌가 염려하여, 자연사한 동물의 고기만 먹었다. 그가 고기를 먹을 때는 참회와 업장소멸의 수행을 했고, 종종 라마승들과 사원들에도 자신을 위하여 이런 수행을 해줄 것을 요구했다. 우리는 이것을 언젠가 아좀 둑빠 린포체가 그에게 보낸 편지에서 알 수 있다. "거룩한 존재여, 그대는 심지어 쇠똥도 금이라고 생각한다. 그 말은 나 같은 보통 사람도 크게 존경할 가치가 있다고 하는 것과 같다. 당신은 나에게 멋진 산호가 달린 금 귀걸이를 주면서 당신을 위하여 참회와 업장소멸의 기도를 해달라고 요청했다. 왜냐하면 당신은 제자들이 공양 올리는 여러 종류의 고기를 먹어야 하기 때문이다. 그래서 나는 좋은 의도로 '선행의 열망^{Aspiration of Good Conduct}'이라는 수행을 하였다. 수행자들의 모임도 '깨달음의 상태로 동시에 해탈하는 적정존과 분노존^{Peaceful and Wrathful Deities that Spontaneously Liberate into the State of Realization}'의 여러 부분을 수행하였다. 당신은 이 모든 사람들에게 8개의 은화와 많은 선물을 주어 장수와 헌신을 기원하게 하였다."

그는 함께 기거하지 않는 트라얍 사원의 잠양 뚤꾸와 같은 제자들은 물론이고 함께 생활하는 제자들 모두에게도 여름 기간 동안에는 고기를 먹지 못하게 하였다. 만약 고기를 사야 할 경우, 더러운 결점이 없는 특별한 능력을 타고난 사람이 아니라면 그들을 위하여 일부러 잡은 고기는 엄격하게 금지하였다. 그는 제자들에게 충고하여 죽은 것이나 산 것을 공양물로 받아 잘못 사용하지 말라고 했다. 그리고 가급적이면 고기를 먹지 말고 술도 마시지 말라고 했다. 그런 원칙을 지켜 좋은 결과를 만들어 냈다. 샤캬 쉬리는 내성적이라 그 마음을 잘 알 수가 없었다. 그는 나아가는 길에 진전이 있는 것만 가리키면서 정신적인 발전에 머물러 있지 않았다. 다음은 그의 저술 중에서 그가 나이 많은 제자들에게 이야기한 깨달음과 경험에 대한 약간의 일화들이다. 이것은 절대 과장되거나 축소한 내용이 아니다.

샤캬 쉬리는 뚬모 수행을 발전시킨 확실한 증거를 드러내 보였다. 뚬모는 명상 수행에 사용되는 기법으로 내부의 호흡과 마음을 조절하여 배꼽에 열을 발생시켜 위로 타오르게 하는 것이다. 내부열인 뚬모는 배꼽 아래 중맥에 있는 우리 몸속의 붉은 명점 혹은 태양 에너지를 말한다. 그 모양은 작은 티베트 글자 '아'자 형상이다. 샤캬 쉬리가 뚬모 수행을 할 때 가끔 그의 옷과 명상 벨트가 불에 타다가 저절로 꺼졌다. 그가 금강부양 수행을 할 때는 결가부좌를 한 채 공중부양을 하고 있다가 바닥으로 내려오는 것을 다른 사람들이 보았다. 두 번째 3년간 은둔 수행 기간 중 티베트력으로 철-뱀의 해인 1881년 음력 3월 15일에 그는 다음과 같은 경험을 했다.

그의 몸에 있는 흰 명점과 붉은 명점이 태양맥과 월맥을 통하여 중맥으로 들어갔다. 그 결과 '라후rahu'라는 위쪽 지복의 요소와 '케투ketu'라고 하는 불의 요소인 아래쪽 지혜가 만났다. 샤캬 쉬리는 이 때 '태어나지 않은 마음의 상태Unborn state of Mind'를 명상으로 경험하였다. 흰색과 붉은색 명점은 육신을 구성하는 가장 청정한 요소들이다. 흰색 명점은 원래 아버지의 정액으로 부터 온 것으로 머리 위 정수리에 위치한다. 그 모양은 티베트 글자 '훔'자를 뒤집어 놓은 형상으로 상징된다. 붉은색 명점은 배꼽 아래 손가락 네 개를 겹친 거리에 있으며 티베트 글자 '아'자로 상징된다. 이것은 어머니의 난자에서 온 것이다. 두 개의 명점은 이런 두 장소에 있지만 이들의 청정한 분출은 몸의 모든 부분에 미쳐 힘과 광채를 준다. 반면에 청정하지 못한 분사는 구멍을 통하여 빠져 나가버린다. 월맥은 흰색 명점이 지나가는 길이고 태양맥은 붉은색 명점이 지나가는 길이다. 라후는 정수리에 있는 흰색 명점을 말하고 케투는 배꼽 아래에 있는 붉은색 명점을 말한다. 이런 경험을 한 후 샤캬 쉬리는 전통적 천문학의 도움 없이 일식과 월식의 정확한 날짜를 예언할 수 있었다. 그는 말했다. "그런 힘은 나의 스승과 지혜의 영적 부인의 축복 때문이다."

한 번은 그가 아주 선명한 빛으로 나타난 오렌지색 눈썹을 가진 여인을 보았다. 그 여인은 밥과 채소처럼 생긴 음식을 담은 쟁반을 주면서 말했다. "이것은 다키니들의 향연에 주어진 공양물입니다."

샤캬 쉬리는 그 음식을 남김없이 먹고 그의 영혼과 육체에 충만한 축복과 공성이 지속되는 깨달음을 경험했다. 그는 말했다. "이 경험은 밀라레빠와 분리될 수 없는 스승님의 배려 덕분이다." 마음의 빛나는 청정을 깨달은 외부적인 징표로, 그는 은둔 수행처 안에서 햇빛을 보았다. 그가 깨어있는 상태에서 설명하기 힘든 신들과 악마들의 마법적 출현을 보았다. 그럼에도 불구하고 그는 빛나는 청정의 상태에서 나타난 신들과 악마들이 단순한 공성의 작용일 뿐이라고 결론지었다.

그것을 경험하고 나서 오래지 않아, '긴 금강굴'에서 어느 날 새벽에 빛나는 청정으로 '다키니의 비밀 보장Secret Treasury of the Dakinis'을 소리 내어 하고 있는데, 꿈속에서 그 성취자인 스승 링첸 레빠를 만났다. 샤캬 쉬리는 그로부터 상징적인 언어로 된 많은 비밀의 가르침을 받았다. 마지막에는 링첸 레빠가 샤캬 쉬리에 섭수 되어 그의 청정한 존재로 부터 불가분의 관계가 되었다. 이 일이 있고 나서 그의 마음속에는 어떤 개념도 뛰어 넘는 본질에 대한 지혜가 분명하게 드러났다.

3년 은둔 수행이 반 쯤 지났을 때 어느 날 새벽에 빛나는 청정의 상태에서 요가 수행자들의 왕인 고귀한 밀라레빠Milarepa Vajra Laughter가 세 번 나타났다. 상징적인 언어로 밀라레빠는 그에게 구전 법맥에 대한 가르침이 들어있는 비밀의 보장terma을 주었다. 이 일이 있고나서 샤캬 쉬리의 경험과 깨달음은 모든 한계를 뛰어 넘어 확장되었다. 그는 스스로 말하기를 "마음은 뿌리도 없고 근원도 없다는 깨달음을 통하여, 색과 공이 같다는 비개념적 깨달음에 대한 확신을 가졌다." 대략적으로 이 시기에 낮 동안에 하는 정규 명상시간 중에 있었던 그의 명상 상태는 명상을 끝낸 후 일상생활에서도 하나로 지속되었다. 처음에 꿈의 상태에서 공포를 경험하고 난 뒤에 그는 흔들림 없이 지속적이고 배타적인 깨어있는 상태에 머물렀다. 그러자 불안이 사라져 버렸다. 그가 말했다. "이것은 밀라레빠와 같은 성품의 스승이 주신 친절 때문이다."

어느 날 밤 그는 파 탐파 린포체를 만나는 꿈을 꾸었다. 그는 인도 남부에서 태어난 사람으로 초기 불경을 공부하여 성취를 이룬 남녀 56제자 중의 한 명이 되었으며, 인도의 여러 곳에서 60년 동안 수행했으며 많은 본존불로부터 종교적 계시를 받았던 수행자다. 그는 티베트를 다섯 번 방문했으며 마지막 방문 때 중국으로 가서 12년간 머물다가 다시 티베트로 돌아왔다. 그가 샤캬 쉬리의 꿈에 나타나 그의 몸에서 네 명의 여성 수행 배우자를 만들어냈다. 그리고는 바로 샤캬 쉬리와 하나가 되었다. 이 합일에서 파 탐파가 말했다.

이 지고한 비밀의 길을 수행하여
그대는 네 가지의 기쁨을 경험하고
완전한 원초적 청정을 발견할 것이다.
에마 호!

그 이후 샤캬 쉬리와 파 탐파, 그리고 네 명의 여성 성취자는 빛나는 청정의 한량없는 차원에서 존재의 내적 확장을 위해 녹아들었다. 많은 꿈에서 그는 랍키 된마(마칙 랍된 1031-1126)를 만났다. 그녀는 어릴 때 출가하였으나 후에 환속 결혼하여 25명의 위대한 성취자를 배출하는 가문의 법맥을 가진 사람이다. 그녀는 반야심경 가르침과 특별한 인연을 갖고 있으며, 그것을 통하여 만유의 공성에 대한 통찰력을 드러냈다. 그녀는 파 탐파의 제자가 되어 그의 가르침을 죄^{chod} 라고 하는 특별한 시스템으로 만들었다. 이것은 티베트 전역에 전파되어 모든 불교학교에서 채택되었다. 샤캬 쉬리의 꿈에 여러 번 나타난 그녀가 한 번은 이런 말을 했다.

> 마음의 본질은 지식을 거부하는 것이다.
> 어떠한 산란한 마음이 일어나도
> 빛나는 청정의 확장으로 나아가면
> 결국은 태어남이 없는 절대의 경지에 도달할 것이다 .

이 말을 하고나서 랍키 된마는 큰 소리로 '팻^{Phat}'이라고 외쳤다. 그러자 그는 그녀와 완전한 합일의 상태가 되었다. 그는 말했다. "이 경험은 틀림없이 캄툴 텐뻬 니마의 친절로부터 온 것이다." 간혹 그는 멀리서 들려오는 설명하기 힘든 즐거운 음악소리를 들었다. 그 것은 이전에 들어본 적이 없는 것이었다. 이 경험을 두고 그는 말했다. "이것은 족첸에서 가르치는 소리 수행의 핵심을 보여주는 징표와 아주 유사하다." 가끔 그는 깨어있는 상태에서 금강살타의 두 개 비밀의 끈에 대한 계시를 받았다. 그것은 마치 오색의 가닥으로 꼰 줄처럼 생겼는데 크고 작은 수많은 빛방울(틱레^{thigles})들로 엮여서 그의 눈에서부터 하늘로 뻗어나갔다. 이 경험을 설명하면서 그는 말했다. "이것은 중음 상태에서 완전한 깨달음을 성취한 사람이 되게 하는 힘을 주는 것이다."

어느 날 밤 샤캬 쉬리는 소변을 보러 가서 바깥에 한참을 서 있었다. 걱정스러운 시자가 그에게 소리쳤다. "제발 들어오세요. 밤이라서 바깥은 칠흑같이 어둡습니다." 그러자 그가 소리쳤다. "너희들이 어둠이라고 하는 그것이 무엇이냐?" 이것은 그가 한량없는 원초적 상태에 계속 머물러 있었다는 증거다. 그것은 낮과 밤의 차이가 없음을 아는 것으로 이러한 상태를 샤캬 쉬리의 전생이었던 나로빠는 다음과 같이 말했다.

> 더 이상 뜨고 지는 해는 없다.
> 더 이상 낮과 밤은 없다.
> 성취자의 말씀을 통하여
> 개념의 어두운 구름이 걷혔다.
>
> 나는 가야할 곳도 머물러야 할 곳도 마음에 두지 않는다.
> 위대한 축복으로 감각의 성채가 정복되었다.
> 알 수 없는 요가는 이것으로부터 온다.
> 왜 내가 명상의 목표를 가져야 하는가?

샤캬 쉬리가 티베트 남부 지방을 여행하고 있던 중에 그가 콩포에 도착하였을 때, 걈다 강변에서 사람들이 어깨에 무거운 짐을 지고 맨발로 강을 건너려는 것을 알았다. 건너편으로 가로질러 가겠다는 마음을 먹자마자 샤캬 쉬리는 바로 반대편에 도착해 버렸다. 이런 놀라운 방법으로 그는 눈앞의 산에도 금방 도착했다. 이런 능력을 두고 그는 말했다. "이것은 현상과 공성은 같은 것이라는 깨달음의 징표다." 젊은 시절에 샤캬 쉬리는 둑빠 까규의 가르침을 받고 수행하였으며 특히 마하무드라 수행에 초점을 맞추었다. 후에 그가 빼마 외살 도 응악 링빠(잠양 켄체 왕포의 다른 이름)를 만나 그로부터 족첸을 배웠으며, 그때부터 그는 마하무드라와 족첸을 합친 수행을 하였다.

한번은 빛나는 청정의 상태에서 바라보는데, 그가 허공에서 나체로 결가부좌를 한 채 날아가면서 다른 묘기를 부렸다. 그러자 그의 몸은 하늘과 분리할 수 없는 하나가 되어 한없이 충만한 명상 상태를 경험하였다. 이 명상을 통하여 그는 윤회와 열반이 같은 것이라는 지고한 깨달음을 얻었다. 대충 그 시기에, 금강해모Vajravarahi수행을 깨친 징표로 그는 진실한 방법으로 '세 개의 모음'과 '세 개의 불꽃'을 경험했다. 세 개의 모음이란 낮에는 사람을 모으고 밤에는 다키니를 모으며, 때에 상관없이 언제든 물질적 자원을 모으는 것을 말한다. 세 개의 불꽃은 축복의 온기로 몸을 불태우는 것과, 말의 에너지가 불타는 것, 그리고 마음을 깨닫는 불꽃이다. 1879년 땅-토끼의 해 음력 첫날에 그는 가장 중요한 경험을 했다. 가볍게 자는데 처음에 그는 흰 빛이 붉은 빛으로 섭수되는 것을 보았다. 다음에 그 붉은 빛은 검은 빛으로 녹아들었다. 다음에 그 검은 빛은 거의 정점에 이른 검은 빛으로 스며들었다. 뒤이은 빛나는 청정 속에서 그는 켄체 왕포를 만나는 가피를 받았다. 켄체 왕포는 종사르 사원의 명상좌에 앉아 있었다. 켄체 왕포는 일어서서 명상좌의 왼쪽에 있는 하얀 명석 위에 있는 호랑이 가죽 위에 앉았다. 그가 앉자마자 둥글고 커다란 눈을 가진 처녀가 머리에 호박으로 장식을 하고 그의 앞에 나타났다. 그녀는 동티베트 데르게의 여인처럼 옷을 입고 있었다. 켄체 린포체는 그 소녀를 보자 무척 기뻐하면서 영육의 합일을 이루었다.

샤캬 쉬리는 생각했다. "오! 정신적 스승이 저 소녀와 그런 짓을 하다니." 그가 그런 생각을 하자마자 숭고한 스승 켄체는 샤캬 쉬리가 무슨 마음을 먹고 있는지를 알고 불쑥 말했다. "밀교의 길에서 정교한 방편을 적용함에 있어 무엇을 두려워하고 무엇을 집착할 것인가? 너에게 관정을 주노라. 그것의 삼마야samaya 계를 간직하는 것을 명심해라." 샤캬 쉬리는 신·구·의로 최상의 존경을 표시하며 가르침을 기다렸다. 켄체는 오른 발을 앞으로 약간 뻗어 샤캬 쉬리의 머리 위에 두고 말했다. "이제 너는 꽃병과 그 필연의 결과에 대한 보병관정 Vase initiation 109) 을 받았다." 그런 다음 켄체는 그녀를 무릎에 앉히고는 커다란 축복의 소리와 여러 가지 색깔의 빛 속에서 그녀와 합일 되었다. 정교한 지혜(여)와 방편(남)이110) 서로 나뉘어 떨어졌을 때 켄체는 말했다. "이제 비밀관정을 받아라." 켄체의 말이 끝나자 말자 그 젊은 여인의 연꽃(생식기)에서 생명의 정수인 보리심의 감로가 흘러 내렸다. 샤캬 쉬리는 그 생명의 정수를 혀로 받아서 순수한 감로를 맛보았다. 그의 마음과 육체는 어마어마한 지복의 경험과 함께 확장되었다.

그 순간 켄체가 샤캬 쉬리에게 이야기했다. "자 이제 지식을 통하여 반야관정을 받아라." 샤캬 쉬리는 그 소녀를 껴안고 그녀와 하나가 되었다. 그는 불변의 지복과 공성의 순수한 깨달음에 머물렀다. 그 때 켄체가 말했다. "모든 개념적 행위를 만들어내는 것과 그 행위자 그리고 행위의 목적은 개념을 뛰어넘어 원초적 청정의 확장으로 녹아 들어간다. 아, 아!" 샤캬 쉬리의 마음은 그가 경험하거나 경험했던 것을 뛰어 넘고, 정신 수행의 결과물인 일상적인 명상도 뛰어넘었다. 그의 마음은 최고의 원초적 청정의 깨달음과 공성에서 한계가 없게 되었다. 이런 방법으로 그는 네 번째 문자관정을 받았다.111)

---

109) 보병관정은 '아누타라탄트라'(밀교의 무상요가부)의 네 가지 관정 중에서 첫 번째 것이다. 이것은 스승과 제자 사이의 관정이다. 부처님의 다섯 영적 부인의 꽃병에서 물을 받아 다른 꽃병에 부어주는 것으로, 제자의 육신을 정화하고 화신을 성취할 수 있는 씨앗을 심어준다. 추가적으로 상서로운 상징물들을 사용한다. 스승이 제자에게 일곱 가지 귀한 물건을 주면서 용기와 힘을 실어준다. 비싼 수레, 보석, 여왕, 신하, 코끼리, 말, 장군이 그것이다. 또 여덟 가지 상징물을 준다. 일산parasol, 금으로 만든 고기 한 쌍, 보석 병, 연꽃, 소라 고동, 긴 매듭, 승리의 깃발, 마차가 그것이다. 그리고 또 여덟 가지 상서로운 물건을 준다. 거울, 기왕ghiwang 약, 굳은 우유인 응유, 두르바durva 풀, 빌바vilva 과일, 소라 고동, 주사cinnabar, 흰 겨자씨다.

110) 여기서 말하는 방편과 지혜는 남자와 여자를 의미한다. 정교한 방편은 금강이며 남성 원리다. 그것은 밀교에서 지복의 경험으로 구성되어 있다. 지혜 또는 여성 배우자는 공성이나 공성의 지혜로 구성되어 있다. 일반적인 대승불교에서 방편은 자비로, 지혜는 공성으로 이해된다. 이 두 가지 요소는 서로 껴안는 것으로 이해되어야 하며, 서로 분리된 존재가 아닌 남녀 밀교 본존들의 합일을 상징한다.

집금강^{vajradhara}으로부터 유래되어 파괴되지 않는 순수한 가피의 법맥을 통하여 인드라부티, 사라하, 전지자인 잠양 켄체 왕포로 내려와 샤캬 쉬리가 받은 세 가지 고급 관정은 거대한 비밀의 정수들이다. 샤캬 쉬리가 이런 관정의 의미를 이해하고 최고의 깨달음을 얻었을 때, 켄체 왕포는 다음과 같이 다이아몬드 같은 진리의 말씀으로 노래했다.

내가 축복해 줄 힘은 없지만,
나는 그대에게 선의로 내려주노니
이것은 그대 마음에 권능을 주는 희망이라.

개가 남긴 이빨의 비유처럼[112]
축복은 믿음을 통하여 받을 수 있네.
그게 아니라면 그대는 왜 죽음이 가까운
추한 늙은이의 얼굴을 바라보며 감동을 받아야 하는가.

자비의 상징을 통하여 나는 그대에게
곧바로 자연의 순수한 깨달음을 전해 주었네.
거기 상서로운 경험이 있을 것이고
구전 법맥의 능력을 성취함이 있을 것이라.

켄체 왕포가 한 말처럼, 샤캬 쉬리가 '고요한 상태와 직관적 명료성'[113] 속에서 수행을 하여 얻은 경험과 깨달음은 구름 한 점 없는 하늘처럼 되었다. 이것은 그의 헌신적인 믿음과 순수한 마음 그리고 스승으로부터 받은 관정의 힘을 통하여 생겨났다. 그래서 그는 원초적 청정인 불변의 깨달음을 얻었고, 족첸 가르침의 제일가는 내밀한 핵심을 성취하였다. 샤캬 쉬리의 경우 대부분의 객관적 가피로서 밖으로 드러나는 에너지는 존재의 확장 속으로 사라져 들어갔다. 그런 깨달음을 설명하면서 샤캬 쉬리는 말했다. "윤회와 열반의 모든 존재들, 즉 말로 표현할 수 없는 초월적인 존재들과 나라는 생각과 남이라는 생각으로 가득한 유정과 무정들에 대하여 이 거대한 확장을 완벽하게 체득한 것은 모두가 전지의 스승 켄체 왕포의 친절 때문이었다." 이 말은 샤캬 쉬리가 스승의 마음을 깨달은 상태에서 축복을 받았다는 데 대해 아무런 의심을 하지 않았다는 것이다.

불멸의 경지를 얻은 전지자의 즐거운 공원에서
많은 세속적 산란함과 번잡함에서 벗어나
홀로 수행한 당신은 힘센 코뿔소처럼
약초들이 자라는 끝없는 계곡을 지나가도다.
당신은 의미도 없이 목소리만 큰 이름을 지닌
세속적 스승들의 특성을 뛰어넘었네.
그들은 양심도 없고 게으름에 빠져
일을 만들어 스스로 번잡하고 남들도 혼란스럽게 하네.

불굴의 용기라는 도전적인 갑옷을 입어
갑작스런 장애의 무기도 뚫을 수 없음이여,
날카로운 능력의 갈고리와 끈질긴 인내로
선량함과 고귀한 성품, 그리고 영광을 이루었도다.

파괴될 수 없고 불가분인 모습을 직시하여

---

111) 샤캬 쉬리는 이어서 아누타라탄트라의 세 가지 고급 관정을 받았다. 비밀관정, 반야관정, 문자관정이 그것이다. 비밀관정은 스승과 그 정신적 부인 간의 합일로부터 생성되는 비밀의 물질을 맛보는 것이 수반된다. 그것은 말로 지은 구업의 장애를 정화하고 보신을 성취할 씨앗을 심어주는 기능을 가지고 있다. 지혜관정은 영적 부인과의 합일을 수반한다. 그 기능은 마음으로 지은 의업의 장애를 정화하고 법신을 성취할 씨앗을 심어주는 것이다. 문자관정은 지복과 공성의 상태인 타고난 지혜를 가르쳐 주는 스승을 수반한다. 그 기능은 신·구·의 삼업을 정화하고 삼신을 모두 성취하는 씨앗을 심어주는 것이다.
112) 어떤 아들이 그 어머니에게 개의 이빨을 주면서 부처님이 남긴 치아라고 하자, 그 어머니는 그대로 믿고 큰 축복을 받았다는 비유
113) 수행의 두 가지 축인 止(사마타)와 觀(위파사나)를 말한다.

자연적인 상태로 타고나서 생각의 제약을 받지 않는
빛나는 청정의 순수한 깨달음인
최고의 한량없는 깨달음을 그대는 성취하셨네.

방편과 지혜의 날개를 완전히 펼치고 날아가는 그대는
'여덟 가지 길'[114]에서 솟아오르는 총체적 존재의 새 한 마리
완벽하게 같은 하늘 속으로 일없이 날아가는
당신은 애씀이라는 잔인한 덫에서 스스로 벗어나셨네.

밀교적 방편을 발전시킨 행위들은
깨달음으로 가는 지름길이라.
당신은 '주문에 의해 태어났거나 황야에서 태어난 다키니들'[115]과
즐겁게 노는데 그들은 이미 태어남이 없는 대문으로 들어간 존재들
이지.

보석 같은 켄체의 소원성취 꽃병에서 나와
변신의 춤의 근원이 되고 장애 없는 마법의 모습을 나타내는
원초적 구원자인 보현보살 스승의 모습으로 현현하신
당신은 직접 전승해 주는 가르침의 감로를 마시고
최상의 지혜, 형언할 수 없는 마음의 본질을 깨달았도다.

당신은 끝없이 광대한 확장을 직접 깨달았고
그 모습은 개념의 날카로운 모서리가 없는 것
여덟 가지 방편을 넘어선 가르침은 모든 부처님이 가신 길이라네.

당신은 영광스러운 싯다르타[116]와 같은 지고한 경지에 올라
최후에 보살로 남아 깨달음을 이룰 것이란 예언을 받았지

영광스러운 존재들의 만달라에 있는

부처님들의 격려는 순수한 깨달음의 에너지로다.

다른 이들이 갈망하는 마법의 힘을 얻어

일체 중생과 부처님들의 마음을 사로잡았네.

당신은 깨달은 척하는 우리 시대의 위선자들을 사라지게 하는

윤회와 열반의 세계에서 빛나는 놀라운 현현함이로다.

    한번은 샤캬 쉬리가 야크 털로 만든 텐트에서 살고 있을 때, 지고한 존재인 롱첸빠가 나타나 가피를 주었다. 그런 다음 마음의 빛나는 청정속에서 위대한 전지자 롱첸빠의 지혜의 몸을 만났다. 그리고 그로부터 신·구·의 삼밀의 축복을 받았다. 그 축복과 함께 심원한 가르침의 많은 핵심 포인트에 대한 실마리를 푸는 명료함이 찾아왔다. 그 이후로 그의 내면의 깊은 명상으로부터 나오는 경전의 뜻을 이해하는 지혜가 갑자기 생겨났다. 그 경전들은 롱첸빠가 쓴 '칠보장The Seven Precious Treasuries'이다. 그는 부처님처럼 스스로 비추어 심원한 보배인 깨달은 자들의 완벽한 법을 조명한다. 그 지혜는 공부를 하거나 생각함이 없이 그냥 샤캬 쉬리로부터 나왔다.

    한번은 그의 제자 타시 라다르가 자신의 수행 결과를 샤캬 쉬리에게 설명하고 있었는데, 스승은 무척 기뻐하며 말했다. "네가 나에게 선물을 돌려주는구나!" 그날 밤 샤캬 쉬리를 비추고 있는 버터램프 불이 그의 어깨를 넘어 벽면에 밝게 빛나고 있었는데 마치 그의 몸이 투명한 것처럼 보였다. 그들이 오랜 동안 앉아서 이야기 했지만

---

114) 닝마 스쿨에서 제시하는 깨달음에 이르는 여덟 가지 길
115) 밀교경전에서 언급하는 '정신적 부인'(consort)에는 세 종류가 있다. 스스로 타고 난 다키니와 황야에서 태어난 다키니, 주문에 의해 태어난 다키니가 그것이다. 타고난 다키니는 높은 존재로 여신의 형상을 띤 보신불이 현현한 것이다. 황야에서 태어난 다키니는 최고의 명상 속에서 살면서 힘 있는 명당에 현현하는 요기니다. 주문에 의해 태어난 다키니는 밀교 수행을 하는 여인들이다.
116) 부처가 되기 직전의 보살들에게 주어지는 이름으로 석가모니 부처님의 탄생 시 이름이기도 하다.

버터램프 불은 꺼질 만하면 다시 밝게 불붙기 시작했다. 햇빛 속에서 그의 팔과 손의 드리워진 그림자를 찾아보려고 하면, 아주 희미하고 엷게 보일 뿐이었다. 그는 보통사람들과 같은 전형적인 검은 그림자가 없었다. 그의 왼손 손바닥에는 특이하게 살이 자라 뚜렷한 티베트 글자인 '아'자 모양을 하고 있었다. 말년에는 그에게 작은 '아'자가 새겨진 치아가 하나 생겼다. 이 치아는 그의 유물[117]로 보존되어 있다. 그는 육체의 변화를 보였는데 누구도 이해할 수 없는 일이었다. 어떤 때는 그의 몸이 아주 늙어 보이고, 어떤 때는 반대로 아주 젊고 빛나게 보여 그를 바라볼 수가 없었다.

샤카 쉬리는 어떤 경우에도 반대하거나 호응하는 생각 너머에 있었다. 그래도 세상의 상대적 존재들에 대한 그의 지식의 힘은 한량없이 피어났다. 이런 힘은 세계의 모든 장소와 지역에까지 나타났다. 마음의 확장을 통하여 아주 선명하고 장애 없이 현현하였다. 그는 지속적이고 놀랄만한 예지력을 갖고 있었다. 예를 들면 그는 세밀한 지리 정보와 함께 숨겨진 땅 빼마코[118]와 케파 밸리[119]그리고 시킴[120]을 보았다. 어떤 때에는 그가 어디에 서 있든지 먼 산에서 걸어가는 여행자들의 자세한 모습을 볼 수 있었다. 그는 내면의 길을 다 섭렵한 외부적이거나 내부적인 그리고 비밀스러운 징표를 갖고 있었지만, 마치 바다에 숨겨진 보석처럼 스스로 겸손을 유지하였다. 그런 것이 최상의 깨달음을 성취한 존재의 행위였다. 깨달음을 성취한 이후의 자기 해탈에 대한 완벽한 확신을 얻은 것은 보통 사람들이 이해할 수 없는 것이었다. 심지어 그것은 스라바카와 프라티에카붓다스[121]도 설명하기 어려운 것이다.

명상시간 중간 중간에 그는 궁극적 의미를 다루고 있는 경전을 정독했다. 동시에 그는 개념이나 행위로부터 완벽하게 벗어나 있는 순수한 깨달음의 상태에 머물렀다. 그의 신·구·의 삼밀의 행위는 특이하게도 하나의 명상 상태 속에서 머물렀다. 앉는 방법도 다른 사람과 달랐고, 어떤 사람이 차별하는 것을 보면 그 자체만으로 순수한 믿음을 일어나게 하는데 충분했다. 그는 자기기만으로부터 자유로웠다. 그는 보통 사람들처럼 살았지만, 그의 마음은 원초적 구원자인 보현보살과 꼭 같았다. 윤회와 열반을 지배하는 힘찬 자비의 흐름 때문에 그는 많은 지역과 마을로부터 여러 계층의 제자들을 다 모을 수 있었다. 이들 중에는 앞선 자들도 있었고, 중간 수준과 하위 수준의 제자들이 있었다. 그들을 압도할 수 있었기 때문에 그는 당당했고 그가 말한 모든 것은 타당한 것이 되었다. 그는 여러 성향의 제자들을 가르침으로 이끄는 힘이 있었다. 그와 관계를 맺은 사람들이나 누구든 그와 만난 사람들에게는 해탈의 씨앗을 심어주었다.

처음에 당신은 배움과 회상과 명상을 마쳤고

---

117) 샤캬 쉬리가 열반에 들었을 때, 이들 유물은 라싸에 있는 그의 동상 속에 안치되었었다. 중국이 티베트를 침공하자 아포 린포체와 다른 사람들이 이 무거운 청동 동상을 힘겹게 인도로 옮겼다. 아쌈 지역에 도착했을 때 그들은 더 이상 앞으로 나아갈 수가 없었다. 그들은 그 동상을 어느 동굴 속에 두고 한 사람을 시켜 지키게 하고는 여행을 계속했다. 그런데 이 치아를 비롯한 모든 유물들이 그 지역민들에 의해 도난을 당했다. 그러나 도둑질에 가담한 사람들이 하나 둘 차례로 죽자 그 이야기가 주변에 퍼져나갔다. 그래서 결국 그 동상은 마을로 모셔져서 사람들이 경배하게 되었다. 몇 년간의 분쟁과 법정 싸움 끝에 최근에 그 동상은 아쌈으로부터 가져와서 마날리에 있는 아포 린포체 사원에 모셔져 있다.

118) 뻬마코는 연꽃회랑lotus array이란 뜻이며, 티베트 동남부에 있으며 해발 7,756미터의 남착 바르와 산에서 가깝다. 그곳에서 얄룽 창포강이 크게 굽이쳐 흘러 브라마푸트라강이 되어 대평원을 이룬다. 뻬마코는 여러 시기에 다른 장소로부터 온 순례자들에게 나타났다. 콩포 바추에 있던 릭진 도르제 톡메(1746-1797)가 갔고, 감포 오기엔 도둘 링파(1757-?)가 갔으며, 췰링 갈왕 치메 도르제(1763-?)도 갔었다.

119) '캔빠 종'이라는 티베트와 부탄의 국경에 숨겨져 있는 작은 계곡이다. 네팔 동부 지역에 비슷한 이름의 '캔빠 룽'이란 곳도 있다.

120) 시킴, 혹은 레모종은 티베트에서 벗골(rice valley)로 알려진 곳으로 1975년에 인도에 예속된 독립 왕국이었다. 티베트, 부탄, 네팔, 인도 사이의 칸첸중가 봉과 접하고 있으며 17세기에 릭진 고뎀(1337-1408)에 의하여 발견되어 알려졌다. 1717년에 응악닥 셈파가 '지복의 동굴'the Cave of Great Bliss에 있는 '소원성취병'wish-fulfilling vase을 공개했다.

121) 경청하는 자라는 뜻의 스라바카shravaka는 부처님의 원제자들을 말한다. 일반적인 제자들이지만 여기서는 홀로 깨달음을 추구하는 소승 비구들을 말한다. 스라바카라는 말은 이들이 가르침을 배워 스승의 지도하에 전파하는 사람들이란 데서 유래한다. 프라티에카붓다스pratyekabuddhas는 홀로 깨달은 사람들이란 뜻으로 스승에 의지하지 않고 수행하여 깨닫는 독성을 말한다.

중간에는 높은 수행의 승리 깃발을 높이 들었고
마침내 불변의 깨달음을 성취하셨네.

당신은 높은 경지에 이르러
금강의 길Dianomd Way에서 두 가지를 성취[122]하셨네.
파괴될 수 없는 지고한 길, 어떤 방편보다도 뛰어난
보통 사람들은 이를 수 없는 곳에 다다른 당신의 고귀한 마음
그것은 보현보살 스승의 위대한 마음이로다.

완벽했던 뛰어난 경험의 힘으로
최고의 깨달음이란 옥좌에 오르셨네.
긍정적 행위의 자석 같은 광채는
헌신적인 선택받은 제자들을 비추고
수많은 빛나는 인격들과
상서로움의 후광이 당신을 감싸고 있지.
즐거움과 행복의 원인이 되어
시방삼세에 제일가는 행운을 만들었도다.

부처와 보살들이 찬탄하는 성스러운 존재
바다와 같은 영광스러운 스승의 해탈 이야기는
우물 안 개구리인 보통 사람들은 알 수가 없는데
당신은 지혜의 집에서 최상의 보배를 얻었네.

두 개의 목표를 성취하는[123]상반된 행위의 백기를 들고
강력한 적과 악마에게 휘둘리지 않는 승리의 깃발 아래
이 세상과 그 너머의 세상을 손님처럼 찾아오네 .

세 가지 믿음의 연꽃으로부터 나온

벌들이 즐기는 꽃가루처럼 생긴 것이 여기 있어

제자들을 위하여 한 조각 알려주노니

스승님의 삶과 해탈에 대한 이야기로다.

---

122) 두 가지 성취의 첫째는 하늘을 나는 것처럼 일반적인 힘을 얻은 것이며, 둘째는 궁극적 깨달음을 얻은 것이다.
123) 나를 위하여 법신(法身)을 성취하고, 남을 위하여 색신(色身)을 성취하는 것을 말한다.

Fifth

제 5 장

수행에 헌신한
그의 삶

스승과 본존의 가피를 받고
심원한 보장을 발견하는 축복과 능력을 부여받음

샤캬 쉬리의 스승과 본존에 의한 가피와 많은 다른 사례들은 이미 앞에서 언급했다. 가끔 이런 일들은 수행에서 그가 최상의 경지에 도달했다는 것을 알려 주었고 매혹적인 경험들을 전달하기도 했다. 예를 들면 그가 두구의 추고속 동굴에 있는 은둔처에서 수행할 때, 그는 동굴이 뒤집히는 것을 경험하였다. 바닥은 천정이 되고 천정은 바닥이 되어 자갈과 돌덩이가 그에게 떨어졌다. 동굴 입구가 막혀서 그는 장시간 동안 칠흑 같은 어둠 속에 갇혀 있었다. 그럼에도 불구하고 샤캬 쉬리는 희망과 공포를 뛰어넘는 명상 상태에 몰입하여 있었으며 더욱 깨달음의 상태를 증장시켰다. 그리고 며칠이 지나자 동굴의 모습은 정상으로 돌아왔다.

샤캬 쉬리가 라다크 빼마 양쫑에 있는 은둔 수행처에서 3년간 머물며 '보현보살의 마음의 정수The Mind Essence of Samantabhadra'를 수행하고 있을 때, 성취의 외부적인 징표로 '약과 피의 공양물offering of medicine and blood' 124)이 끓어올랐고, 내부적인 징표로 그의 마음속에 특별한 지혜가 생겼다. 그 시기에 왕덴이라고 하는 공무원이 샤캬 쉬리를 방문했을 때, 샤캬 쉬리는 호랑이의 모습으로 나타나 동굴 입구에 앉아 있었다. 호랑이를 보자 그 사람은 공포에 질렸다. 그는 스승에게 드리려고 가져간 공양물인 응유, 곡식과 다른 음식물들을 떨어뜨리고 안전한 곳으로 내달렸다. 그가 뒤돌아보았지만 아직도 호랑이가 거기 있었다. 약간 겁에 질린 채 다시 동굴로 돌아온 그는 샤캬 쉬리가 동굴에서 웃으며 쉬고 있는 것을 보았다. "그렇게 조그만 일에 왜 그리 두려워하느냐? 나는 너를 맞이하러 나갔을 뿐이다. 그러나 무슨 일이 있었는지 아무에게도 말하지 마라." 샤캬 쉬리가 홀로 황야에서 수행하고 있을 때는 눈표범이 여러 번 찾아왔었다. 그 녀석은 마치 애완견처럼 주변을 맴돌며 그의 곁에 앉아 있다가 아침이 되면 산으로 돌아갔다.

그가 솔데르 은둔처를 떠나 카와 까르포 산으로 순례여행을 떠날 때, 다키니의 화신인 아름답고 하얀 독수리 한 마리가 나타났다. 그 독수리는 세 개의 산길을 통하여 샤캬 쉬리를 따라 걸었다. 도크 통로Doke Pass에 이르렀을 때 그와 함께 가던 사람들은 땅이 진동하는 것을 느꼈고, 갑자기 무지개가 나타나면서 많은 눈이 내리는데 그 모습은 하얗고, 노랗고 붉고 푸른 네 가지 색을 띤 꽃잎의 형상을 하고 있었다. 업식이 맑은 사람들은 그 무지개 가운데 하늘에 나타난 스승을 보았다. 그 통로를 지나 계속 순례여행을 하고 있는데, 함께 한 사람들은 샤캬 쉬리의 머리 위에 떠있는 세 겹의 둥근 무지개를 보았다.

---

124) 은둔 수행이나 대중법회인 가나차크라 등에서 두 개의 해골 잔에 술이나 차를 부어 공양을 올리는데, 하나는 흰색 남성 생명의 정수를 상징하고 다른 하나는 붉은색 여성 생명의 정수를 상징한다.

그들이 여행하는 동안 내내 어떤 장소에 이를 때마다 무지개가 뜨는 것을 보았고, 샤캬 쉬리의 머리 위에 파라솔이나 지붕처럼 생긴 원형의 무지개가 생기는 등 놀라운 일들을 목격했다. 그들이 트라얍 지역의 탁라로부터 올라가고 있을 때, 하늘에서 큰 소리가 울려 퍼졌다. "트라얍 캅괸 린포체의 환생자가 이 강에서 가까운 곳에서 태어났다." 그러자 샤캬 쉬리가 규르메와 몇 명의 다른 제자들에게 말했다. "아마도 이 성취자의 환생자가 태어난 것 같다." 이 예언은 사실로 판명 되었고 그 라마승의 환생자는 그 지역에서 태어났었다.

다른 경우를 보면 샤캬 쉬리가 참도에 있는 팍첸 린포체^{Chamdo} Phagchen Rinpoche를 만나러 간적이 있었다. 그는 당시 라싸로부터 돌아오고 있는 중이었다. 팍첸 린포체는 닝마파 승려로 참팔링 사원 원장이었다. 이 사원은 1416년에 제 종카파의 제자인 창셈 세랍 장포가 설립한 것이다. 닝마파 법맥의 수행자로서 많은 환생을 거듭한 그는 그가 전생에 직텐 왕축 갸초였을 때 닝마 민돌링 사원의 유명한 성취자였던 로첸 다르마 스리(1654-1717)를 참도로 초대하여 가르침을 받은 적이 있다. 팍첸 린포체를 만난 후 다시 은둔처로 돌아오는 길에 샤캬 쉬리는 수행원들과 함께 뒤뷘 사원에서 하룻밤을 묵게 되었다. 그날 밤 그는 갑자기 혈압이 높아지는 증상이 생겨 몸이 아프게 되었다. 깜짝 놀란 시자들은 어찌할 줄을 몰랐다. 그러나 다음 날 그 증상은 사라지고 그는 정상으로 돌아왔다. 그가 시자인 췬드류 규르메에게 말했다. "어제 밤에 다섯 종류의 걀포^{gyalpo125)}들이 나타나 나를 조롱하면서 문제를 일으켰다. 그렇지만 내가 공성을 이해하고 있기 때문에 그들은 실제로 아무 장애도 만들어낼 수가 없었다. 내가 명상으로 그들을 압도하여 결국 조복 받았다."

그 보다 얼마 전에 참도의 팍파 린포체와 다헨^{Dahen126)} 칼장 등 다른 사람들이 미륵불을 조성할 목적으로 멋진 새 사원을 짓고 있었는데, 전각이 서너 번 무너져버렸다. 갸툴 린포체^{Gyatrul Rinpoche127)}가 건물이 무너질 때 종교적 환영을 보았는데 야크털로 만든 펠트 천이 딜숨산 꼭대기에서 바람에 날리고 있었다.

갸툴 린포체가 말했다. "비뚤어진 악마들이 저지른 마법이다. 이런 상황은 깨달은 힘 있는 성취자를 초대해야만 해결할 수 있다." 그 다헨은 샤캬 쉬리를 초대하기 위하여 승려 한 명을 보냈다. 그 승려는 생각했다. "팍첸 린포체와 그의 정신적 계승자들도 악마의 장애를 조복 받을 수 없는데, 저렇게 게으르고 늙은 친구들이 어떻게 그 일을 한단 말인가?" 샤캬 쉬리가 있는 곳에 도착했을 때, 그 스승은 이미 그의 마음을 읽고 말했다. "팍첸 린포체와 그의 계승자들이 그 일을 할 수가 없다면 나같이 게으르고 늙은 친구가 무엇을 할 수 있겠는가?" 품고 있던 생각이 들켜버리자 그는 샤캬 쉬리의 능력을 알아보고 한량없는 믿음이 생겼다. 그리고는 스승을 초청하여 참도로 모시고 왔다. 그가 장애를 없애는 명령을 내려 엄청난 집중을 하자, 사원 건립을 방해하는 장애가 극복되고 방해하는 징조는 단숨에 사라졌다.

그 다음 해에 거대한 미륵불이 조성되고 있을 때 낮에 완성된 불상의 일부가 밤에 무너졌다. 조각가 몇 명도 죽었다. 그 불상 조성을 거의 포기하게 되었을 때 그 문제를 해결하기 위하여 이전처럼 샤캬 쉬리를 초대했다. 샤캬 쉬리는 7일 동안 짙은 청색 몸의 구루 탁포 수행과 병행하여 똘마¹²⁸⁾를 집어던지는 수행을 했다. 그런 다음 그 불상을 여러 본존들과 연결시켜 봉헌하는 의식을 거행하였다. 그러자 모든 장애는 사라지고 라마승들과 구경꾼들이 만족하며 즐

125) 허공에 방황하는 귀신들, 아귀
126) 사원의 중요한 행정 책임자 직책
127) 티베트 동부의 닝마파 팔율 사원의 성취자
128) 여러 가지 모양으로 만든 공양물

거워하는 가운데 그 불상을 세워 완공할 수 있었다. 이런 기적적인 방법으로 솔데르 은둔처에서 물이 솟아나게 하여, 아무리 퍼 올려도 모든 지역민들이 풍부하게 사용할 수 있었다. 가끔 그 물은 우유처럼 하얀 색을 띠기도 했다. 그 신기한 우물은 지금도 거기에 있다.

그 후에 샤캬 쉬리는 닝마파 본존들 중 중요한 본존의 하나로 킬라야 또는 풀빠라고 하는 '킬라야 양상 푸트리Kilaya Yangsang Putri'수행을 하면서 은둔처에 머물고 있었다. 그는 영광의 바즈라킬라야로부터 가피를 받아 마법 같은 재주를 부릴 수 있는 힘과 강인함을 부여받았다. 그래서 그는 모든 악마의 폭력과 방해를 이길 수 있게 되었다. 그의 은둔처와 마주보는 산 아래서 불이 났을 때, 샤캬 쉬리는 그런 힘을 나타내 보였다. 그가 '위협하는 무드라Threatening Mudra'129)를 지어 팔을 뻗자, 불은 바로 꺼져버렸다. 다른 경우를 보면 악마의 폭력이 마법처럼 전개되어 강력한 폭풍을 일으킨 적이 있었다. 절기상 그런 일은 아주 드물게 일어나는 현상이었는데 폭풍은 큰 산사태까지 나게 했다. 그가 허리띠에 차고 있던 밀교 의식용 풀빠를 뽑아 자세를 취하자 폭풍은 가라앉고 산사태도 방향을 틀었다.

샤캬 쉬리는 트라얍의 캉 마르도파와 같은 사냥꾼들을 설득하여 살생을 하지 않겠다는 서약을 받았다. 사냥꾼 개개인들은 샤캬 쉬리에게 칼을 주고 그 무기에 끈을 묶어 신심을 강하게 하는 물건으로 바뀌게 해달라고 간청하였다. 샤캬 쉬리는 그 무기들에 입김을 불면서 몇몇 제자들에게 명했다. "묶어라!" 그들 사냥꾼들의 희망에 따라 칼을 모두 묶었다. 그날 늦게 사냥꾼 한 명이 자기 칼도 묶어 달라고 샤캬 쉬리를 찾아왔다. 그 때 스승은 이미 정규 수행에 들어간 상태라 싱콩이라고 불리는 제자 한 명이 스승을 방해하지 않으려고 자신이 직접 칼을 묶었다.

어느 시기에 샤캬 쉬리가 텐둡에게 여러 통의 편지를 쓴 적이 있었다. 그는 트라얍에 있는 아게 사원의 감독이었는데, 샤캬 쉬리는 그에게 심각한 문제가 생길 것이라고 경고했다. 얼마 지나지 않아 텐둡은 티베트에 있는 중국 감옥에 수감되어 사형을 당할 위험에 처했다. 샤캬 쉬리에 대한 흔들리지 않는 믿음이 마음속에서 일어나자 그는 샤캬 쉬리에게 도와달라고 간절한 애원을 했다. 그 이후에 그는 감옥에서 풀려났다. 텐둡은 샤캬 쉬리의 제자가 되었고, 그의 마음은 수행을 통하여 완전한 해탈을 이루었다. 그가 죽었을 때 화장을 하고나서 많은 사리가 나왔다. 겔룩파의 성취자인 창멘과 다른 사람들은 그의 탁월한 깨달음에 대하여 크게 찬탄하였다.

샤캬 쉬리는 37세 때 라싸를 여행했다. 라싸 북동쪽에 있는 아르차 호수 주변에 텐트를 치고 있었다. 어느 날 명상을 하고 앉아 있다가 말했다. "비뚤어지고 고약한 지역의 정령들이 우리들 위에서 번개로 때리려고 하고 있다." 샤캬 쉬리는 셀쾜[130]을 행하여, 허리에 차고 있던 풀빠를 손바닥 사이에 굴려 칼날을 하늘로 향하게 하자 임박한 위험의 징조가 가라앉았다. 그래서 그 지역 정령들을 조복 받았다. 샤캬 쉬리가 간덴 사원[131]을 방문했을 때, 그 사원의 설립자인 롭장 트락파(제 쫑카파) 동상 앞에서 기도를 했다. 그가 깨달았다는 증거가 참석한 사람들에게 나타났다. 그가 존경의 표시로 던진 하얀 머플러가 그 동상에 이르기 전에 허공에 제법 머물러 있었다.

샤캬 쉬리는 그 후 9세기에 티송 데첸 왕이 세운 티베트 최초의 사원 삼예링을 여행했다. 호법신장 걀포 페하르[132]가 그의 권속들과 함께 거기 있었다. 샤캬 쉬리의 깨달음의 정도를 시험하기 위해

---

129) 검지와 새끼손가락은 펼치고, 중지와 약지를 안으로 굽혀 그 손톱 위를 엄지로 누르는 모양
130) 호법신장에게 차나 술을 공양하면서 도움을 요청하는 의식
131) 쫑카파 대사(1357-1419)가 1409년에 세운 사원으로 라싸에서 동쪽으로 45킬로미터 떨어진 곳에 있다.

서 그들은 샤캬 쉬리가 머물고 있는 방문의 빗장을 계속 열었다. 그러면서 마법을 부려 여러 가지 이상한 모습으로 나타나서 그와 한판 겨루기를 시도했다. 그러나 샤캬 쉬리는 전혀 동요하지 않고 명상의 힘을 통하여 페하르와 그 졸개들을 그의 통제 하에 두었다.

한 번은 샤캬 쉬리가 차리산 중턱에 있는 길을 산책하고 있었다. 다키니들을 위한 가나차크라 만찬 때에 공양을 올리는 바위[133]에 이르러, 그는 가나차크라를 열었고 그 시간 동안에 많은 대단한 현상이 나타났다. 하늘에는 8길상의 무지개가 나타나고 가랑비는 대지를 적셔 빛났으며 소라고동과 의식용 트럼펫 소리와 같은 음악소리가 오래 들렸다. 그가 로닥 지역에 있는 펨파에 도착했을 때 그는 검은 조약돌 하나를 손에 쥐고 있었다. 그것은 그 지역에서 발견된 것으로 금강역사vajrapani에게 봉헌할 사리탑을 상징하는 것이었다. 이 돌[134]은 스스로 새겨진 하얀 티베트 글자 '아'자가 드러나 있었다. 샤캬 쉬리는 그것을 조심스럽게 바라보면서 존경의 표시로 머리위에 얹었다. 그러자 그 돌멩이로부터 감로가 흘러 내렸다. 참석자들은 그 광경을 보고 감로를 마시며 그 돌을 신성한 것으로 믿었다.

샤캬 쉬리는 제자들 몇 명과 함께 거지나 방랑하는 요가수행자와 같은 행색을 하고 랍치[135]와 중부 및 서부 티베트로 순례여행을 갔다. 걍체 요새에서 머물고 있을 때 그는 종교적 환영으로 지역신인 타시 체링마[136]와 다수의 다키니들이 반기려고 나오는 것을 보았다. 다른 한 때에는 같이 여행하던 동료들이 샤캬 쉬리의 몸이 무지개 속에 밀봉되는 것을 보았다. 그들은 샤캬 쉬리가 곧 죽는다는 징조로 생각했다.

이 사실을 가까운 시자가 샤캬 쉬리에게 알리고는 이 무지개들이 무엇을 의미하는지 물었다. 그는 설명하기를 다른 사람들이 무지개를 보는 시간에 자신은 분명히 구루 린포체의 얼굴을 보았다고 했다. 신하들을 대동한 왕의 모습[137]도 보았다고 했다. 그런 다음 그 성취자는 샤카[138]를 여행했다. 시내 근처에서 '불타는 여성 정령 blazing female sprit'이 마법으로 폭풍을 일으켜 하늘에서 자갈비가 사방에 마구 쏟아졌다. 샤캬 쉬리가 다이아몬드 같은 명상으로 그 정령을 제압하자 아무도 다치지 않았으며 장애는 가라앉았다.

그들이 랍치산에 다가섰을 때 또 다른 무서운 폭풍이 일었다. 그 폭풍 속에서 일곱 마리의 야생 나귀가 나타나 스승을 시계 방향으로 세 바퀴 돌았다. 그곳을 지나고 나서 스승은 제자들에게 다시 한 번 체링마와 그녀의 네 자매가 나와서 환영하는 것을 보았다고 말했다. 랍치에 도착하여 그들은 냐마 쫑 사원을 방문했다. 이 사원은 밀라레빠가 그의 제자인 레충빠를 보내어 물을 길어오게 한 후 그가 인도에서 가지고 왔던 흑마술 주문 경전을 모두 불태운 장소다. 그 책들을 태우는 동안 레충빠의 주의를 산만하게 하기 위하여 밀라레빠는 신통을 부려 야생 나귀와 늑대들이 마구 뛰어다니게 했다. 경전이 모두 불에 탔을 때, 밀라레빠는 그 동물들을 섭수하여 검은 돌에다 넣었는데, 일시에 그 돌에서 방해석 문양으로 새겨진 하얀 글자 '아'자가 나타났다. 이 돌은 그 사원의 성스러운 물건들 중

---

132) 티베트에서 가장 중요한 호법신 중의 하나다. 빠드마삼바바가 공포의 스승인 구루 탁포의 모습으로 나타나 그를 조복 받고 호법신장으로 만들었다.
133) 그곳은 창빠 갸레가 밀교 향연 공양의식을 하기 좋은 차리의 명당으로 인식한 장소다.
134) 아직도 사리탑 안에 있으며, 순례자들이 요구하면 관리인이 끄집어내어 보여준다.
135) 랍치 캉기 라와라고도 하는 곳으로 티베트 남부에 있는 팅리와 트린 계곡 사이에 있으며 높은 산들로 둘러싸여 있다. 랍치는 깨달은 말씀의 숨은 계곡으로 여겨지며 밀교 명당인 고다바리와 동일시된다. 밀라레빠도 여기서 오래 명상수행을 했으며 지역신과 악마들을 조복 받고 순례여행지로 개방되었다. 티폰 빼마 쵸갤 린포체도 랍치에 있는 은둔처에서 몇 년을 보냈다.
136) 여성 호법신으로 티베트와 네팔 국경에 있던 지역 신이며 빠드마삼바바와 밀라레빠가 조복 받아 티베트의 호법신장이 되었다.
137) 왕은 빠드마삼바바를 후원한 티송 데첸 왕을 말하고 신하들은 예세 쵸갤과 25명의 직제자를 의미한다.
138) 샤캬 스쿨의 본찰이 있는 곳으로 시계체 남부에 있는 작은 도시다.

하나였다. 샤캬 쉬리가 이 돌을 손에 쥐자 빛나는 이슬방울이 그 위에 맺혔다. 그와 함께 있던 사람들은 그 이슬방울의 감로를 맛보았다. 그 사원에 있는 승려들과 강사들은 이 돌이 감로를 내뿜는다는 말은 들었지만 그 자신들도 여태 그런 기적을 본적은 없었다. "살과 피가 있는 밀라레빠가 여기 왔다."고 말하면서 그들은 스승에게 깊은 믿음으로 귀의했다.

그러고 나서 샤캬 쉬리가 그 사원의 승려들에게 물었다. "그대들은 저기 있는 바위 위에 아미타불 형상이 보이는가?" 그들은 대답했다. "우리는 그와 같은 것을 아무 것도 볼 수 없습니다." 스승은 손가락으로 그 돌의 어떤 부분을 가리키자 거기서 아미타불의 모습이 생겨났다. 이렇게 그들은 아미타불을 볼 수 있었다. 스승은 시자를 시켜 그 자리에서 흙을 한 줌 긁어내어 버리라고 했다. 그가 망설임 없이 가서 흙을 한 줌 긁어내자 그곳에서 놀라운 감로수가 풍부하게 흘러 내렸다. 샤캬 쉬리는 이 감로수의 일부를 트라얍 사원의 잠양 뚤꾸에게 주었고, 그것은 아직도 그곳에서 환생 라마 소유의 성스러운 물건 중 하나로 남아 있다.

그 은둔 수행자 독덴은 한 달 반 동안 '갈대 요새의 수정 동굴Crystal Cave of Reed Fortress'139)에 머물고 있었다. 그가 영약140)을 만드는 관정의식을 하고 있을 때, 앞에 있던 불상에 봉헌된 똘마로부터 감로가 흘러나와 그 똘마를 담아두었던 접시가 넘쳐흘렀다. 그 감로는 공양물이 쌓여 있는 불단의 나무 판을 적시고 계속 흘러내려 불경들을 젖게 하였다. 이 불경들은 햇볕과 불에다 말렸는데 그 진득한 감로는 아무런 얼룩도 남기지 않았다. 더한 것은 스승이 힘을 불어넣은 약재가 가득한 해골잔에서 감로로 넘쳐흐르는 것을 모든 사람들이 보았다. 이처럼 놀라운 일들이 벌어졌다.

이런 마법 같은 분위기 속에서 샤캬 쉬리는 냘람을 거쳐 결국 아무도 모르게 라싸에 도착하는 순례를 계속하였다. 그래서 누구도 그가 왔다는 것을 몰랐다. 심지어 길에서 시자들도 알아보지 못하게 어떤 볼품없는 늙은 여인이 샤캬 쉬리에게 다가와 엄지손가락만한 금덩어리 두 개를 주면서 말했다. "이것을 가지고 라싸 사원에 있는 '조워 불상'[141]을 전부 금으로 칠하세요." 샤캬 쉬리가 조워 불상에 금칠을 하는 허가를 해 달라고 정부 공무원에게 요청하면서, 그들에게 저절로 생긴 그 금덩어리를 보여주었다. 그러자 공무원들은 소리쳤다. "와 정말 아름답다! 이것이 어디서 났어요?" 그리고 허가를 내주면서 그 금덩어리를 보관하고는 같은 양의 금가루를 주었다. "당신은 이 금가루로 금칠을 해야 합니다."

그 금은 불상에 모두 칠해졌고 동시에 천 번의 공양의식[142]을 올렸다. 나머지 금으로는 사원 이층에 있는 방에 모신 불상들의 상호에 칠했다. 예외 없이 다 칠하고도 남을 정도로 페인트는 충분했다. 액체 금은 바닥날 것 같지 않았다. 샤캬 쉬리의 제자인 타시 라다르가 가피를 받기 위하여 불상의 발에 이마를 대자 젖은 금이 그의 이마에 묻었다. 이 모습을 보고, 한 늙은 사원 관리인이 말했다. "이제 모든 것이 금으로 칠해졌다. 불상은 물론 사람까지도." 모두가 놀랐고 스승에 대한 깊은 존경의 마음이 일어났다. 샤캬 쉬리 자신은 조워 불상 앞에 앉아 부처님법과 일체 중생을 위하여 헌신하는 관불의식을 하고 있었다. 그는 진리의 힘을 기원하면서 일체중생의 행복과 불법을 위하여 기도했다.

---

139) 창 지방의 샤캬 남쪽에 있는 추와르 인근에 있다. 밀라레빠가 명상 수행을 한 곳이다.
140) 108가지 약초와 유물들을 섞어 만든 것으로 제자들이나 신도들에게 나누어 주어 맛보게 하여 해탈을 얻게 하는 약
141) 라싸의 조캉 사원에 있는 유명한 불상이다. 석가모니 부처님이 살아계실 때 조성된 것으로 8세기에 티베트의 송첸 감포 왕과 결혼한 문성공주가 가지고 온 것이다.
142) 꽃, 향, 버터램프, 향수, 기타 음식들로 천 번의 공양을 올림

한편 그는 라싸에서 그에게 장수를 비는 사람들을 포함하여 모든 이들의 소원을 들어주었다. 동시에 그는 네팔 출신 제자인 다르마 사후에게 바즈라바라히에 대한 관정을 주고 전승해 주면서 자세한 가르침을 주었다. 그러면서 그를 보고 외딴 은둔처에 가서 수행하라고 했다. 다르마 사후가 은둔처에서 수행할 때 그 본존의 모습을 스승의 가피로 여러 차례 보았다. 이처럼 샤캬 쉬리는 많은 제자들에게 성숙한 관정과 심원한 해탈의 가르침을 주어 그들의 마음을 해방시켜 주었다.

그 후에 샤캬 쉬리는 데풍 사원[143] 아래 있는 텐박에서 머물렀다. 그 때 데풍 사원 소속의 고망대학이 있는 하르동[144]으로 부터 학위가 있는 승려인 두 명의 게쉐[gesh145]가 찾아와 샤캬 쉬리에게 도전하여 철학적 논쟁을 하기를 원했다. 그런 마음을 먹고 그들은 샤캬 쉬리가 머물고 있는 곳에 도착했다. 샤캬 쉬리의 시자들은 약간 걱정이 되었지만, 샤캬 쉬리는 그들을 안심시키며 말했다. "너희들은 아무 것도 두려워할 것이 없다." 그는 두 명의 게쉐에게 말에 의지하지 말고 뜻에 의지하라며 그들과 오래 토론하였다. 그 두 승려는 부끄러움을 느끼고 그들 마음속에서 스승에 대한 큰 확신과 믿음이 생겨났다. 그들은 눈물을 흘리며 샤캬 쉬리에게 존경의 절을 했다. 그런 다음 스승은 그들에게 깊은 가르침을 주었다. 그 후 그들은 적당한 장소를 구하여 은둔처에 안거하였다. 그들은 일심으로 수행하여 다른 사람들에게 이익을 줄 수 있는 유명한 수행자들이 되었다.

한 번은 드루[Dru]산맥에 있는 솔데르의 은둔 수행처에서 '스승과 분리될 수 없는 차크라삼바라 의식'을 통하여 영약 관정을 하고 있는데, 아주 아름다운 '팅팅' 소리가 만달라공양판으로부터 들려오는 것을 참석한 모든 사람들이 들었다. 그것은 이전에 들어본 적이 없는 소리였으며 오래 지속되었다. 영약 성분의 냄새가 너무도 강렬하였고 공중으로 퍼져나갔다. 만달라공양판 앞쪽에 있던 버터램프가 스스로 불이 붙어 빛을 내면서 타올랐다. 영약관정을 하는 중 어느 시점에 샤캬 쉬리는 반복적으로 나타나는 관세음보살의 다른 모습인 대자비의 카사르파니가 나타나는 것을 보았다. 그는 사람보다 두 배로 키가 컸으며 영약의 궁전이라고 불리는 창고 위에 서 있었다. 그의 하반신은 뱀의 모습이었는데 머리는 오른쪽으로 붙었고 꼬리는 왼쪽에 있었다. 그의 오른 손은 '최고의 선물'[146]이란 무드라를 짓고 있었다. 왼손은 꽃병을 들고 가슴에 대고 있었다. 감로 방울이 '주문의 끈'을 타고 스승의 심장에서 나와 영약 성분 속으로 계속 흘러내렸다.

샤캬 쉬리는 46세에 그를 위하여 새로 지은 작은 집에서 3년간 은둔과 수행에 들어갔다. 그런데 갑자기 열이 나면서 아프기 시작했다. 갸포 페하르[147]가 나타나 약 한 달 동안 마법을 부리며 스승의 몸에서 약한 곳을 찾기 시작했다. 샤캬 쉬리는 흔들리지 않는 상태에 머물면서 스스로 그 병을 이겨냈다. 어느 때에 스승은 트라얍에 사는 정령에게 괴롭힘을 당했는데, 그도 역시 스승의 약점을 시험하였다. 이런 장애가 처음 나타나는 징조를 보고 샤캬 쉬리는 은둔처에 앉아 아무런 결점 없이 구루 탁포 수행을 했다. 그 이후로 그의 힘은 무척 강해져서 어떤 장애도 접근해 올 수 없게 되었다.

샤캬 쉬리가 47세가 되었을 때, 아좀 둑빠 린포체가 말했다. "올해는 독덴 린포체에게 힘든 한 해가 될 것이다." 그는 제자 중 한 명

---

143) 라싸 외곽에 있는 겔룩 사원으로 1416년에 쫑카파 대사의 제자인 잠양 최제가 건립하였다. 겐덴, 데풍, 세라 사원은 중부 티베트에서 제일 큰 겔룩파의 3대 사원이다.
144) 암도에 있는 코코노르 호수 옆에 있는 지명
145) 겔룩파에서 오랜 동안 불교 철학을 공부한 사람에게 주는 학위로 덕이 있는 친구란 뜻을 가지고 있다.
146) 손바닥을 아래로 향하게 펴서 무엇을 주는 모양
147) 육신의 갸포로 나타나기도 하고 때로는 마음의 갸포로 나타나기도 함

인 오기엔 텐진에게 말하여 밤낮으로 쉬지 않고 달려가서 샤캬 쉬리에게 편지 한 통을 전하게 했다. 오기엔 텐진은 9일 만에 달려가서 그 편지를 전했다. 그 전달자가 왔을 때 위대한 요가 수행자의 왕은, 비록 안 좋은 종교적 환영을 보긴 했지만 몸이 아픈 육체적 징후는 전혀 없었다. 그는 육체에서 떨어져 나간 손을 붙잡고 자신을 자르는 것을 보았다. 어떤 때는 엄청나게 머리가 큰 존재가 뜨거운 숨을 쉬는 입 속으로 자신이 떨어지는 것을 느꼈다.

샤캬 쉬리는 말했다. "나는 아좀 둑빠에게 이 편지를 요청하지 않았지만, 그 내용은 정확한 지적이다. 우리는 즉시 필요한 의식을 해야 한다." 그리고 그 의식을 준비했다. 그러자 모든 방해하는 징조들이 모습을 감추고, 그는 며칠 동안 아카니쉬타Akanishtha148)고 머물고 있는 듯한 경험을 했다. 그는 보현보살, 다섯 가문의 부처님들 149), 따라보살 등등을 보았고 또한 그가 마장의 힘으로부터 벗어났다는 징표들을 보았다. 아좀 둑빠도 샤캬 쉬리의 장수를 위하여 역시 '불 의식'150)을 하고 있었다. 그 순간 불을 피운 장소 상공에 무지개가 나타났고 그 속에 빛나는 하얀 몸으로 샤캬 쉬리가 있는 것을 아좀 둑빠가 보았다. 그는 확신에 차서 말했다. "이 수행이 효과를 봤어. 당분간 그는 건강이나 생명에 이상이 없을 것이다." 사실 그에게 더 이상의 문제는 생기지 않았다.

한 번은 샤캬 쉬리가 마치 바이로차나151)와 똑같은 모습을 하고 있는 잠괸 콩튤을 방문했다. 콩튤은 사리를 하나 주면서 말했다. "이것은 어머니 사리인데, 지금까지 한 번도 증식을 한 적이 없었다. 이것을 그대에게 주겠다. 이것을 항상 몸에 지니고 기도 등을 하면서 씻어서 정화시키는 수행을 해라." 샤캬 쉬리는 그가 말한 대로 그 사리를 몸에 지녔다. 그런데 어느 날 그 어머니 사리는 많은 작은 사리들을 낳았다. 그것들을 콩튤에게 돌려주면서 말했다. "이 사리들이 많이 증식되었습니다. 그 이유는 내가 대단한 힘을 갖고 있어서가 아니고, 내가 아이들을 많이 낳은 것과 당신의 열망이 상호작용을 일으켜 생긴 것입니다."

어느 날 콩튤은 샤캬 쉬리에게 자신이 발견한 보장을 보여주었다. 그 중에는 아주 신성한 스리 시마의 동상이 들어있는 보물 상자도 있었다. 샤캬 쉬리가 그 동상에 접근하자 엄청난 일이 일어났다. 샤캬 쉬리가 어느 방향으로 움직여도 그 동상은 얼굴을 돌려 그를 바라보았다.

아좀 둑빠가 아파서 그의 몸이 천근만근이 되었을 때, 샤캬 쉬리가 갔었다. 가는 길에 탁첸 숨라는 장소를 지나야 했는데, 그곳에서 샤캬 쉬리는 아좀 둑빠의 몸과 말과 마음이 오래 장수하도록 상서로운 주문을 반복하면서 기도를 했다. 그러고는 샤캬 쉬리가 말했다. "이제 고귀한 스승의 생명과 건강에 아무런 문제가 없을 것이다. 그는 곧 완벽하게 건강을 회복할 것이다." 사실 그가 아좀 둑빠의 거처에 도착하니 그 스승은 벌써 나아지고 있었으며 더 이상의 의식이 필요 없었다. 샤캬 쉬리를 보자 아좀 둑빠는 기뻐서 소리쳤다. "오! 살아있는 바즈라다라가 왔구나. 아무도 그를 필적할 수 없지!"

어느 날 아좀 둑빠가 몸이 좋지 않았을 때 말했다. "올해는 내가 자주 아팠다." 그는 샤캬 쉬리에게 편지를 써서 점을 쳐달라고 요청

---

148) 부처가 깨달음을 이루고 보신불의 상태로 머물고 있는 곳
149) 금강(의) 가문의 악쇼비아, 연꽃(구) 가문의 아미타파, 보석(성품) 가문의 라트나비아, 행위(신) 가문의 아모가싯디, 초월적인 바이로차나
150) 불꽃 속에 나타나는 여러 세속적 존재와 절대적 존재들에게 공양 올리는 의식
151) 8세기의 역경사 겸 족첸 마스터로 유명한 사람이다. 티송 데첸 왕의 분부로 인도에 가서 스리 시마 로부터 큰 가르침을 받았다. 바이로차나는 빠드마삼바바의 제자로 잠괸 로되 타예의 전생으로 여겨진다.

하면서 말했다. "아무도 두구 사원의 샤캬 쉬리보다 정확한 점을 칠 수 있는 사람은 없어." 성취자 샤캬 쉬리는 점을 쳐서 그 결과를 제자인 체텐 도르제를 시켜 보냈다. 체텐이 아좀 둑빠의 거처 까지 가는 데 5일이 걸렸다. 그 제자가 가는 동안에 샤캬 쉬리는 아좀 둑빠의 장수를 비는 기도를 했고, 심부름꾼이 도착하자 아좀 둑빠는 이미 건강이 회복되어 더 이상의 의식이 필요 없었다.

샤캬 쉬리가 응악 롱 낭에 있는 미팜 린포체를 만나러 갈 때 비가 억수같이 쏟아졌다. 그러나 샤캬 쉬리의 몸과 옷은 젖지 않아 거기 있던 사람들이 크게 놀랐다. 스승은 말했다. "비를 염두에 두지 말라. 그것은 마치 차 공양과 같다. 불보살님들이 5계를 지키는 사람들을 얼마나 좋아하는지 보여주는 것이다."

돌아오는 길에 그와 동료들이 율카르[152)에 도착했을 때, 계곡은 온통 흰 구름으로 덮여 있었다. 해가 막 솟아 구름 사이로 따뜻하게 비추고 있었다. 샤캬 쉬리의 머리 위에 둥근 원형의 무지개가 떴고, 그의 몸이 그 무지개 속에 갇혀버렸다. 그가 걷거나 앉거나 어떤 동작을 해도 이런 경이적인 현상은 계속 일어나면서 한참 동안 지속되었다. 말을 돌보는 일을 하는 샤캬 쉬리의 측근 시자 데첸 촉둡이 그런 현상이 무엇을 의미 하는지 물었다. 샤캬 쉬리는 말했다. "우리가 도크 패스를 지날 때도 똑같은 일이 있었다. 그 때 우리는 성스러운 장소인 카와 까르포산으로 가고 있는 중이었다." 그러면서 그는 이것이 좋은 징조인지 나쁜 징조인지 말하지 않았다.

쿠체 사원에서 어떤 늙은 라마승이 열반 했을 때, 샤캬 쉬리의 아들 린첸 쿤덴이 그의 환생은 어느 곳에서 일어날 것인지 계속 물었지만, 샤캬 쉬리는 대답하지 않고 침묵을 지켰다. 좀 있다가 샤캬 쉬리는 그의 영적 부인인 아최에게 말했다. "그 늙은이가 지금 당신 자궁 속에 있소." 많은 환생자들인 차르의 응악다 똘꾸, 두구 사원의 쇠닝 똘꾸, 쿠체의 늙은 라마승 똘꾸 등은 샤캬 쉬리의 지혜의 거울 속에 환하게 나타났다. 샤캬 쉬리가 그들의 환생을 적시한 것은 둑빠 용진과 다른 성취자들에 의해 동의를 받았다. 그리하여 똘꾸들은 적절하게 보좌에 즉위하였다. 그가 환생자를 알아보는 능력은 그에 대한 제자들의 확신과 믿음을 더욱 강하게 만들었고 지역민들도 마찬가지였다.

샤캬 쉬리는 항상 아픈 사람들에게 그들의 질병이 무엇이든 관계없이 약으로 카시미르에서 나는 샤프란(saffron153)을 주었다. 사람들이 그것을 몇 번 먹고 나면, 만병통치약으로 작용했다. 그의 처방전은 심각한 병에 걸린 사람도 고칠 수 있었고 효과적이었다. 샤캬 쉬리는 그의 순수한 통찰력으로 죽을 운명의 사람들을 볼 때에는 그들에게 성스러운 물건이나 깨달은 사람의 사리 등을 주면서 사회적 지위에 관계없이 동등하게 치료해 주었다.

1909년 땅-새의 해에 샤캬 쉬리는 명당이 있는 차리로 순례를 떠났다. 음력 1월에 탁포 지역을 여행할 때 솔라르 강(Sholar Gang) 산에 큰 눈이 내려 이틀 이상을 나아갈 수가 없었다. 그가 호법신들에게 술을 바쳐서 달래는 셀켐 의식을 하자 모든 사람들의 예상을 깨고 더 이상의 어려움은 사라지고 앞으로 나아갈 수 있었다. 그 지방의 지역민들과, 함께 여행하던 사람들은 그들이 목격한 사건을 믿을 수 없었다.

차리 칙차르에서 그는 마하무드라, 족첸, 나로육법 등에 대하여 배움을 요청하는 천 명이 넘는 사람들을 가르치고 있었다. 그 성취

---

152) 베루와 데르게 사이에 있는 지역
153) 찬 성질을 가지고 있어 열을 내리게 하는 티베트 전통 의약

자는 차르에 있는 빼마 까르포 사원을 방문하여 가피를 주는 것으로 유명한 쿤팡 규마이 카르켄 동상에 경배하였다. 이 동상은 빼마 까르포가 직접 만든 것인데 샤캬 쉬리가 도착하기 직전 머리와 구레나룻 수염이 자랐다. 이것은 위대한 쿤팡이 샤캬 쉬리로 현현하였다는 증표로 인정되었고, 그의 부처님법을 전파하는 것이 번창할 것임을 보여주는 증표로도 인정되었다.

그가 차리에서 영약을 만드는 관정의식을 하고 있을 때, 약초 향기가 하늘에 진동하자 흰 구름이 뜨고 무수한 무지개가 떴다. 이런 상서로운 징조는 제자들의 마음에 백 가지 꽃잎이 달린 믿음의 꽃을 피우는 씨앗이 되었다. 차리에서 돌아오는 길에, 그 성취자가 샤르콩 산꼭대기에 이르자 참도의 호법신 샹 빼답이 그의 권속들과 함께 나타났고, 지방의 정령인 라다크 깔뽀도 그를 맞이하러 나왔다. 아무도 그들을 볼 수 없었지만 사람들은 그들 주변에서 크고 작은 요령소리가 나는 것을 들었다. 그리고 두 마리의 큰 까마귀가 깍깍거리며 여러 가지 다른 소리를 내면서 산꼭대기 위 하늘에서 빙빙 도는 것을 보았다. 그 까마귀들은 샤캬 쉬리의 머리 위에서 시계 방향으로 세 바퀴를 돌고는 멀리 동쪽으로 날아갔다.

샤캬 쉬리가 전생에 한 번은 링제 게사르 왕의 신임을 받는 대신이었던 덴마로 태어났다는 명확한 증거가 있지만 여기서 언급하는 것은 타당하지 않을 것 같다.

샤캬 쉬리가 응악레 세오[154]의 전기를 읽고 있을 때, 그는 자기가 그 위대한 능력자의 환생이라고 말했다.

한 번은 그가 말했다. "내가 팍모 두빠의 덴사틸 사원을 방문했을 때, 나는 전생에 링레빠였다는 것을 분명히 기억했다. 팍모 두빠가 직접 준 해골잔에 든 술을 마신 후 깨달음을 얻은 것도 분명히 기억했다."

1910년 철-개의 해에 중국과 티베트 사이에 전쟁이 일어나자 샤카 쉬리는 아들들과 함께 라다크 양쫑으로 갔다. 승려들이 사는 동굴 근처에서 말이 계속 울부짖는 소리를 사람들이 들었다. 모두가 두려움에 떨었고, 공포로 인하여 머리카락이 삐쭉 서버렸다. 샤캬 쉬리는 말했다. "호법신장들이 내가 라닥으로 돌아온 것을 반기고 있다."

성취자는 그 지역에서 구루 빠드마삼바바 상과 세 개의 날이 달린 풀빠를 비롯한 숨겨진 보장을 찾을 것이라는 계시를 받았었다. 그는 그것을 찾으려고 시도 했지만, 아직 그 보장을 캐낼 적당한 때가 되지 않았었다. 중생들에게 도움이 되지 않았기 때문에 스승은 그렇게 하지 않았다. 어느 날 샤캬 쉬리는 그의 측근 시자 한 명에게 그가 본 종교적 환영을 이야기했다. 그는 트라얍 사원의 원장 스님과 그 수행원들이 멀리 여행을 떠나는 것을 보았다고 했다. "이게 무엇을 의미하는 것일까?" 그 후 중국군이 트라얍 지역을 공격하여 그 라마와 제자들은 카일라스를 거쳐 네팔로 피신하였다.

갸툴 린포체가 베루에서 제자들을 가르치고 돌아오는 길에 두구에 있는 시왈룽에서 머물고 있을 때, 샤캬 쉬리의 아들 체왕에게 가피의 경험을 이야기했다. 그는 참도 지역에 있는 성직자와 일반인들이 티끌 한 줌 정도로 숫자가 줄어드는 것을 보았었다. 그는 충고했다. "그래서 참도의 원장 스님과 그 후계자들은 이것을 명심하고 실수 없이 그런 상황을 타개하기 위한 의식을 거행하여야 한다." 어떤 시자 스님들은 그의 경고를 듣지 않고 비웃기만 했다. 이것은 중

---

154) 린첸 걀첸이라고도 하며 팍모 두빠의 네 제자 중 한 명이다. 팍모 두빠의 문하에서 득도 후 티베트 동부로 가서 레곤 사원을 세웠다.

국과 분쟁이 있을 것이란 징후가 있기 한참 전의 일이었다. 후에 갸툴 린포체의 예언은 사실이 되었고, 참도에 있는 참팔링 사원도 고난의 시기로 접어들었다.

참도의 중국 주지사인 핀 탕 링은 다른 중국군 장교와는 달리 두구 사원에 자주 왔다. 그 때 샤캬 쉬리의 제자들은 두려워서 그들이 할 수 있는 대로 인근 산으로 숨었다. 그들은 샤캬 쉬리에게 말했다. "우리를 지키기 위해 어떤 노력을 다한다 해도, 중국 사람들은 참도에서 했던 것처럼 여기도 모두 불태워 없앨 것입니다." 이런 상황을 아는 샤캬 쉬리는 아주 종교적인 색채가 짙은 편지를 써서 차분한 제자 한 명을 시켜 중국 당국자들에게 보냈다. 그 내용은 그렇게 단순하고 가난한 은둔 수행처를 파괴하는 것은 적절하지 않고, 근처의 새들이나 사슴과 다른 짐승들을 해치는 것도 적절치 않다고 설득하는 내용이었다. 그 편지는 또한 그렇게 파괴하지 않으면 얼마나 큰 이익이 되는지도 설명했다.

많은 경우 중국 당국자들은 계급이 높거나 낮거나 간에, 샤캬 쉬리의 은둔 수행처에 있는 수행자들이 진실하고 순진한 것으로 알게 되었다. 중국 내에서도 문수보살 성지인 오대산에는 비슷한 은둔 수행처가 있었다. 그래서 그들은 그곳 오대산의 짜 오기엔 스승의 은둔 수행처를 해치지 않기로 약속했었다.

이후에 중국군은 두구 사원 근처에 오래 주둔하였고, 응아둑 사축카에서는 공무원들과 군인들이 종종 샤캬 쉬리의 은둔 수행처를 방문했다. 그들은 여러 번에 걸쳐서 크고 작은 모든 전각들을 샅샅이 수색하였다. 그렇게 정밀하게 수색했음에도 그들은 깨달은 신·구·의 삼밀을 상징하는 전각과 그 주변은 수색하지 않았다. 그들은 심지어 그것에 대해 물어보지도 않았다. 아마도 그들은 눈에 뭔가가 씌어서 그 전각을 볼 수 없었던 것으로 생각된다. 중국군들이 은둔 수행처 근처에 사슴 사냥을 왔을 때 그들은 갑자기 큰 폭풍우를 만나 급히 부대로 돌아간 적이 있었다. 그날 이후로 두구산에 있는 사슴들은 두려움에서 벗어나 평화롭게 살았다.

샤캬 쉬리는 티베트 동부 지역에 시련의 시기가 닥칠 것이라는 것을 알았고, 그래서 그는 여러 날 동안 아들들과 측근 제자들과 함께 그런 위험한 상황을 바꾸기 위해 24시간 내내 수많은 예불을 드렸다. 다키니들을 위한 향연인 가나차크라도 열었다. 그들은 참도와 트라얍에 있는 일반적이거나 특수한 부처님 가르침을 지키기 위하여 순수한 열정으로 이런 모든 일을 했다. 이런 일들은 또한 중앙정부의 세속적 행사나 종교적 행사에도 도움을 주었다. 그러자 문제가 해결되고 번영하는 기적적인 일들이 일어났다. 샤캬 쉬리는 생의 후반에 차리로 가서 '행복한 동굴^{Happy Cave}' 에 머물렀다. 부처님법의 수호자 최키 왕포(제10대 둑첸 린포체)는 둑빠 까규 절인 상 응악 쵤링 사원 위쪽에 요사체와 전각을 짓고 84명의 대성취자들의 상도 조성하였다. 그런 다음에 샤캬 쉬리와 그의 아들 및 수행원들을 봉헌식에 초대했다.

그 사원의 봉헌식은 일주일 내내 승려들과 신도들에 의해 봉행되었다. 그 의식이 진행되는 동안에 땅이 진동하고 기이한 소리가 들렸으며 하늘에서 꽃비가 내렸다. 그러자 샤캬 쉬리는 순수 의식을 경험하면서 측근 제자들에게 말했다. "너희들 앞에 있는 어떤 성취자(대성취자 잘란다리)의 상이 큰 축복을 받는 징표가 나타날 것이다." 사람들은 그 조각상들을 바라보았고 그때 어느 하나가 빛을 발하면서 마치 일어서려는 듯 다리를 살짝 움직이기 시작했다. 참석했던 모든 사람들은 이것과 함께 다른 기이하고도 명백한 징표들을 보았다. '구부린 다리의 위대한 성취자' 상은 아직도 그 사원에 있다.

그 시절에 또 다른 기이한 일이 있었다. 행복한 동굴 수행처와 가까운 곳에 있는 산 아래에서 불이 났는데, 사람들은 그 불이 주변을 폐허로 만들 것을 염려하였다. 샤캬 쉬리는 방문 앞으로 가서 섰다. 그는 목에 걸고 있던 세 개의 날이 달린 단도를 끄집어내어 마음을 모은 후 그 단도로 어떤 몸짓을 취했다. 갑자기 일진광풍이 일어나더니 불이 꺼질 때까지 휘몰아쳤다. 1918년 티베트력으로 땅-말의 해 1월 상순에 네팔에 있는 스와얌부 사리탑[155]을 복원하는 공사가 진행 중일 때, 샤캬 쉬리는 어느 날 밤에 예쁜 소녀가 멋진 옷을 입고 금으로 만든 장신구를 달고 나타나는 것을 보았다. 그녀는 샤캬 쉬리에게 말했다. "탑의 복원이 거의 다 되었습니다. 내가 아주 좋은 조건을 만들어 최선을 다해 도왔습니다." 그러면서 그녀는 사라졌다.

다른 날 밤에는 위대한 호법신장인 라후라[156]가 산호처럼 붉은 얼굴을 한 채 샤캬 쉬리에게 나타나 말했다. "나는 사리탑을 복원하는 일을 하겠다는 약속을 지켰습니다." 그리고는 순수한 깨달음의 지고한 상태로 사라졌다. 지구상에서 가장 신성한 상징물 중의 하나인 스와얌부탑은 봉헌식을 할 날이 다가오자 그렇게 완성되었다.

샤캬 쉬리가 티베트에 있는 그의 수행처에서 장애를 제거하기 위하여 마음을 집중하니, 거대한 폭풍이 일어 카트만두 계곡을 지나전 네팔을 휩쓸고 있었다. 그러나 봉헌식을 하는 날에는 날씨가 아주 평온하였다. 음력으로 그 달 1월 15일에 행사가 끝났을 때, 샤캬 쉬리는 차리의 행복한 동굴에서 보리쌀과 쌀 그리고 샤프란 향기가 나는 차를 하늘에 뿌렸다. 그것들은 곧 네팔의 스와얌부탑 위에 떨어졌다.

　이런 것들은 샤캬 쉬리가 가진 놀라운 힘과 신통력의 단지 일부분을 소개한 것에 불과하다. 그러나 항상 나타났던 일이지만 잘 알려지지 않았거나, 내 노트에 기록해 두었던 사건들 중 많은 부분은 여기서 기술하지 않았다. 이것저것 무분별하게 이야기하는 것은 의미가 없다는 것을 잘 알기에, 나는 멀리 떨어져 있던 제자들이나 지역의 나이 많은 일반 신도들이 이야기했던 샤캬 쉬리의 신통력에 대한 경험담은 여기서 생략했다. 누군가가 다음과 같이 말했듯이 이런 이야기들은 확실하지 않다고 생각하기 때문이다.

　　　　제자들이 쓴 해탈에 관한 이야기의 대부분은 스승을 사기꾼으로 만드
　　　는 칭찬에 불과하다

　나는 여기서 샤캬 쉬리와 관련된 사건들을, 선서한 측근 노장 제자들이 증언한 내용이나 많은 대중들에 의해 공개적으로 목격된 사건을 중심으로 간략히 기술하였다.

　　　위대한 존재여,
　　　그대의 덕성은 습관적 존재들의 뿌리를 뽑고
　　　모든 것들의 절대적이고 핵심적인 본질을 통하여
　　　단단한 실체의 본성을 녹여
　　　스스로 해탈하는 청정한 깨달음을 만들었네.

　　　악마의 무리들처럼 두 가지 생각이 일어나
　　　전쟁을 치면서 그대를 방해하면

---

155) 네팔 카트만두에 있는 아주 신성한 곳이다. 그곳에서는 팍파 싱쿤이라고 하는데, '극락세계의 연합'이란 뜻이다.
156) 행성신으로 족첸에서 가장 중요한 호법 분노존 중 하나다. 에카자티, 도르제 렉빠와 함께 족첸의 3대 호법분노존이다.

당신은 그들의 허깨비 같은 본성을 밝혔네.

일어났다가 사라지는 모든 생각들과

과거, 현재, 미래라는 개념도 시간을 뛰어넘는 지혜,

절대 평정의 언덕에 도달하였지.

숨은 실상을 밝혀 그대는 전지자들의 발자취를 따랐지.

이생에서 당신은 깨달음의 길을 얻어

이 세상에서 완수하기 어려운 큰 선물을 얻었도다 .

누구도 필적할 수 없는 지도자여,

부처님법과 일체 중생들을 위해

당신이 이룬 위대한 성취의 흔적들을

어찌 보통 사람들이 이해할 수 있겠는가.

이제 우리는 샤카 쉬리가 심원한 보장에 통달한 것을 말하고자 한다. 그것은 특별한 보장의 가르침을 발견한 선물이다. 보장에 이르기를,

에마 호! 나는 연꽃 스승(빠드마삼바바)

나는 심원한 비밀에 감명 받았네.

그것은 스승님 마음의 정수를 믿는 것

원숙한 대자유의 가르침으로 완성된

왕과 대신들 그리고 그 금강의 일족들에게

특별히 도르제 뒤좀(샤카 쉬리의 전생)에게 감명을 받았네 .

이런 예언에 부합하여 어느 날 밤 샤카 쉬리가 랍치산에 도착했을 때, 그는 절대적 경지의 깊은 수행에 빠져들게 되었다. 그것이 그

때 최초로 발견한 보장으로 '구루 대와첸뽀를 성취하는 방편The Means to realize Guru Dewa Chenpo'이었다. 그 보장은 입문을 위한 의식과 해탈의 가르침을 수반하고 있었다. 그 자신이 직접 보장의 가르침을 실행하였고, 그 결과 일반적인 또는 특별한 능력이 생겼다. 오기옌 린포체(빠드마삼바바)는 샤캬 쉬리에 대해 이렇게 예언했다.

> 미래에 타락한 시대가 오면
> 내 마음에 현현한 뒤좀이 나타나
> 위대한 지혜의 신으로 밀교수행을 할 것이다.
> 그는 족첸의 의미를 깨달은 연민어린 사람이라네.
>
> 그는 지혜의 마음이 지닌 특별한 능력을 가질 것이라.
> 노력하지 않아도 보장의 가르침이 나타나
> 좋은 시절이 오면 그는 삼 년 동안
> 비밀로 봉인한 보장을 받아 적어
> 점차 그 원숙한 대자유의 가르침을
> 바른 염원을 가진 제자들에게 알려주면서
> 부처님법과 일체중생을 위해 큰 이익이 될 것이라.

예언과 같이 샤캬 쉬리는 본인이 발견한 그 보장을 3년 동안 비밀로 간직했다. 그러고는 처음으로 운 좋은 몇 명의 제자들에게 관정을 주고 가르침을 베풀었다. 시간이 지나자 이 수행법은 네팔, 중국, 티베트의 모든 지역에 퍼지고 잘 알려지게 되었다.

'구루 데와 첸뽀를 성취하는 방편' 외에도 샤캬 쉬리는 많은 중요한 보장을 발견하였다. 예를 들면 '깨달음의 세 가지 차원: 법신, 보신, 화신Three Dimensions of Enlightment'을 발견하였으며 '영광스러운 킬라야:

문수보살의 적정존과 분노존Peaceful and Wrathful Manjushri' 등이 있다. 샤캬 쉬리에 의해 발견된 이런 뛰어난 심보장들은 마치 거대한 축복의 뭉게구름처럼 운 좋은 제자들에게 일상적이거나 특수한 성취를 이루게 하는 심원한 가르침이었다.

이미 언급한 것과 같이 샤캬 쉬리는 젊은 시절에 두구 사원에 들어갔다. 거기 있는 동안 그는 가피를 통하여 따라보살과 대흑천 마하칼라를 비롯한 많은 본존들을 보았다. 그 분들은 깨달은 행위를 보여주면서 샤캬 쉬리에게 기적적인 힘을 주었다. 한 번은 샤캬 쉬리가 은둔처에 머물고 있을 때, 새벽에 깨어 있는 데 허공에 모든 수가타(여래, 선서)의 집합체인 구루 탁포의 얼굴이 보였다. 그 모습이 서서히 마음의 자연적 상태 속으로 섭수되어 들어왔다. 이 사건이 있고 나서 그는 순수한 가피를 받아 '마음 성취Mind Accomplishment'라는 보장을 기술해 냈다. 그 이후 그는 두구에 있는 에밤 동굴에서 그 수행을 하면서 머물렀다. 그의 면면한 수행은 마치 끊임없는 강물의 흐름과 같았다. 그 때 밤낮으로 캄툴 린포체가 나타나 가피를 주었다. 그것은 한량없는 믿음을 증장시키고 고무시켜 샤캬 쉬리로 하여금 캄툴 린포체에 대한 기원문을 짓게 하였다.

샤캬 쉬리는 다시 3년간 은둔 수행을 했다. 그 시기에 마치 우주처럼 거대하고 유난히 빛나는 마하칼라(전쟁과 재복을 관장하는 대흑천)의 모습을 보았다. 샤캬 쉬리가 약간 놀랐을 때 그 모습은 원초적 청정으로 변해 갔다. 다음에는 마하칼라 탁쉐의 모습을 보았다. 대충 그 시기에 그는 눈을 두기만 하면 모든 것들이 분노존 팔바르 마닝[157]의 빛나는 몸에 달린 찬란한 장신구로 보였다. 그리하여 그는 순수한 깨달음의 자연적 에너지라고 불리는 호법신을 위무하는 의식을 만들었다.

그 이후 샤캬 쉬리는 라다크 빼마 양쫑에서 몇 년을 살았다. 그가 다키니들의 비밀 보배인 '긴 금강굴Long Vajra Cave'에 머물고 있을 때, 낮에는 깊은 명상을 하고 밤에는 '마음의 빛나는 청정mind's luminous clarity'을 수행하였다. 가끔 새벽에는 빛나는 청정의 상태에서 밀라레빠를 만났다. 그런 가피를 통하여 그는 여러 상징적인 방편으로 많은 구전 전승의 가르침을 받았다. 그 중 하나가 순수한 가피의 결과인 밀라레빠에게 기원하는 구루요가이다. 샤캬 쉬리는 또 다른 빛나는 청정의 상태에서 링첸 레빠를 만났다. 그는 상징적인 언어로 비밀의 가르침을 주었다. 결국 링첸 레빠의 모습은 샤캬 쉬리의 청정한 깨달음의 상태에 섭수되어 불가분의 상태가 되었다.

3년 간 은둔수행의 2년째 되던 해에 밀라레빠가 끝없는 친절로 꿈과 빛나는 청정의 상태에 나타나 샤캬 쉬리에게 많은 가르침을 주어 심보장인 '금강의 미소Vajra Laughter'를 짓게 하였다. 구전 전승의 성취자들에게 하는 기원에 응답하여, 밀라레빠는 다시 샤캬 쉬리의 빛나는 청정 속에 나타나 청정한 가피로 더 많은 가르침을 주었다. 이런 가피의 끝자락에 오렌지색 수염이 달린 늙은 여인이 나타나서 말했다. "나는 내 친척들에게 '의식 전이'[158]의 가르침을 요청할 것이다." 그런 다음 그녀는 무지개처럼 사라졌다. 대략 그 시기에 샤캬 쉬리는 조리 사원의 창툴이 요청함에 따라 '의식 전이의 비밀의 길에 대한 가르침The Introduction on the Secret Path of Transference of Consciousness'을 지어 그 뚤꾸 창툴에게 가르쳤다. 그가 창툴을 가르칠 때마다 매번 중요한 사건과 징조가 나타났다. 그는 풀잎으로 그 뚤꾸의 정수리에 있는 문을 뚫었다.

샤캬 쉬리가 카와 까르포를 순례하고 있을 때, 그는 케트랑 통

---

157) 대흑천 마하칼라는 아티샤가 인도에서 들여온 본존인데, 수많은 종류가 있으며 팔발 마닝은 닝마 스쿨에서 수행하는 본존이다.
158) 포와라고 하며 임종 시 의식을 정토로 전이 시키는 수행법

로 근처에서 하루를 묵었다. 그날 밤 본질의 광대한 곳으로 빨려들어 잠을 자는 동안 생각이 일어나고 있었다. 그 가장 성스러운 장소에서 빛나는 청정의 상태에서 무지갯빛의 빛방울thigle이 형성되었다. 그 빛방울의 가운데에 수많은 다카와 다키니들에 둘러싸인 차크라삼바라(승락금강)의 모습을 샤카 쉬리는 바라보았다. 이런 가피를 기초로 그는 그 본존의 '하나의 모습에 대한 기원Supplication to the Single Form'을 지었다.

샤카 쉬리가 베루에 있는 도크 통로에 머물고 있을 때 체크무늬 모양의 다층 집 지붕 위에 장시간 동안 나타난 약사여래불의 모습을 보았다.

그 후에 그와 동료들이 그 통로를 지나갈 때, 그들은 세 개의 고리처럼 나타난 둥근 무지개를 보았다. 동시에 샤카 쉬리는 그 지붕처럼 생긴 무지개 속에서 빛으로 된 하얀 몸의 다카를 보았다. 머리 위에는 하얀 깃발이 있었고, 아래에는 오색의 빛으로 된 옷을 입고 있었다. 두 손에는 북과 북채를 들고 있었다. 그는 기쁘게 웃고 있었다. 결국 그 모습은 허공으로 사라져 갔다. 그 다음에 샤카 쉬리는 '흑색 문수보살'159)의 가피를 받아 간략하고 심원한 글자로 된 '흑색 문수보살을 성취하는 방편The Means to Accomplish Black Manjushri'이라는 심보장을 받았다.

어느 날 샤카 쉬리가 착산Chag mountain160) 통로 아래 있는 차리 지역을 순례하고 있을 때, 그는 착산 아래 있는 탁킵 동굴에 머물고 있었다. 하루는 낮잠을 자는데 빛나는 청정의 상태에서 그는 짙은 갈색 창문이 있는 사원처럼 생긴 것을 명확히 보았다. 그 사원의 중심에는 존재들의 왕인 창빠 갸레가 있었다. 그의 몸은 짙은 갈색이었으며 세 종류의 승복을 입고 머리엔 명상 모자를 쓰고 있었다. 그는 오른 손을 가슴에 대고 가르침의 무드라를 짓고 있었으며 왼손은 무릎에 내려 명상 무드라를 지으며 책을 쥐고 있었다. 그는 결가부좌로 앉아 차크라삼바라 수행의 마지막 단계를 가르치고 있었다. 그는 미래에 대해서 많은 예언을 했다.

샤캬 쉬리는 명당인 차리의 중간 우회로를 따라 걸어가다가 미팍 고원에서 하룻밤을 보냈다. 그날 밤 차리의 지역 호법신인 싱콩 왕포가 팔부신중들과 권속들을 옆에 세운 채, 그의 부인과 합일이 된 상태로 나타나 샤캬 쉬리에게 헌신하겠다고 약속했다. 그리하여 칙차르에 도착하자마자 그는 '싱콩 왕포의 속죄 의식The Rite of Propitiation of Shingkyong Wangpo'을 만들었다.

샤캄 통로[161]를 지나가다가 샤캬 쉬리는 뒤뀐 탁쉐[162]의 모습을 간단히 보았지만 곧 사라졌다. 그가 남좀 추믹[163]에 도착했을 때, 갑자기 그 본존이 다시 나타나 오래 머물렀다.

포드랑 유초는 차리의 산속에 숨어 있는 청록색 호수다. 창빠 갸레와 다른 세 명의 성취자인 뇨, 가르, 최가 여기에 함께 순례를 갔었다. 어느 날 창빠 갸레가 산 아래서 잠이 들었다. 세 명의 동료들은 계속 여행을 재촉했으나 그는 지쳐서 거기 남았다. 잠시 후 다키니가 나타나 꽃으로 샤워를 해주면서 산꼭대기로 바로 가는 비밀의 통로를 알려주었다.

---

159) 문수보살의 특수한 모습으로 땅속에 사는 위력적인 존재로 상반신은 인간이고 하반신은 뱀의 모습으로 묘사되며 인간의 병을 고친다.
160) 착산은 3대 캄툴 린포체 쿤가 텐진이 깨달음의 증표로 바위에 발자국을 남긴 곳이다.
161) 육포의 길이라고 한다. 이 비밀의 장소에 최초로 들어온 사람에게 다키니들이 육포를 주었다고 한다.
162) 대흑천 탁쉐: 오른손으로 삼지창을 휘두르고 왼손에는 피가 든 해골잔을 들고 있다. 송곳니를 드러낸 채 검은 비단옷을 입고 높은 신발을 신고 말을 타고 있다.
163) 정화의 신 남좀의 우물이다.

갸레는 세 명의 동료들이 길을 잃고 헤매고 있을 때 혼자 산꼭대기에 도착했다. 산꼭대기에서 그는 아름다운 호수를 바라보다가 호숫가로 내려갔다. 세 명의 동료가 호수에 도착하여 말했다. "저 게으른 친구는 어디로 갔을까? 아마도 그는 죽었을 것이고 우리는 비난받을 것 같다." 그 때 갑자기 호수[164] 가운데서 창빠 갸레가 가나차크라를 위한 많은 공양물들을 들고 나타나 말했다. "이걸 내가 혼자서 운반해야 했지."

샤캬 쉬리가 이 호수에 도착했을 때, 진여의 확장 속으로 불순한 것들이 녹아 없어지고, 차크라삼바라 만달라의 62본존을 보았다. 고귀한 따라보살과 그 권속들도 보았다. 그날 밤 빛나는 청정의 상태에서 샤캬 쉬리는 사라하와 모든 성취자들의 조상들을 만나 수많은 가르침을 받았다.

이윽고 생명을 유지시켜주는 호수인 포드랑 쪽모[165]의 한 가운데로부터 지붕 모양의 무지개가 피어올라 하늘을 뒤덮었다. 샤캬 쉬리는 바즈라바라히의 모습을 보았다. 제자들 눈에는 지붕처럼 생긴 무지개와 땅에서 솟아오른 나무들처럼 보이는 수많은 작은 무지개들만 보였다. 샤캬 쉬리가 최잠 동에 도착했을 때 심원한 보장인 '장수와 지혜의 영약The Elixir of Long Life and Wisdom'을 받았다. 샤캬 쉬리는 '수정 갈대 요새'에 있는 치셀 동굴의 은둔처에서 6주간 머물렀다. 어느 날 음력 10일에 공양의식을 하는데, 그의 앞에 구루 데와 첸뽀가 완전한 만달라와 함께 나타나 특별한 축복을 내려주었다.

그 일이 있고 나서 갑자기 그의 마음속에서 구루 데와 첸뽀의 가르침과 함께 성취의 방편들이 생겨났다. 한번은 샤캬 쉬리가 그의 아들인 뚤꾸 린첸 쿤덴과 빼마 촉둡 그리고 다른 시자들에게 완전한 가르침을 받아 적게 했다. 그들은 종이에도 적고 기름으로 칠한 목판에 적어 재나 밀가루를 묻혀 문질렀다. 그리하여 즉시 시방세계에 두루 미치고 있는 진여의 확장과 순수한 깨달음의 장롱 속에서 심보장이 드러나 현현하게 되었다. 체링마[166]와 그녀의 네 자매가 샤캬 쉬리에게 나타났다. 그들은 샤캬 쉬리의 생애 전반부와 후반부에 종종 나타나 시봉할 것을 약속했다. 그러자 그는 한 페이지 분량의 '행동을 요구하는 의식^{Rite of Request for Action}'을 지었다.

샤캬 쉬리는 캉그리 뙬꾸, 셍게 탁파, 벨톡 뙬꾸와 다른 사람들에게 관정을 주고 중생들에게 큰 이익을 주는 가르침을 베풀어 그들을 해탈로 가는 길에 두었다. 한 번은 샤캬 쉬리가 솔데르 은둔처의 무문관에 있을 때 모든 어둠이 끝없이 빛나는 청정의 지평선이 되어 하늘에서는 하얀 구름이 일어났다. 그 때 샤캬 쉬리는 유톡 욘텐 괸포의 모습을 보았다. 그는 밀교 수행자가 입는 하얀 가사를 걸치고 있었다. 머리는 길게 늘어졌고 손은 명상자세를 하고 있었다. 오른 쪽에는 미모의 젊은 모습으로 머리를 땋아 올린 그의 아들이 있었다. 샤캬 쉬리는 마음속에 확신이 일어났고, 그 모습이 사라지면서 그 아들은 샤캬 쉬리의 몸에 섭수되어 불가분의 일체가 되었다.

다른 때에 샤캬 쉬리는 위대한 현자 나로빠의 모습을 보았다. 그의 몸은 짙은 고동색이었고, 나신에 뼈로 만든 장신구를 하고 있었다. 그는 샤캬 쉬리에게 '13 본존과 차크라삼바라^{Chakrasamvara with Thirteen Deities}'라는 가르침을 완전하게 구전으로 알려주었다. 그것은 레충빠가 티베트에 들여온 것이다. 그 가피의 마지막 부분에서 나로빠는 샤캬 쉬리에게 모든 구전의 기록을 주었고, 샤캬 쉬리는 그것들의

---

164) 이 호수는 아주 특별하다. 순례자들이 금이나 다른 귀한 것들을 갖고 와서 공양물로 던지는 곳이다.
165) 바즈라바라히의 생명줄 호수로 불리는 차리의 호수다. 발을 담그면 끓는 것처럼 강렬한 거품이 생긴다. 뵌교에서는 이것을 인간의 육체를 구성하는 중요한 요소의 에너지라고 본다.
166) 여성 호법신으로 다섯 자매 중 맏이다.

전승을 유지하겠다는 약속을 했다. 그런 다음 세 개의 무지개가 뜨는 속에서 샤캬 쉬리는 덴마 삼둡이라고 불리는 다카를 보았다. 그는 링 게사르 왕의 충실한 대신이었다. 그는 길고 검은 얼굴이었고, 키는 보통 사람의 두 배는 되어 보였다. 그의 어깨에는 활과 쇠로된 화살촉이 달린 화살이 있었다.

어느 날 밤 샤캬 쉬리가 자는데, 모든 꿈이 '진여의 광대한 곳으로Expanse of Reality' 녹아들었다. 그는 빛나는 청정의 상태에서 텅 빈 그러나 감지할 수 있는 무지개몸의 관세음 십일면보살을 보았다. 그의 좌우에 두 명의 구루 린포체가 있었다. 순간 샤캬 쉬리의 신 · 구 · 의 삼밀이 관세음보살과 두 명의 구루 린포체에게 섭수되었다. 그리하여 세 본존과 샤캬 쉬리는 하나가 되었다. 결국 그는 일찍이 볼 수 없었던 연속적인 광대한 열림의 빛나는 청정을 경험하였다. 그 때 광대하게 확장된 샤캬 쉬리의 마음으로부터 '보신을 성취하는 방편The Means of Realizing the Master, the Sambhogakaya'이라는 심보장이 터져 나왔다.

어느 날 밤에 그는 갑자기 믿을 수 없는 성지로 변해버린 그의 은둔처를 보기 위해 잠에서 깨어났다. 그 장소에서 샤캬 쉬리는 인도의 밀교 대성취자 84명을 보았다. 거의 비슷한 시간에 그는 하늘에 무지개 구름이 드리우는 꿈을 꾸었다. 그는 그 속에 장시간 나타난 아미타불의 법신과 구루린포체를 보았다. 마지막에 그들은 공성의 궁극적 실체 속으로 확장되어 사라져 갔다. 그러자 순간적으로 '법신의 경지를 깨닫는 방편The Means of Realizing the Master, the reality dimension of Awakening'이라는 심원한 보장이 흘러 나왔다. 그것은 만물의 본성인 청정한 깨달음이 스스로 빛을 발하는 그의 마음으로부터 나온 것이다.

앞에서 언급한 대로 샤캬 쉬리의 나이가 46세 되던 해에 그는 열병으로 오랫동안 앓았다. 결국 회복하고 나서 어느 날 새벽에 빛나는 청정의 상태에서 그는 나로빠 존자가 나타나 그의 오른쪽에 있는 하얀 자리 위에 앉아 있는 것을 보았다. 그의 몸은 짙은 갈색이었고, 뼈로 만든 장신구를 달고는 마른 해골 왕관을 쓰고 있었다. 나로빠는 하얀 펠트천(하얀 야크 털과 양털로 만든 천) 위에 있는 구전의 법본을 바라보았다. 그는 말을 하기 시작했고 샤캬 쉬리에게 그 책에 있는 구전의 가르침을 처음부터 끝까지 다 알려주었다. 그러고는 나로빠가 말했다. "나는 완전한 가르침을 빼거나 더함 없이 너에게 주었다" 순간 그의 몸은 무지갯빛으로 사라져 갔다. 샤캬 쉬리는 해가 뜰 때 까지 빛나는 청정의 상태로 명상에 잠겨 있었다. 이런 가피를 받아 샤캬 쉬리는 '빛나는 청정에서 가르침의 보장The Cycle of Instructions on Luminous Clarity'을 발견했다. 그러나 그 비밀한 것에 감동을 받아 불과 몇 명의 제자들에게만 가르쳐 주었다.

샤캬 쉬리는 또한 중맥 수행의 '위쪽 문'에 적용하는 부수적 방법인 '숟가락 기법Spoon Technique'을 사용했다. 숟가락 기법은 손가락 18개를 포갠 길이의 가느다란 스푼처럼 생긴 도구를 이용한다. 가는 숟가락의 자루를 요가 수행자의 성기 속 요도에 집어넣어 거기를 통하여 물이나 우유를 퍼 올려 제거한다. 그렇게 하여 성적인 수행을 하면서 정액이 성기의 끝에 막 도달하려고 할 때 그 흐름을 역전시킨다. 그렇게 하여 다시 몸속으로 흡수된 정액은 맥관을 타고 생명의 정수로 퍼져나가서 위쪽 문으로 보내진다. 그것이 배꼽 위에 위치한 중맥이다. 거기서 생명의 정수는 안정이 된다. '성기와 고환의 수축'은 수행과 함께 특별히 배꼽 아래에 있는 육체적 에너지의 정화를 통하여 이루어진다. 그런 수축은 깨달은 존재의 증표로 인식되어진다. 예비수행과 본수행을 위한 심원한 보장과 함께 '금강 수축vajra retraction'이라는 심원한 가르침도 찾아냈다. 그는 이런 수행법을 운 좋은 제자들에게 가르쳤고, 그들은 이것을 수행에 적용하여 진정한 명상의 경험으로 발전시켰다.

얼마 후에 그가 밤에 꿈을 꾸는데 그의 마음속에 있는 모든 형상들이 무지개 속으로 녹아들거나 화산처럼 생긴 불꽃 속으로 녹아들었다. 이런 확장 속에서 분노존의 왕(바즈라킬라야로 추측됨)을 보았다. 세 개의 얼굴과 여섯 개의 팔을 가진 그는 납골장에서 하는 장신구를 달고 빛으로 불타고 있었다.

그 이후 샤캬 쉬리는 엄격한 그의 은둔 수행을 완화하여 많은 제자들에게 관정을 주고 가르침을 베풀었다. 한 번은 그가 북방 보장 167)에 속하는 '릭진의 사리 관정the Empowerment of the Relics of the Rigdzins'을 주고 있을 때, 운 좋은 제자들에게 축복을 내렸다. 그 증표로 그들은 진동을 하기 시작했고 그들은 가부좌를 한 채 한 발 정도 높이의 공중부양을 했다. 그들은 산스크리트어와 다른 말들을 하기 시작했고 세 개에서 열 개의 꽃잎처럼 생긴 눈이 쏟아졌다. 어떤 제자들은 하늘에서 정신적으로 중요한 문양이 만들어지는 것을 보았다. 그것은 8길상과 여덟 개의 상서로운 물건들이었다.

라후라 호법신장도 샤캬 쉬리에게 반복적으로 나타났다. 라후라가 성취자에게 헌신하는 징조가 나타나면 샤캬 쉬리는 '즐거움의 탑Pagoda of Pleasures'이라는 셀켐 의식과 라후라를 달래는 의식인 '신속하게 부르는 번개 같은 올가미The Lightning Noose that summons swiftly'를 만들었다.

어느 날 샤캬 쉬리는 밤중에 갑자기 나타나 은둔처 안쪽을 비추는 오색 무지갯빛을 보기 위하여 잠에서 깨어났다. 그 가운데서 약사여래불이 오른손으로 무엇을 주는 손짓을 하고 있었다. 그의 머리 위에는 보현보살이 그의 영적 부인과 합일하여 나타났다. 이런 모습은 완전하게 오래 지속되었으며 그 자체가 샤캬 쉬리 자신의 순수한 깨달음의 광대한 확장이 되었다.

이 시기에 샤캬 쉬리는 간략하지만 심원한 심보장인 '보현보살의 적정존과 분노존을 성취하는 방편The Means to Accomplish the Peaceful and Wrathful Samantabhadra'을 드러내었고, 샤캬 쉬리 자신의 깨달음인 '족첸의 마음의 정수에 대한 요지The Pith of the Heart Essence of Dzogchen'를 밝혔다. 이 보장들은 심원한 가르침으로 이 세상에서 찾기 어려운 희귀한 것들이다. 그것들은 구루 린포체와 롱첸빠가 법신의 모습으로 내려준 가피를 통하여 샤캬 쉬리의 지혜의 마음이 확장된 곳에서 나왔다. 그 다음에 그는 '체춘의 마음의 정수The Heart Essence of Chetsun'를 몇 명의 라마승과 뚤꾸 그리고 그의 무문관에서 수행한 늙은 수행자를 포함한 약 10명에게 가르쳐 주었다. 그가 제자들에게 축복을 내려주는 동안, 그들에게 실제로 축복이 내려지는 징표들이 나타났다. 그들은 육체적 모습이 변하고, 몸이 진동하면서 공중부양을 했다.

1908년 땅-원숭이 해의 원숭이 달 10일에 샤캬 쉬리와 그의 아들들, 젊은 제자와 늙은 제자들 그리고 수행승들과 일반 신도들이 3일 연속 가나차크라를 열었다. 의식을 하다가 축복이 내려온 시점에 샤캬 쉬리는 연화생 바즈라 구루를 보았다. 그가 만달라공양 장소에 나타났다. 구루 린포체의 가피는 그 향연에 참가한 사람들의 경험과 깨달음의 힘을 증장시켜 주었다. 어떤 사람들은 몸이 진동하기 시작했고, 흔들리면서 공중부양을 하고 또 다른 사람들은 의식이 희미해지면서 눈물이 가득했다. 참석한 모든 사람들은 강한 신심이 생겼고 세속적인 일들에 대한 혐오의 감정이 일어났다.

---

167) 릭진 괴뎀(1337-1408)이 발견한 보장

1910년 철-개의 해에 인접한 나라 중국의 군대가 침공해 왔다. 그 때 달라이라마는 인도로 망명했다. 항상 부처님법과 일체중생의 행복을 염두에 두고 있는 샤캬 쉬리는 하나의 심보장을 드러내 보였다. 그것은 에카자티의 기원 의식으로 '가장 심원한 마음의 비밀, 밀교의 호법신 에카자티 마모가 행동을 해줄 것을 요청하는 기원문The Most Profound Heart Secret, a Request that Ekajati the Mamo Guardian of Mantra Take Action'이다. 생의 후반부에 명당인 차리에 있는 행복한 동굴에서 머물던 때에 샤캬 쉬리는 '번개의 올가미, 확신의 대장장이가 행동을 취할 것을 요청함The Noose of Lighting, a Request that the faithful Blacksmith Take Quick Action' 을 지었다.

고귀한 밀라레빠, 링첸 레빠와 존재들의 왕인 창빠 갸레, 위대한 현자 나로빠와 다른 분들이 실제 샤캬 쉬리에게 나타났다. 그들로부터 그는 상징적인 언어로 다키니의 구전 가르침들을 전수 받았고, 그것을 완벽하게 이해했다. 상당 기간 동안 그는 이들 가르침에 대한 비밀을 유지했다. 그 후 샤캬 쉬리는 전대의 까규 성취자들에 대한 믿음으로 빛나게 되었다. 그 후에 그는 이런 가르침을 제자들에게 알려줄 적절한 때가 되었음을 알았다. 이런 조건에 부응하여 어느 날 새벽이 밝아오는 때에 그는 '숟가락 수행의 예비수행과 본 수행 그리고 결론'이라는 보장과 '금강 수축의 보장The Cycle of Teaching on Vajra Retraction'이 그의 마음속에 분명히 나타났고, 곧바로 그것을 받아 적었다. 그런 다음 그는 이 심보장의 예비수행과 본수행을 카샤(라호울)와 부탄에 있는 운 좋은 제자들에게 가르쳤다. 그들은 이 가르침대로 수행하여 결국 특별한 징표가 나타났고 괄목할 만한 성취를 이루었다.

음력 초사흘 날 새벽에 '구전 뜸모 명상의 핵심 포인트The Essential Points of the Meditation on Tummo of the Oral Transmission'라 불리는 심보장이 강렬하게 거의

마음속에서 나타났다. 그 달 7일에 그는 이것을 받아 적었다. 거의 비슷한 시간에 그는 자기의 전생이 나로빠, 응암쫑 퇸빠, 쿤팡, 암카르였다는 사실을 밝혔다. 그는 또한 깨달은 사람들의 가르침은 흠이 없다는 확신을 가졌다고 말했다.

이생의 관심사를 포기하고
그대는 수행에 승리의 깃발을 높이 들었습니다.
법신의 의미를 이해하신 당신은 지혜에 통달하였지요.
깨달음의 힘을 완성하여, 당신은 힘과 지혜로 빛납니다.
성취자들의 왕이면서 영광의 헤루까로 행위하여
당신은 지혜를 성취한 수많은 사람들의 왕관이 되었습니다.

요가 수행자의 왕이라는 확신과 함께
당신은 특별한 비밀의 보배입니다.
성숙하지 못한 존재들의 경험을 뛰어 넘는
지난 날 수행한 당신의 행위가 꽃으로 피어나
젊음의 향연을 즐기는 푸른 연꽃이 되었습니다.

당신은 다이아몬드 보석의 문을 열어젖힙니다.
그것은 말씀과 스승과 본존이라는 세 뿌리입니다.
항상 마모(호법신)들과 다키니들의 웃는 얼굴을 마주하면서
네 개의 행위(평화, 풍요, 매혹, 파괴)를 성취한 바다와 같은
호법신장들이 맹세한 것은 당신 외에 누가 있겠습니까?
오 영광의 스승이여!

제 6 장

**그의 이타적 성취와 카리스마적 가르침은
남을 크게 이롭게 하고 부처님법을 조명하여
위대한 스승들로 부터 찬탄의 꽃비를 내리게 했다.**

　아무도 필적할 수 없는 샤캬 쉬리는 순수한 깨달음을 이룩한 창
조적 힘을 완성하여 성취의 최고봉에 올랐다. 넓고 깊은 바다와 같
은 마음속에 한량없고 풍성한 신 · 구 · 의 삼밀의 덕성을 그는 아직
도 잘 간직하고 있다. 그럼에도 불구하고 많은 위대한 스승들은 그
들의 숨겨진 진실의 지혜로 샤캬 쉬리에게 찬탄의 꽃비를 내려주
었다. 그들은 빛나는 순금과 같이 숭고한 샤캬 쉬리의 진실한 성품
을 알아보았다.

　캄튤 텐뻬 니마, 전지자 둑빠 용진, 촉니, 깨달은 요가 수행자들
의 왕과 다른 사람들이 샤캬 쉬리에게 말했다. 그들은 샤캬 쉬리의
후덕한 영적 부인이 밀교 수행에서 분리할 수 없는 지복에 빨리 이
르게 하는 데 도움을 주었을 것이라고 했다. 샤캬 쉬리는 단순히 신

비한 능력(완전한 깨달음에 이르기 전 단계에서 겪는 많은 신비한 경험)을 가진 요가 수행자가 아니라 진여 자성을 있는 그대로 이해한 사람이다.

그래서 그는 집착하지 않는 수행의 중요한 핵심 포인트는 스승의 명령에 따랐다. 그것은 부인과 함께 하는 큰 쾌락에 얽매이지 않는 것이다. 세 번째 관정인 문자관정의 가장 빠른 길에 완전히 의지하여 그는 상서로운 합일을 이용했다. 그것은 최고의 성취에 도달하기 위함이고, 장수의 비결로 이용함은 물론 좋은 일들과 행위를 이룩하기 위한 방편이었다. 18세 때부터 67세 때까지 그는 성스러운 장소를 방랑하면서 궁극적 의미에 대해 수행하고, 모범적인 행위의 거대한 파도를 일으켜 일체중생과 부처님법에 이익이 되게 하였다.

어느 때에 그는 캄튤 텐삐 니마에게 편지를 써서 마음의 본질에 대해 자신이 깨달은 바를 이야기 했다. 캄튤 린포체가 응답했다. "그대의 깨달음은 비교할 곳이 없다. 여러 면에서 내가 깨달은 것보다 높은 경지다. 내 아들에게 마하무드라와 나로육법에 관한 경험적 지도와 자세한 가르침을 주기 바라네." 많은 칭찬과 격려와 함께 그는 샤캬 쉬리에게 '일체에 충만한 지혜All pervasive Knowledge'168)와 같은 가르침을 여러 권의 책으로 주었다. 그 후에 캄튤 린포체의 아들인 최키 셍게는 배움을 위해 샤캬 쉬리에게 귀의하였다. 그는 오랜 기간 솔데르의 은둔 수행처에서 머물렀고, 샤캬 쉬리로부터 '선천적 요가 마하무드라The Mahamudra of the Innate Yoga'에 대한 경험적 가르침을 받았다. 그는 순례여행 중에 랍치에서 갑자기 병이 들어 죽었다. 전지의 살아있는 부처인 잠괸 콩튤은 샤캬 쉬리를 찬탄하면서 이렇게 말했다. "족첸의 의미를 성취한 당신 같은 사람을 만나는 것은 정말 귀한 일이다."

---

168) 총지보론(Treasury of Knowledge)이라고도 하는데, 콩튤 로되 타예(1813-1900)가 쓴 5대 핵심 저술 중 하나다.

콩튤은 위대한 학자인 라마 타쉬 최펠에게 이렇게 말했다. "나는 자카의 촉튤 릭진 쿤쟝 남걀이 이룬 깨달음에 필적할 사람은 없다고 생각했다. 그러나 사실은 두구의 독덴이 더 많이 깨달은 사람이다. 내면의 깨달음이 밖으로 드러나는 사람은 누구든지 자기가 한 일에 의하여 긍정적 또는 부정적인 영향을 받지 않는다. 하지만 촉튤 린포체는 사원을 갖고 있음에도 불구하고 약간의 장애가 있었는데 독덴은 은둔 수행처에서 살면서도 아무런 장애가 없었다."

콩튤이 응악롱의 라마 뗄뛴(보장 발견자) 티메에게 이렇게 말했다. "두구 사원의 독덴은 잠양 켄체 왕포의 개인적인 제자이며 족첸의 핵심 정수를 수행하는 사람이다. 그는 '텍최'라고 하는 '완전한 이완total relaxation' 수행의 광대한 곳으로 들어갔다. 그리고 '퇴걀'이라고 하는 직접 도약 수행의 창조적 에너지를 이루어냈다. 그것은 순수한 깨달음으로 눈에 보이는 현상을 뛰어넘은 것이다. 이 시대에 그런 사람을 발견한 것은 기적이다. 그대 자신도 가서 이 성취자와 함께 공부해야 한다."

샤캬 쉬리가 편지로 장애를 없애는 방법을 알려달라는 도움을 청하자, 잠괸 콩튤은 다음과 같이 답신을 썼다.

지혜와 깨달음을 타고난 요가 수행자의 왕에게 경의를 표하면서,

공양물과 함께 보낸 편지를 받고 무척 기뻤고, 증표의 만달라가 빛나고 있는 것을 알았습니다. 그것은 당신이 잘 하고 있는 것입니다. 당신의 명상은 두 단계에서 마치 초승달처럼 커지고 있습니다. 나 는 이케 어깨 위에 수많은 세월이 실려 있는 늙은이 입니다. 그런데도 나는 요즘 아프지 않고 컨과 같이 일을 하고 있습니다. 당신이 요청한 것에 대해 말합니다. 나는 장시간 동안 내가 할

수 있는 모든 의식을 다 했습니다. 그것은 당신과 당신 주변 사람들을 에워싸고 있는 장애를 없애는 것입니다. 나는 그대가 남기는 금강의 족척이 이 세상에 영원하도록 기도합니다. 이 편지와 함께 특별한 장수의 영약을 조금 보냅니다. 이 약은 보장으로 발견한 것이며, 신성한 물질들로 만든 것입니다.

은둔 수행처에서
늙은이 콩툴

이 찬탄에 덧붙여, 샤캬 쉬리는 잠양 켄체 왕포로부터 온 편지 한 통을 받았다.

수행을 통하여 얻은 대자유와 통합의 덕분에 최고의 덕성을 갖춘 샤캬 쉬리가 행복하고 건강하며 핵심적 수행에 전념하고 있다는 소식을 전하는 편지와 공양물들을 받고 나는 무척 기쁩니다. 나 늙은 수 도승은 아파서 침대에 갇혀 있으며 아무런 힘도 없습니다. 그러나 나는 이직 내가 할 수 있는 것을 하려고 합니다. 나는 당신이 두 개의 밀교 수행 단계의 3년간 집중 수행에 전념하기로 한 것을 알고 가슴 속 깊은 곳에서 나오는 큰 기쁨을 느낍니다. 나는 내가 아는 모든 말을 동원하여 당신의 생명과 수행 성취를 위하여 기도하고, 또한 당신과 다른 이들의 목표가 이루어지도록 진심으로 기도합니다. 나의 젊음은 가고 이제 병들어 아픔을 경험합니다. 더욱 내가 언제 죽을지도 확실히 모르겠습니다. 죽기 전에 우리가 다시 만날 수 있도록 기도합니다.

불멸의 완벽한 정수는
당신의 철석같은 생명 에너지가 되고
두 가지 목표의 하얀 연꽃은
영원히 만방에 피어나리라.

이 편지와 함께 선물을 조금 보냈습니다. 비단 스카프, 영약, 호신 매듭 그리고 가피를 주는 조그만 빠드마삼바바 상입니다.

켄체

늙은 수행승

켄체 왕포는 가끔 이런 식으로 샤캬 쉬리를 찬탄했다. 샤캬 쉬리에게 보내는 다른 편지에서 그는 다음과 같은 예언을 했다. "당신의 가운데 아들 체왕 직메는 나의 스승 아도 드람빠의 환생이다. 그에게 공부를 강요하지 말게나. 그를 있는 그대로 가만히 두면 충분하다. 읽기나 쓰기는 물론이고 다른 과목들도 많이 공부하지 못하게 해야 한다."

샤캬 쉬리로부터 그의 경험과 깨달음에 대해 쓴 편지를 받고 아좀 둑빠 린포체가 답장을 썼다.

경의를 표하면서,

부처님의 발자국을 찍는 금수레바퀴로 그대의 발바닥을 장식한 요가 수행자의 왕, 소원 성취의 보석으로 장식된 승리의 깃발은 그대 성취의 법맥입니다. 우리 구컨 컨승 법맥의 지식 보유자 중에 당신은 마하무드라의 길에서 수행한 사람입니다. 그럼에도 당신은 '완컨한 이완'(텍최)의 본질을 보여주는 교육을 직접 받을 때 그 가능성은 청청한 깨달음으로 일어났습니다. 그 즉각적 깨달음만으로도 당신은 우리들이 확신하는 대성취자입니다. 우리는 비교할 수 없는 확신을 가졌고 그것을 크게 기뻐합니다. 왜냐하면 당신의 과거 수행의 좋은 여건들이 스스로 맞아 떨어졌기 때문에 당신의 숨겨놓은 마음이 글로 쓴 편지로 나타났습니다.

당신은 예전의 성취자들처럼 삶을 살았으며, 영광스러운 덕성을 통하여 깨달은 사람이 되었습니 다. 당신은 큰 생애를 통하여 오락이나 세속적인 즐거움을 좋아하지 않았습니다. 그리고 마음을 명료하 게 하거나 희미하게 하는 주변 환경이나 쓸데없이 바쁜 것에 영향을 받지 않는 지혜를 개발하 였습니다. 광대한 진여의 세계와 청정한 깨달음을 통합하는 방편으로 깨달음의 세 가지 차원을 경험한 당신은 이케 진여자성의 진실한 모습에 확신을 갖게 되었습니다. 당신은 성불하기 이전 마지막 태어남에서 지식 보유자의 방대하고 자세하며 심원한 수행 성취를 이루었다고 생각합니다. 그것은 모 든 것을 감싸는 빛나는 청정인 빛방울(틱레)의 요가로 가장 비밀스럽고 타의 추종을 불허하는 것입니다.

나는 과거에 약간의 의심을 갖고 있었습니다. 그러나 당신의 편지에서도 언급했듯이 부지런한 수행 의 결과로부터 나온 증거들을 분석하고 또 분석한 결과, 이케는 당신이 청정한 깨달음의 상태에서 '완 전한 이완total relaxation'인 텍최를 이루었다고 확신합니다. 그리고 퇴갤 수행의 자연적 성취와 관련이 있는 '증장된 명상의 경험increased contemplative experience'이 가피로 나타나는 단계에 이르렀다고 확신합니다. 이것은 어느 정도 명백한 깨달음으로 알려진 보신불의 경지이며 지고한 수준의 선 도자입니다. 이리하여 나는 다음과 같은 기쁨의 말로써 당신을 위한 노래를 지었습니다.

아 호!

오래 전에 밝혀낸 지식 보유자의 핵심 정수여
특이한 빛방울(틱레)은 완벽하게 빛나는 청정이라.
당신은 중생의 마음을 인도하였고
운 좋은 제자들은 밀교 수행법과 구전 가르침을 전수받았지

외부, 내부, 비밀의 방편인 가장 내밀한 가르침을 통하여
원초적 대지의 광대한 곳으로 이끄는
그것은 모든 것을 능가하는 조화롭고 빠른 길이며
깨달은 다키니들의 능가할 수 없는 내밀한 길이라

그 길에서 삼신(법신, 보신, 화신)의 경험적 현현함을 취하여
불변의 지혜인 성취자의 완벽한 깨달음의 상태가 실제로 드러났네.

대단한 힘이 있는 궁극의 요가를 통하여
삼세의 승리자들이 쉽게 갔던 단 하나의 길
두 개처럼 보이는 형상을 동여맨 단단한 줄을 끊어
더 나아갈 단계도, 가야할 길도, 성취해야 할 목표도 없네.
이것은 아무도 부인할 수 없는 모습이라네.
이렇게 지고한 광대함보다 더한 요가는 없다네.
청화된 모습이 무상한 현상으로 나타난 것이 지혜라네.
그것은 청화시키는 작용과 청화의 결과이며
펼치고(현상) 거두어들이는(진여 자성)
질서를 일으키는 빛들(백·적·흑)이라네.

진여자성의 원초적 광명과
현상으로 나타난 청청한 깨달음을 통하여
당신은 청청한 존재의 힘을 얻었네.
청청한 깨달음과 진여자성이 합일되어
영원주의와 허무주의 등의 한계를 뛰어넘었지.
당신은 즉각적이거나 단계적인 완전성을 드러내어
도무지 설명할 수 없는 불구부정의 한 바탕에서 현현하였네.
그 바탕은 기맥, 명점, 생명의 정수와 퇴갤이라.

당신의 경우를 내가 직접 살펴보니
현상으로 나타난 그 바탕은
그대가 현생에서 모든 단계를 완성한
수행자이기 때문이라고 확신하네.
그래서 캄캄한 밤중에 눈을 감고 있더라도
태양이 없고 달이 없고 버터램프 불빛이 없어도

지극한 행복의 광대한 세계에서

당신은 모든 것을 다 감지하였지.
그리고 그것들을 보신불이 창조한
마법과 같은 존재들로 인식하였네.

현상을 조금 드러내 보인 것 외에도
밤낮의 구분이 없어졌고
명백한 실체와 청정한 깨달음이 동시에 일어났지.
'빛나는 청정'과 특이한 '빛방울'의 내밀한 가르침은
그대 문중의 상징이 되었네.
확실히 당신은 '두 개의 청정Two purities' [169]이 있는
승리의 왕국을 건졌도다.

이 말을 알아야 한다!
이미 들었던 것을 여기서 거리낌 없이 말하노라.
모든 행운의 남녀 수행자들 중에 당신이 케일이라네.
그대는 빛나는 청정의 길 위에 서있고
그 길은 가장 빨리 깨달아 대성취자가 되는
높고 심원한 비밀의 길이라네.
부처님법과 일체중생의 행복을 위하여
황금의 시대 [170]를 축하하는 음악이 그 상서로움으로
온 우주에 가득하리라.

　나는 따돌림 받는 사람처럼 밀교에 미친 늙은이로 티 없이 깨끗하고 광대한 세계인 '빛나는 청 청'에 도달한 사람이다. 궁극적이고 핵심적인 깨달음을 이룬 천재가 물어온 그의 수행 수준에 답하면서 나는 이 편지를 썼다.

---

169) 두 개의 청정 : 공성인 '원초적 청정'과 감각적이거나 감정적인 방해요인들을 제거하여 나타난 '결과적 청정'이다. 깨달음의 두 가지 고유한 차원은 원래부터 있는 '본질적 청정'과, 불성을 가리고 있는 장애들이 가라앉고 나서 나타나는 '드러나는 청정'이 그것이다.
170) 불교의 우주론에서 말하는 네 개의 시대 가운데 하나인 '황금의 시대'는 완성의 시대다.

축복이 있기를

아좀 둑빠 씀

샤캬 쉬리가 아좀 둑빠를 방문했을 때 스승은 이렇게 말했다. "요즘 많은 사람들이 수행한답시고 머리를 기르는 등의 행위를 하고 있지만, 그들은 당신을 따라해야 한다. 나는 보장(뗄마)을 가지고 스스로 즐기고 있지만, 당신 샤캬 쉬리 린포체는 궁극적 의미의 가장 심원한 수행을 성취할 것이다." 그러면서 그는 격려의 표시로 엄지 손가락을 계속 치켜세웠다.

한 번은 두 성취자가 함께 퉁 랄 탁카르Tung Ral Tragkar 아래에 있는 지역을 그들의 시자와 몇몇의 사람들과 함께 거닐고 있었다. 함께 있었던 모든 제자들은 하늘에 무지개가 뜨는 것을 보았고, 샤캬 쉬리가 걷는 모든 곳의 풀과 나무들이 무지갯빛을 발하는 것을 보았다. 아좀 둑빠는 머리를 숙여 절하면서 샤캬 쉬리를 찬탄했다. "모든 죽은 자들이 샤캬 쉬리의 이름을 들으면, 그들은 삼악도의 고통으로부터 벗어날 것이다."

아좀 둑빠를 방문한 후 샤캬 쉬리는 두구산맥에 있는 그의 은둔 수행처로 돌아왔다. 그곳에 도착하자마자 그는 언제나 그랬던 것처럼 엄격한 은둔 수행에 들어갔다. 오랜 은둔 생활을 하는 동안 그는 관절염이 생겼다. 다리가 부어 시퍼렇게 멍이 들고 걷거나 앉기도 힘들게 되었다. 그 시기에 도둘 파오 도르제(아좀 둑빠)는 다음과 같은 조언의 편지를 보냈다.

오! 린포체,

이달 7일 밤과 8일 새벽에 나는 '마음의 자연적 상태'에서 다음과 같은 말을 명백히 들었다. 이 말들을 그대 마음 속 영원한 매듭에다 묶어 놓고 그 중요성을 잘 살펴보시게나.

숙련된 다카가 한 마리 벌이 되어
그대를 치료할 것이니
만약 그대가 빼마(연꽃)라는 이름을 가진
빠드미니(연꽃위에 앉아있는 여신)의 감로를 즐긴다면
그대 삼문Three doors의 감미로운 음악이 우주를 채워
여러 해 동안 80종호[171]를 이루고
고귀한 존재의 칠보[172]를 얻을 것이라.

이 예언은 자기만족이나 자기기만을 부추기는 것이 아닌 아주 유익한 것이다. 그대의 문제를 해결하 기 위한 가장 좋은 방법은 애쓰지 않고 16세에서 21세 사이의 처녀를 만나는 것이다. 그녀는 아주 상 서로운 '연꽃 모양의 맥관lotus-form channel' [173]을 가지고 있으며 파계를 하지 않은 빼마(연꽃) 라는 이름을 가진 여인이다. 만약 그대가 그런 젊은 여인을 찾는다면, '기술적 방편의 길The path of skillful means' [174]이란 경전에서 설명했듯이 그녀를 내부, 외부, 비밀 단계의 밀교 수행을 시켜라. 그 리고 그녀를 '사랑의 예술arts of love' [175]에 뛰어나도록 만들어라. 그녀와 함께 수행하여 건강을 회복 하고, 약 성분의 진수를 빨아들이면서 척결한 명상을 한다면, 그대는 장애로부터 벗어날 것이다. 이 예언에 따라 그대는 87세까지 거뜬히 살 것이며 동시에 그대와 다른 사람들의 이익을 성취할 것이 다. 이것

---

171) 80 가지 특성을 나타내는 부처님의 형상
172) 마하무드라 수행자의 일곱 가지 보배로 신심, 계율, 정진, 친절, 자리, 이타, 지혜를 말한다.
173) 밀교 수행에서 영적 부인은 각기 다른 중맥의 최하단부, 즉 생식기의 모양에 따라 다섯 부류로 나눠진다. '연꽃 여인'을 가장 이상적인 상대로 여기며, 그 부위가 연꽃을 닮았다고 한다.
174) '기술적 방편의 길'은 점진적인 지식의 습득을 통한 '해탈의 길'에 대비되는 것으로 육체의 윗문과 아랫문을 이용하는 수행법이다. 윗문 수행은 내부열을 이용하는 것이고 아랫문 수행은 영적 부인과 성적 합일을 하는 것이다.
175) 인도의 카마샤스트라 경전에서 설명하는 사랑의 64가지 행위를 말한다.

은 숨겨진 행위로 비밀이니 부디 명심하여 아무에게도 말하지 말게나.

모두가 상서로울 것이라!
한 쌍의 하얀 스카프를 공양 올리고
방편을 알려주면, 그 여인은 지복의 육신으로
연꽃처럼 붉고 아름다운 모습이 되며
매혹적인 모습의 합일이 되어
그대를 장애로부터 벗어나게 하리라.
그리하여 그대들을 처음부터 중간,
그리고 마지막까지 덕성스럽게 만들 것이라.
큰 비밀의 기술적 방편은 영웅적 깨달음을 간직한
사람이 빠르게 바다를 건너서 장수와 지혜를 낳아
지복의 금강살타에 필적하게 되리라.

이렇게 상서롭고 심원한 충고는 좋은 천조가 되어 내 집 청원의 희고 둥근 소라고둥을 울려 행운의 남 녀들 가슴에 쾌락의 원천이 되게 할 것이다. 그런 수행을 통하여 깨달은 사람의 이익이 크게 펼쳐 겨 만방에서 승리하리라.

아좀 둑빠

그 편지를 받고나서, 샤캬 쉬리는 게최라는 제자를 보내어 아좀 둑빠가 예언한 다키니(처녀)를 찾게 하였다. 게최는 북쪽 라톡 지역에 한 가족이 있는데, 거기에 뻬마 초라는 이름의 명랑한 젊은 여인이 있다는 말을 들었다. 그가 그녀의 집으로 가서 막 도착하려는 데, 그 가족들은 그 집 지붕에다 흰 깃발을 달고 있었다. 게최는 그 것이 상서로운 우연의 일치라고 생각했다. 그는 그 처녀를 주의 깊게 살펴보았고 그녀가 밀교경전에서 기술하고 있는 다키니라는 징표를 많이 발견하였다. 그래서 그녀를 아좀 둑빠가 예언한 그 여인이 맞다는 확신을 가졌다. 그는 아주 노련하게 그녀가 샤캬 쉬리를 만나도록 데리고 갔다. 그녀와 함께 비밀의 수행을 하면서 샤캬 쉬리는 장애를 극복할 수 있었고, 병에서 회복되고 깨달음은 한 차원 높아졌다.

샤캬 쉬리가 짜 팔툴 린포체(1808-1887)를 처음 만났을 때 자기의 경험과 깨달음에 대해 그에게 말했다. 이런 주제로 토론하는 동안 팔툴 린포체는 오른손을 이마에 대고 경의를 표하면서 가끔 소리쳤다. "오, 놀라운 성취자여!" 그는 펠트 방석을 내밀어 샤캬 쉬리에게 앉을 것을 권했다. 그리고 팔툴 린포체는 그를 만난 것이 너무 기뻐서 응유를 따라 주면서 말했다. "내가 자네에게 줄 것이 없어 상서로운 관계를 맺는 증표로 이 응유를 준다."

앞에서 언급한대로 문수보살의 화신인 미팜 린포체에게 경의를 표하기 위하여 샤캬 쉬리가 찾아갔을 때, 미팜은 샤캬 쉬리를 찬탄하였다. 더하여 미팜은 라마승들과 뚤꾸들에게 말했다. "두구 사원의 독덴처럼 고귀한 수행자는 드물다. 그의 깨달음은 낮과 밤을 구분하는 것이 털끝만큼도 안 되는 것을 안다. 그가 성취한 것은 전지자 직메 링빠에 필적하는 것으로 모든 것을 포함하는 빛나는 청정이다. 그대들이 이런 성취자로부터 마음의 본질에 대한 가르침을 받는 것은 아주 중요하다." 미팜 린포체가 참도의 고워^{Gowo}에 있는 가루다 동굴 은둔처에 머물고 있을 때, 샤캬 쉬리는 그가 갖고 있던 대부분의 책을 다 주었다. 거기에는 그가 찾아낸 심보장과 족첸의 내밀한 가르침에 대한 심원하고 핵심적이 구전 가르침도 들어 있었다. 샤캬 쉬리의 작품을 읽고 미팜은 다음과 같은 특별한 찬탄문을 지어 바치며 진실과 기도의 시를 덧붙였다.

그의 글들은 최상의 버터와 같고, 바로 심원한 비밀의 핵심이다. 오늘날 이런 주문의 가르침을 받을 수 있는 사람은 드물기 때문에 이 비밀의 봉인은 단지 자질이 되는 제자들에게만 주어지기를 권한다.

> 궁극적 진리의 요가 수행자여
> 그대의 철석같은 보배 가르침과
> 청정한 깨달음의 설명은
> 모든 운 좋은 사람들에게 영광을 주어
> 그들의 깨달음의 영향은
> 온 세상에 가득하리라.

그리하여 미팜 린포체는 비서인 롭장 퇸둡을 시켜 자기가 쓴 글을 샤캬 쉬리에게 보내게 하였다. 롭장 퇸둡은 오랫동안 그를 모셨고, 미팜의 '칼라차크라 강림 의식The Evocation Rite of Kalachakra' 등을 썼다. 어느 날 그 비서가 미팜에게 말했다. "최근에 저는 족첸을 배우고 싶은 마음이 간절합니다. 저는 독덴으로부터 한 번도 가르침을 받아본 적이 없습니다. 다른 사람으로부터 가르침을 달라고 요청하고 싶은 데, 누구에게 요청하는 것이 나을까요?"

"오! 운 좋은 사람, 그런 희망을 갖고 있었구나." 미팜 린포체가 대답했다. 그는 검지를 들어 올리며 말했다. "지금 이 시기에 족첸에 대해 독덴 린포체 만큼 수행한 사람은 없다." 롭장 퇸둡은 다시 그에게 샤캬 쉬리를 위한 기원문을 지을 수 있겠느냐고 물었다. 그러자 미팜은 바로 승낙하고 8행 시 '앞선 행위의 거대한 파도Great Waves of Previous Deeds'를 지었다.

응오빠 퓐롭 린포체와 응아왕 텐빼 갤첸[176]이 수행자의 왕 샤캬 쉬리를 만나러 갔다. 그들은 샤캬 쉬리에게 편지를 한 통 주었다. 그것은 친절한 잠괸 라마 미팜 바즈라다라가 참도에 머물고 있을 때, 그들과 나눈 대화 내용이었다. 미팜이 말했다. "그대들은 밀교와 연결되는 아주 좋은 선업을 갖고 있다. 독덴 샤캬 쉬리와 같은 사람을 만난다면, 그대들은 뚬모를 쉽게 배워 깨달음을 얻을 수 있을 것이다. 나는 경전에 현혹되어 그대들에게 큰 도움을 줄 수가 없네. 더구나 자네들이 특별한 스승과 연결된 업의 연결고리는 아주 중요한 것이다."

그리고 두 라마승은 미팜이 육신을 떠날 시간이 왔음을 알고 그들에게 남긴 증언을 샤캬 쉬리에게 들려주었다. "너희들이 할 수 있는 것 중에 가장 권하고 싶고 편리한 방법은 샤캬 쉬리에게 가서 배우는 것이다." 그러면서 그들은 또 말했다. "그의 권고로 우리가 여기로 와서 당신을 만난 것입니다." 다른 시기에 미팜 린포체가 '뒨딜 고Dündil Go' 은둔 수행처에 머물고 있을 때, 샤캬 쉬리의 편지에 답하면서 이렇게 썼다.

모든 부처님의 큰 지혜에 필적하는
최상의 깨달음을 성취한 위대한 밀교 수행자에게

부처님법과 일체 중생의 행복을 위하여 노력하는 그대와 그대의 케자들이 모두 건강하기를 기원합니다. 이 편지와 함께 '문수보살을 성취하는 방편The Means of Accomplishing Manjushri'이라 불리는 법 본과 수청으로 만든 은경을 기쁨과 존경의 표시로 보냅니다. 나는 이케 칼라차크라경컨의 주석에 대 한 약간의 수청을 마쳤습니다. 그것은 내가 참도에 머물고 있을 때 시작한 것인데, 부퇸(1290-1364 학자이자 역경사로 '칼라차크라탄트라경컨'의 대가)과 돌파 세랍 갈켄(1292-1361 원래는 샤캬 파 케자였으나, 조낭 스쿨Jonang School에 들어와 칼라차크라 컨문가가 되었음)의 기록 및 다른 자료들을 기초로 쓴 것입니다.

---

176) 미팜 린포체의 개인 제자이며 암도에 있는 디푸 사원의 성취자다.

이 불길한 쿨-개의 해(1910년)에 나는 그 간략한 칼라차크라 주석에다 문자컨 승과 함께 간단한 설명을 끼워 넣었습니다. 그것은 적어도 확실한 전승이 계속되어 지게 하기 위함입니다. 나의 건강이 좋지 않으므로, 올해 3월 15일에 겨우 21명의 라마승과 수행승들에게 가르치기 시작했습니다. 같은 달 20일에 교재로 설명을 시 작했으나 건강이 너무 안 좋아 이틀간 쉬어야 했지요. 이후 건강이 나아져서 36일 동안의 가르침을 마칠 수 있었습니다. 이렇게 했으니 나는 이제 죽어도 여한이 없습 니다. 나는 그대가 요청한 '문수보살 나마상기티'의 주석을 쓰는 것을 마치고 싶었 습니다. 그러나 라마 타쉬가 죽어 그것이 불가능했고 설사 그가 죽지 않았다고 해 도 내가 그것을 마치지는 못했을 것입니다. 그러나 그것은 그대의 희망이기에 나는 아직도 모든 노력을 다하고 있고 내가 성공할 수 있도록 기도해 주시기 바랍니다.

모든 이치가 그러하듯이 나는 이제 늙고 병들어 글 쓰는 것도 그만두고 다른 모 든 활동을 멈추었습니다. 조용히 앉아서 내가 할 수 있는 것만 합니다. 오! 깨달은 사람이여, 당신은 누구를 특별하게 대하거나 무시하는 일 없이 모두를 자비로써 평등하게 대했습니다. 내가 당신에게 했었고 또 앞으로도 계속할 그대의 장수를 위한 기도는 다시 말해서 무엇하겠습니까. 나는 또 '7행시의 가르침The Teaching on the Seven Verses'에 대하여 그 요약본을 약간 수정하여 그대에게 줄 것입니다. 칼라차크라 경전에 있는 네댓 개의 인용구를 첨가하여 이제 완벽하니 더 이상 수정하거나 첨 가할 인용구는 없습니다.

이제 그대 편지의 핵심에 대하여 생각해 보면 원초적 지혜에 대한 확신을 갖고 있는 그대는 모든 현상과 마음을 그대의 통제 하에 두었습니다. 그래서 그대의 열 정은 높낮이를 알 수가 없고 부디 나는 물론이고 나와 비슷한 사람들을 버리지 않 기를 바랍니다. 그들은 모두 오탁악세의 제자들입니다. 고귀한 성취자여, 내가 진심 으로 기도하노니 그대는 장수의 젊은 다이아몬드 위에 힘을 실어 통제하니 영겁의 세월 동안 오래 오래 살 것입니다. 내가 곧 죽으면, 나는 그것으로 그만이지만 내가 만약 심하게 아프지 않아 조금이라도 더 살 수 있다면 죽을 때까지 이삼 년 더 엄격 한 은둔 수행을 할 것입니다. 솔직히 말하자면 요즘 나는 건강이 좋지 않아 더 이상 요구에 응하여 편지도 쓰기 어렵습니다.

그대를 보호하기 위한 공양물로 나는 여기 붉은 암소의 다섯 가지 성분(오줌, 똥, 우유, 콧물, 침)으로 만든 약과 세 개의 둥근 '찌 보석^{Zi gem}'을 보냅니다. 그대의 건강을 기원하면서 곧 만날 수 있기 를 희망합니다.

라마 미팜

샤캬 쉬리는 가끔 이처럼 찬탄으로 가득한 편지를 받았다. 나는 여기서 그 편지들 중 일부를 공개했다. 이를 통해서 샤캬 쉬리에 대해 신심을 갖고 있는 사람들을 만족시키고 싶다.

응오빠 타르체 사원의 잠양 로테르 왕포는 그 시기에 샤캬파의 가장 뛰어난 성취자였는데 샤캬 쉬리를 만난 적은 없었다. 그러나 그가 쓴 글을 보면 그는 제자들에게 이렇게 말했다고 한다. "두구 사원의 고귀한 독덴은 확실한 대성취자다. 그의 내밀한 가르침은 이 시대에 독덴이라고 자처하는 그 어떤 사람들보다 뛰어나다. 그는 누구보다도 뛰어난 대성취자다." 이와 비슷한 말로 많은 진실한 성취자들이 찬탄한 것이나 그들의 제자들이 들은 바를 여기서 언급했다. 그러나 직접 또는 간접으로 들은 이야기들이 너무 많고 특별하여 여기서는 오로지 의문이 없고 지어낸 말이 아닌 확실한 것만 언급했다.

뛰어난 스승들로부터 찬탄을 받는 대상인 샤캬 쉬리는 일체 중생과 부처님법을 위한 이익을 이루어냈다. 한량없는 덕행과 제자들의 요구를 충족시킨 것을 여기서 언급했다. 이제 그가 어떻게 그 많은 제자들을 길러냈는지 기술하고자 한다.

그의 뛰어난 제자들

출가자와 재가자를 포함한 그의 제자들은 겉으로 드러난 사람과 숨겨진 사람을 포함하여 이 세상에 수도 없이 많았다. 샤캬 쉬리는 그들에게 한량없는 자비를 베풀었으며 넓고 심원한 진리를 가르쳤다. 그리하여 미숙한 사람들을 완벽한 정신으로 길러내고, 수행력이 있는 제자들은 끝없는 해탈의 길로 인도했다. 여기서 우리는 말로 다할 수 없는 티베트의 추종자들 중에서 중요한 제자 몇 명을 소개한다. 그들은 세속적 욕망을 등지고 원초적 상태인 천상에 도달하여 존재들과 부처님법의 영광을 이루어냈다. 최고의 능력을 갖춘 제자들에게는 족첸과 빛나는 청정의 길을 주로 가르쳤고, 그의 가족 중에서 제일가는 공부와 깨달음을 이룬 사람은 아들인 릭진 체왕 직메다.

뚤꾸 린첸 쿤덴은 그의 장남이다. 다른 아들인 최잉 뚤꾸 쿤라 텐진은 '진언승'으로 깨달은 사람이며 방랑하는 요가 수행자였다. 아들 카르세 체왕 린첸의 마음 속에서는 지혜의 큰 연꽃이 만발하였고, 또 다른 아들 응아왕 최잉은 둑빠 용진의 환생자로서 지식과 윤리와 자비의 전형이었다. 아들 팍촉 도르제는 지혜와 자비의 말로 다할 수 없는 깨달음을 성취한 승리의 깃발을 세우는 동안 함께 지도자의 위치에 올라선 사람이다. 이 아들들은 부처님법과 중생을 위하여 모두 다른 종류의 행적을 보여주었다. 그러나 대성취자의 아들로서 그들은 성취자와 함께 한 마음이 되었다. 즉 그들은 같은 깨달음을 이루었다. 샤캬 쉬리의 여성 제자 중에는 그의 딸들도 있었다. 그녀들은 나로빠의 부인 니구마처럼 생겼으며 수행으로 다키니가 된 사람들이다.

다른 제자들보다 뛰어난 사람들로는 니드락 뗄뙨 오기엔 걀찹, 요르독에 있는 차데 사원의 툴식 린첸, 세푸의 걀왕 뚤꾸, 걀세 뚤꾸, 쵤링 린포체의 아들인 쵤링 테르세 뚤꾸(본명은 왕축 도르제 혹은 체왕 탁파), 도슐의 남착 뚤꾸, 부탄의 불리 뚤꾸, 라닥에 있는 상 사원의 상 뚤꾸, 탁마르의 뚤꾸 욘게 밍규르 도르제 쿤장 세랍, 니알에 있는 눕괸 사원의 최걀 뚤꾸, 뚤꾸 세랍, 도덴 밍규르 뚤꾸, 조푸의 창춥 뚤꾸, 응오 슐 왐 사원의 뚤꾸, 링 지역의 텐펠 괸파, 말릴의 성취자인 카마 쵠둡, 타얍의 라마승 응아왕 툽텐, 라마승 틴레 다르게, 라마승 둡귀 갸초, 최제 쿤장 데첸, 방랑 라마승 옌텐 갸초, 제파의 라마승 알룩, 론공의 뻬마 왕걀, 칭 샤까파 사원의 라마승 타시 푼촉, 라마승 춥팀, 응악왕, 지와 독덴인 타시 라달, 리다 사원의 라마승 쉐남 체링, 추기엔 사원의 라마승 최펠, 마괸의 밀교 성취자 참파 케둡, 라숭 사원의 라마승 최펠, 릭진 창춥 도르제, 강사 텐진 케둡, 추기엔 사원의 독덴 세랍 탁파, 텐마 은둔수행처의 라마승 오게, 올볼의 라마승 옌텐, 참뒨의 참파 체링, 도루의 의사 라마승 걀첸, 미팜 린포체의 비서 롭장 퇸둡, 행정승 코라, 게쉐 모다, 담톡의 라마승 최괸, 메퇴의 라마승 타시, 탁 양쿨과 케종의 라마승 라냐, 아차의 라마승 남걀 팔덴, 잠양 뫼람, 데르게 디벤의 왕닥, 디푸의 라마승 니겐, 강사 쿤장 도르제, 약쩨 사원의 뚤꾸 쿤장, 라겐 뚤꾸, 칼장 최펠, 탕구의 세랍 도르제, 참도의 칼왕 데첸 왕축 라마승, 쿰붐 사원의 루소 최파, 타시 퇸둡, 라마승 좀양, 짜 지역의 타시 퇸덴, 놀타 라마, 십 족첸 사원의 쾬촉 로뙤, 베루의 나루 티메, 법주 스님 쵠듀 규르메, 장로 쇠남 최펠, 톨하차의 뗄뙨 도르제 탁파, 콘조에 있는 갸라 사원의 라마승 아걀, 키포 사원의 장로 뻬마 세랍, 탁락 사원의 라마승 아데, 고록 셀탈의 라마승 도르제, 동티베트 낭첸 지역에 있는 수르망 사원의 승려 툽텐 다르게, 낭첸 출신의 린첸 촉둡, 암도 출신의 롭장 최걀, 중국 오대산에서 온 아라 카르포 강사, 몽고로 부터 온 족첸 라마, 중국 국경의 타르센도 시에서 온 착풀 탐최, 바와 출신으로 세라 사원의 롭장 텐파, 마르캄의 뗄뛴 최잉 세랍, 동 티베트의 키웅으로부터 온 출팀 타르친, 베루의 라마승 틴레파 혹은 장로 싱콩, 니닥의 카욕 사원으로 부터 온 밀교 수행자 뒤둘과 최잉 예세, 낙추의 북쪽 지방에서 온 잠양 걀첸, 텍촉 쿤장, 텐진 걀포, 티루 사원에서 온 장로 최졸 왕축과 테진 출팀, 봉두 사원의 독덴 법주스님 세차, 타율의 둔게 라마, 콘조에 있는 콩둘라 사원의 장로 체팍과 텐펠, 콘조의 탁 숨파에서 온 독덴 창춥과 라충 뚤꾸, 착라에서 온 푸송 싯다, 서티베트 나그리 지역 장카르 출신의 라마승 튭텐 걀첸, 야르독에서 온 튭텐 린첸, 탑술 출신의 롭장 푼촉, 라톡 출신의 장로 쇠남 푼촉과 타시 린첸, 아차에서 온 독덴 샹샹, 마니 출신 참파 린첸, 부탄의 붐탕으로부터 온 불교학 박사 게쉐 세랍 도르제, 상 응악 췰링 사원의 최왕 텐진, 네팔의 누브리에서 온 라마승 왕걀, 창 지방의 오육 계곡으로부터 온 짜라 틴레 왕축, 부탄의 붐탕 출신 튭텐 남걀, 타팔링 사원의 타시 왕뒤, 부탄의 탁추 사원 출신 쿤장 남걀, 부탄의 타르파 링 사원의 최닥 라마, 네팔 사르 쿰부 출신의 오기엔 텐진, 남 티베트 팅리 출신 오기엔 도르제, 치브리 출신 독덴 다와, 네남 출신의 도라 라마 칼장 걀첸 형제, 공 아닥 짜 출신의 강사 상게 도르제, 라다크 출신 응아왕 최장, 다키니의 땅 라호울 출신의 릭진 도르제, 북인도 킨나울 출신의 쇠남 걀첸, 트라얍 출신 은퇴 장관 킨랍 티메, 랑둡 지방장관 쿤가 랍텐, 쩨추의 통치자, 남걀 체왕 장관 등이다.

이 수행자들의 마음의 흐름은 원초적 청정인 텍최와 자기완성과 관련 있는 퇴갤을 통하여 성숙해져 갔다. 바즈라다라의 마음을 보는 마하무드라 수행을 통하여 자리이타의 힘을 얻은 수행자들은 다음과 같다.

둑빠 까규 본찰인 상 응악 췰링 사원의 최키 왕포, 탁라 감포의 뚤꾸, 데첸 최코르 둑빠 까규 사원의 용진 응악기 왕포, 캄튤 린포체의 전생인 샵둥 최키 괸포, 라다크의 탁레 뚤꾸, 트라에 있는 딩체 사원의 충 뚤꾸와 촉타 뚤꾸, 캄튤 텐삐 니마의 아들 최키 셍게, 세규 사원의 응아왕 데첸, 창에 있는 캄닥 사원의 뚤꾸, 두구의 캄 사원에 있는 뚤꾸 최걀 갸초, 두구의 뚤꾸 로첸 쇠남 닝포, 라겐 겔렉 뚤꾸, 약차 사원의 뚤꾸 응아왕 갸초, 초갸 사원의 뚤꾸 둡튤 틴레 갸초, 쇠남 텐진 혹은 체니 뚤꾸, 동티베트 조푸 사원의 니랍 뚤꾸, 디구 사원의 뚤꾸 둡촉, 라겐 뚤꾸, 라마승 릭덴, 쿠체 사원의 라겐 뚤꾸, 라첸 사원의 라마승 루걀, 구푸 사원의 노장 라마승 최왕과 최걀, 트라얍 라숭 사원의 잠양 뚤꾸, 카르모 사원의 시자승 릴라, 코라의 체텐 규르메, 차와 강 사원의 뚤꾸 케 라마 노르장, 라톡의 유둑 뚤꾸, 캄파갈 사원의 탑시 뚤꾸, 캄파갈 사원의 라마승 예랍, 리오체 사원의 타창 뚤꾸, 차르 타시 퉁뫤 사원의 법주스님 걀첸 용뒤, 의사 장포, 라마승 퇸둡 용뒤, 둑빠 까규 사원 갸초 트라창의 원장인 췬뒤 갸초, 은퇴한 법주스님 레세 다와, 라마승 겔렉 퇸장, 케둡 갸초, 카르마 옌텐 갸초, 차리의 칙차르 법주스님 오기옌 도르제가 있다.

샤캬 쉬리는 제자들에게 마하무드라의 세 가지(기초, 방편, 결과) 또는 네 가지(감뽀빠가 만든 4가지 마하무드라 요가 시스템) 나아가 열두 가지(네 가지 요가를 세분화 함) 요가의 방편을 가르쳐 해탈에 이르게 했다. 나로육법 수행에 전념한 제자들은 다음과 같다.

부탄에 있는 망디의 뫤랍 랍장, 트라얍에 있는 코라의 최고 제자 라마승 빼마 촉둡, 캄파갈 사원 무문관의 독덴 민돌 야르펠, 독덴 응에뙨 갸초, 라닥 출신 빼마 쵸갤(세이 린포체의 전생), 샹 응악 췰링의 샥 지역에 있는 탁세 사원의 법주스님 팔덴, 캄파갈 사원의 펠룽 은둔 수행처 출신 독덴 예세 닝포 형제, 빼마쵸갤 형제, 구푸의 라마 쵸펠 갸초, 찌가르 사원의 탁리 쿤가, 부탄의 붐탕 출신 승려 남돌 예세, 장로 텐진 갸초, 독덴 걀첸, 부탄의 슝 가르 출신 라마승 랍계, 인도 국경에 가까운 부탄의 동잠카 출신 강사 니마 외제르 형제, 부탄의 쿠퇴 출신 릭진 도르제, 존경받는 소남 상뽀(1892-1983) 부탄의 붐탕에 있는 차카르 사원의 법주 스승, 인도 라호울의 쿤가 텐페 걀첸, 부탄의 남파르 걀와, 세랍 최장, 응아왕 최펠, 존경받는 노르부 응에된 닝포, 도카르 사원의 라마승 비 체링, 라호울 파다 출신의 독덴 응악창 롭장 남걀, 네팔의 다르마 사후, 차카르 사원 출신 라트나, 장카르 출신 오기엔 랑돌, 인도 킨나르 출신 텍첸 갸초, 응아왕 퇴뇨, 쇠남 걀첸, 시킴 출신 로되 톱덴, 동티베트 낭첸 출신의 최콩 타르게, 텐파 두게, 트라얍의 쵸가 사원 출신 랍가, 리갸 사원 출신 팍촉, 로쫑의 세푸 사원 출신 승려 트라최, 상 응악 췰링 사원 출신 승려 겔루와 니마, 차르의 타시 퉁묀 사원 출신 텐뇨와 독덴 남돌 장포가 있다.

샤캬 쉬리로부터 가르침을 받고나서 이 제자들은 우선 마하무드라의 예비수행(마음의 본질에 대한 간결한 가르침)부터 했다. 그 다음에 그들은 집중하는 물체를 이용하여 '적정의 상태calm state'에 들어가는 명상에서부터 '명상을 초월하는 단계non-mediation phase'의 마하무드라까지 수행을 했다. 그들은 점차 나로육법, '동질성의 6보장Six cycles of same taste'177), '구전 전승의 심원한 가르침The Profound Introductions of the Oral Transmission' 등을 수행했다. 그리하여 몸과 말과 마음, 신·구·의 삼밀의 훌륭한 덕성과 힘을 체득했다. 그들은 마치 초기의 까규 성취자들처럼 하얀 연꽃과 같았다.

뚬모 수행이 성공적이라는 일반적 징표 중 하나는, 해가 지고 나서 다음날 아침 해가 뜰 때까지 16개의 젖은 담요를 몸에 걸치고 말려내는 그들의 능력이다. 그들은 여름이나 겨울의 구분도 없이 단지 하나의 무명옷만 걸친다. 3-6일 동안 정수를 취하는 수행을 하면 그들에게 수행 성취의 징표가 나타난다. 그들은 성기로 소라고둥을 불 수 있고, 일정한 명상시간 안에 물을 한 잔 성기로 흡입할 수 있으며 요도를 통하여 우유를 빨아들여서 입과 코로 뿜어낼 수 있다. 그들이 미묘한 에너지의 요가에 성공했다는 것을 보여주는 다른 징표들도 많이 있다. 제자들 중에는 부인과 함께 하는 내밀한 쌍신수행을 통하여 개념을 초월한 지복과 공성의 지혜를 확실하게 성취한 사람도 있었다.

앞에서 기술한 이름들은 샤캬 쉬리의 핵심 제자들이다. 그러나 많은 다른 지역이나 나라들로부터 찾아온 제자들은 수도 없었다. 이들은 인도, 네팔, 시킴, 응아리, 라퇴, 중부와 서부 티베트, 부탄과 부탄의 아쌈 국경지역, 탁포와 콩포, 콩포와 리오체 사이에 있는 푸롱, 네 개의 강과 여섯 개의 산맥에 의해 국경을 접하는 동티베트 지역과 중국의 민양과 장 지역(윈난성 북서부에 있음)으로부터도 왔다. 이들 중에는 많은 고급 성취자들과 모든 종파의 환생 라마들과 불교학 박사인 게쉐들과 학자들, 사원의 계맥을 지닌 사람들, 남녀 요가 수행자들과 요가수행의 대가들, 밀교의 법맥을 지닌 자들, 네팔과 부탄의 독실한 왕들, 중부 티베트의 귀족 출신 재무장관과 동티베트의 왕들과 영주들도 있었다.

특히 그의 제자들 중에는 많은 남녀 재가자들과 상인들도 있었다. 그들 중 수백 명이 높은 깨달음을 성취하였고, 수천 명의 사람들은 어느 정도 방편을 배워 더 높은 단계로 가는 노력을 하여 실제로 명상에 능숙하게 되었다. 그의 법문을 듣고 샤캬 쉬리와 인연을 맺은

---

177) 방편으로 취해야 할 생각, 감정, 질병, 신과 악마, 고통, 죽음 여섯 가지를 설명하는 가르침

사람들이 수십만 명을 넘었다. 그의 법문을 듣고 그와 잠시라도 함께 한 사람들은 죽을 때 숨이 끊어진 후에도 몸의 열기가 남아 있는 등의 현상이 명백하게 일어났다. 고급 수행자들은 죽어도 며칠 동안 몸의 열이 심장 주변에 남아 있다. 죽음에 이르러서도 명상상태를 유지하고 있기 때문이다.

다른 스승들의 제자들과 비교하면, 샤캬 쉬리와 관계를 맺은 사람들은 그들보다 월등한 인격이 되었다. 예비수행을 한 후 단계적인 본수행에서 명상 경험과 깨달음을 얻어 부정적 행위를 정화시키고 긍정적 가능성을 발전시켰기 때문이다. 그는 지속적으로 가난한 제자들에게 먹을 것과 입을 것을 주고 정신적 가르침까지 주면서 보살폈다. 샤캬 쉬리는 모든 사람을 평등하게 보살폈다. 신도들의 지위가 낮거나 높거나를 가리지 않았고, 라마승과 환생자들까지도 평등하게 대하면서 궁극적 자성을 깨닫게 하는 가르침을 주었다. 고귀한 진리와 연결된 샤캬 쉬리의 앞서간 깨달은 행위들은 모든 티베트 지역에 남았고 앞으로도 계속 남게 될 것이다.

그의 깨달은 행위는 인도, 네팔, 라호울, 랍치, 부탄, 차리와 다른 지역에서 알아볼 것이라고 샤캬 쉬리 자신도 예언했다. 다른 사람들의 행복을 위하여 그는 제자들을 보냈다. 궁극적 의미의 핵심인 나로육법과 마하무드라, 그리고 족첸의 가르침을 전파하기 위해서였다. 트라얍 사원의 승려 빼마 촉둡은 한 번 아주 멀리 보내졌고, 아르차의 라마승 남걀 팔덴과 링콕의 노장 카르삼 등이 각각 다른 세 곳으로 보내졌다. 그들을 보내기 전에 샤캬 쉬리는 예언을 했다. 어떤 특별한 수행 장소와 부처님의 몸과 말과 마음을 상징하는 것들을 어떤 나라에서 찾게 될 것이라고 했다.

샤캬 쉬리는 그들에게 특정 지역의 사람들이 따르는 관습과 종교적 수행법을 알려주었다. 그는 제자들에게 사람들을 가르치면서 도와주는 가장 적절한 방법을 알려주었다. 그것은 각 지역마다 다른 특별한 것이었다. 제자들이 목적지에 도착하여 보니 모든 것들은 스승이 예언한 그대로였다. 그들은 스승을 부처님 그 자체라고 믿고 예외 없이 소리쳤다. "그는 틀림없는 전지자다." 그들의 마음은 더욱 확고하게 불타올라 사람들에게 가장 적절한 가르침을 펼쳐 그들에게 이익을 주게 되었다. 깊이 깨달은 행위로 그들은 무지한 국경지대에 있는 왕들과 대신들을 가르쳐 상황에 맞게 악행을 없애고 선행을 하는 방편을 알려주었다.

아르차 라마 남걀 팔덴[178]이 샤캬 쉬리에 의해 인도 보드가야로 보내졌다. 거기서 힌두교 광신도들이 평평한 돌에 부조로 새긴 수많은 부처님 상들을 지우고 그들의 신들을 새겨 넣었다. 이것들은 부처님이 깨달음을 이룬 장소를 표시하는 대웅전 주위를 도는 길에 새워졌던 조각상들이었다.

그렇게 손상시키는 것을 참을 수 없어 아르차 라마는 손상되지 않은 조각상들을 그들에게 충분한 돈을 주고 가능한 한 다 사들였다. 그리고 그들에게는 새로운 돌을 주면서 그들의 신을 그려 넣게 했다. 비슷한 방법으로 다른 조각상들은 창 지방의 판첸 린포체(1883-1937, 제9대 판첸 라마, 최키 니마)에 의해 구해지게 되었다. 이 조각상들은 경배의 대상으로 대웅전 왼쪽에 새로 건립한 전각에 모셔졌다. 인도의 지방 왕들과 함께 판첸 린포체는 사람들을 설득하였고 그 이후로는 조각상을 파손하지 못하게 하는 명령을 내렸다. 아르차 라마도 또한 대웅전 주변을 도는 순환로에 새로운 돌을 세우고 보드가야 사원을 복구하는 다른 일을 했다.

---

178) 동티베트 캄의 아르차 호수 지역에서 태어난 그는 샤캬 쉬리의 가장 뛰어난 제자 중 한 사람으로 릭진 데웨 도르제 또는 릭진 응악키 왕포로도 알려졌다.

보드가야를 떠나 아르차 라마는 인도의 사호르(히마찰 프레데시 주의 만디 주변에 있는 지역으로 추정)로 갔다. 그 해 여름에 비가 거의 오지 않아서 사람들은 비를 오게 하는 힌두교 의식을 많이 했다. 그러나 소용이 없었다. 그 순간 아르차 라마는 만약에 저들이 불·법·승 삼보에 귀의하고 관세음보살이나 빠드마삼바바 진언을 염송한다면 비가 올 것이라고 확신했다. 통역의 도움을 받아 그는 이를 지방민들에게 설명하고 그들을 설득할 수 있게 되었다. 세력가나 미천한 사람은 물론 모든 사람들이 아르차 라마가 가르쳐 준 귀의의 기도문과 다른 진언들을 염송하기 시작했다. 그러자 잠시 후 모두가 만족하는 비가 내렸다. 그리하여 아르차 라마는 악행을 그만두고 선업을 짓는 수행을 하는 제자들을 많이 모았다.

부탄에서 아르차 라마는 자비의 공보장sky treasury을 위한 커다란 문을 열었다. 그는 왕의 마음을 부처님법으로 향하게 했다. 그래서 그의 모든 신하들도 그와 마음을 함께 했다. 그는 나중에 부탄에서 부처님법에 따라 통치한 왕으로 이름이 났다. 그의 부처님법은 좋은 방편과 관습들로서 진정한 행복이 넘치게 만들었다. 그는 지위고하를 막론하고 모든 사람들이 건전하지 못한 행동을 하지 못하게 했다. 예를 들면 꿀을 따기 위해서 벌집을 부수는 것이나 낚시, 사슴 사냥을 위하여 산에 불을 지르는 행위 등을 못하게 하는 서약을 받고 국민들을 도와 가난을 극복하게 했다.

간략히 말하면, 요가 수행자의 왕이 보여준 자비로운 행위에 의지하고, 상상하기 힘든 스승과 제자간의 동질성 속에서, 샤캬 쉬리의 운 좋은 제자들은 여러 시기와 여러 방면에서 다른 사람들의 행복을 추구했다. 각기 다른 사람들과 그들의 여러 가지 요구에 부응하여 나라마다 다른 기술적 방편을 정확히 작동시킨 결과였다. 이 제자들이 임무를 마치고 돌아왔을 때, 그들은 샤캬 쉬리가 예언한 대로 다른 사람들의 이익을 자연스럽게 이루어 냈다고 말했다. 스승은 무척 기뻐했고, 그들도 스승으로부터 칭찬을 받아 행복해 했다.

태양처럼 빛나는 그대들의 자연스러운 행위는
법신불의 하늘에 진여의 동일성을 드러내었네.
어떤 특별한 장소에도 얽매임 없이.

가르침의 빛을 발산하여
해탈의 눈을 뜨게 하고
잘났거나 못났거나 수많은 존재들
각자의 능력과 의지와 성격에 따라
지상에 많은 것을 창조 했었네.
모두를 위한 행복과 기쁨의 정원에서.

당신은 지고한 방편을 가르쳐
제자들을 성숙하고 자유롭게 했었지
정교한 방편과 말씀으로
월등하거나 중간이거나 모자라는 제자들을 가르쳐
지구 어느 구석이라도 적절하게 채워
공정한 법을 지닌 사람들과 함께
그렇게 위대하고 귀한 일을 하셨네.

당신은 숲속에 사는 순박한 사슴처럼
세속적 재물을 멀리하고 넘치는 것을 거부하였지
법계에 가득한 먼지처럼 모든 것이 풍요롭게 다가와

여름날 구름이 저절로 귀한 비를 내리는 것 같구나.

자비로운 웃음으로 연민의 손을 활짝 내밀었네.
아름다운 말은 모두에게 위로가 되고
당당한 모습은 브라흐마의 딸 사라스바티와 같아
마음을 기쁘게 하는 모든 즐거움을 주었지.

무식한 부자들 틈에 자랑스럽게 앉아
명성을 만드는 일에 속는 다른 스승들과는 달리
물질적 부의 윤기를 갖고 있지 않는 당신은
그대 얼굴의 명료한 하얀 빛을 제자들에게 비추네.

이타행의 네 가지 방편으로 어리석은 사람들을
불러 모아 각자 다른 요구에 따라
그들이 원하는 행운의 심대한 교리를 내려주었네
이것이 타화자재천이 아니고 무엇인가.

무지를 없애는 능숙한 말로
악마에게 속고 사는 윤회하는 존재들을 이끌어
최상의 길에서 발라타 말(재물신 쿠베라가 타는 말)을 타고
그들을 보석 같은 해탈의 섬으로 데리고 가네 .

자비의 왕관을 쓰고 놀랍고도 능숙한 행동으로
오탁악세의 중생들을 높은 봉우리로 들어올려
당신은 이 세상에 황금시대가 나타나게 하네.

그의 노력,
폐허로 변한
부처님의 몸과 말과 마음의
성스러운 상징물들을 복원하고
한량없는 이타행으로
새로운 상징물들을 만들다.

동티베트에서 샤캬 쉬리라는 스승이 나타나
가르침의 수준을 높이고
일체중생의 행복을 증진시킬 것이다.

위대한 성취자 응악레 세오는 이렇게 예언했다. 대중들이 헌공한 많은 공양물을 축적하여, 응악레 세오는 트라얍에서 라귄 사원을 세웠다. 거기에다 그는 7대에 걸친 까규파 성취자들의 사리탑을 하나 세웠다. 기적 같은 능력으로 그는 필요한 모든 유물들을 모았다. 경배의 대상으로 사리탑을 만들어 부처님 가르침이 번성하게 하였고 사람들은 번영을 누리게 되었다. 샤캬 쉬리는 그가 전생에 응악레 세오였을 때 했던 일을 기억하고 그의 제자인 트라얍 출신 전직 장관인 켄랍을 라뀐 사원에 보냈다. 그는 '깨달은 자의 유물 관정Empowering the Relics of Rigdzins'이라는 정규 수행을 시작 할 공양물로 은화 100코인을 가지고 갔다. 그러나 그 혼란의 시기에 그 공양물이 전달될 수 있을지는 알 수가 없었다.

샤캬 쉬리는 항상 부처님의 몸과 말과 마음을 대표하는 조형물을 여러 사원에서 조성하거나 복원할 때는 시주한 공양물로 해야 한다고 주장했다. 시주가 많거나 적거나 상관하지 않았다. 그가 신도들로부터 공양물을 받기 시작한 때로부터 매년 샤캬 쉬리는 금이나 동으로 만들 여러 크기의 조각상들을 10개 정도 제작 의뢰 하였다. 그는 이것들을 여러 사원이나 은둔 수행처에 보내어 신성한 예경의 대상이 되게 했다. 그는 또한 자기의 수행처에도 그런 조각상들을 주조하도록 주문 의뢰했다.

부처님 몸을 상징하는 것으로 그는 1층 높이의 아미타불상, 관세음보살상과 빠드마삼바바상을 금동불상으로 제작하여 귀한 보석으로 장식했다. 빠드마삼바바가 만다라바와 예세 쵸갤을 옆에 끼고 있는 조각상 두 개도 팔 하나 높이로 조성했다. 파드마삼바바의 8화신상도 서너 개를 조성했다. 후불탱화와 함께 연못에서 수백 개의 연꽃잎 위에 앉아 있는 빠드마삼바바와 그 권속들의 조각상도 세 개를 만들었다. 원래 계획한 것 보다 키가 큰 족첸 성취자들의 조각상도 세 개를 조성하고, 장수 본존들인 백색 따라보살, 아미타불, 우스니샤비자야 상도 세 개를 만들었다. 금강살타상 세 개와, 수많은 백색 따라보살과 아미타불 등은 팔 하나 높이로 조성했다. 반팔 길이인 1큐비트 높이의 은으로 만든 금강살타 불상도 있었다.

이 모든 불상들은 놀라울 정도로 잘 주조되었고, 찬란한 금색으로 빛났다. 이들 모두는 가피를 내려주는 조각상들로 각 본존에 대한 적절한 봉헌식을 거쳐서 안에다 사리 등 유물이나 경전을 넣은 것이다. 샤카 쉬리는 금동 합금으로 주조한 여러 크기의 많은 구루 린포체상을 가지고 있었다.

그는 세 개의 후불탱화를 그리도록 주문했는데, 금색 또는 여러 가지 색조의 바탕 위에 12분의 족첸 마스터들을 그린 것이었다. 또한 본존불들의 적정존과 분노존을 그린 2개의 탱화, 1층 높이 크기의 정토에 있는 아미타불 탱화, 8분의 주보살을 그린 탱화 8점, 빠드마삼바바와 두 영적 부인을 그린 탱화 1점, 롱첸빠의 가피를 받는 탱화 1점, 1층 높이 크기의 구루 데와 첸뽀 탱화, 자연 성취 본존 탱화 5점 등도 있었다.

이 모든 탱화는 최고급 양단 바탕에다 전통 기법으로 그린 것이다. 부처님의 말을 상징하는 것으로 '17족첸 탄트라 경전The Seventeen Dzogchen Tantras', 빠드마삼바바 전기, '밀교경전 순결한 고백The Tantra of Immaculate Confession'과 다른 법본들을 인쇄 의뢰하였다. 모두 금박으로 정교하게 쓴 것이다. 그는 또한 롱첸빠의 '네 가지 마음의 정수The Four Part Heart-Essence'와 '일곱 가지 보배(칠보장)The Seven Treasures' 그리고 콩툴 로되 타예의 '총지보론All Pervasive Knowledge'을 인쇄 의뢰하고 목판으로 제작하여 복제할 수 있게 했다.

그는 빠드마삼바바 전기, '밀교경전 순결한 고백' 원본과 요약본, 카르마 링빠의 심보장인 '중도의 법문을 통한 해탈Liberation through Hearing in the Intermediate State'과 미팜 린포체의 모음집인 '한량없는 불보살의 이름으로 된 보석 목걸이의 은혜The Benefits of the Jewel Necklace of the Hundred Thousand

Names of the Buddhas and Bodhisativas'와 샤캬 쉬리 자신이 쓴 법본들을 1000부 이상 인쇄했다.

부처님의 마음을 상징하는 것으로, 샤캬 쉬리는 1층 높이 크기의 금과 동으로 세운 가피의 사리탑을 세웠다. 보석으로 장식하고 안에는 각종 봉헌물과 경전을 넣었다. 앞으로 그 나라를 괴롭힐 사건이 일어날 것을 알고, 그는 그의 수행처에 사리탑을 세웠다. 대성취자 최춘의 기념일을 맞아 이 탑 앞에 많은 공양물을 올려놓고 대중 법회를 하면서 큰 버터램프에 불을 붙여 일주일 동안 밤낮으로 불타게 했다. 매월 음력 10일에 이런 의식을 백 번 이상 되풀이 했고 버터램프도 수백 개를 태웠다.

부처님의 몸과 말과 마음을 상징하는 복원 공사는 주로 인도의 아루나찰 프레데시 주와 부탄에서 이루어졌다. 세 번에 걸쳐 진행한 빠드마삼바바상의 개금불사에 그는 80온스 이상의 금을 보시하였다. 금칠을 하는 일이 마무리 되면, 샤캬 쉬리와 그의 아들들, 뚤꾸들, 다른 제자들을 포함한 약 30명의 사람들이 모여 이 사리탑 앞에서 밀교 향연을 열면서 수많은 다섯 가지 공양물(버터램프, 음식 등등)을 올렸다. 샤캬 쉬리는 그 공양물들이 죽은 자를 위하여 올린 것이든 신도들이 올린 것이든 마치 표범이 풀더미를 바라보듯 그렇게 바라보았다. 그는 공양물을 조금도 탐하지 않고 필요한 사람들에게 다 나누어 주어 적선을 했다.

라싸에서는 조워 불상 전체에 금칠을 하기 위하여 대여섯 번의 공양을 올렸다. 그리고 수많은 공양물들을 위하여 다섯 번의 길고 짧은 공양의식을 했다. 그는 또한 조캉 사원 2층에 있는 불상들과 라모체 사원(송첸 감포 왕이 세운 초기 불교 사원)의 불상, 삼예링 사원의 불상들과 탄둑 사원의 불상에 개금을 하기 위하여 수많은 공양물들과 함께 금을 자주 시주하였다.

샤캬 쉬리는 적절한 방법으로 많은 성취자들에게 시주하였고, 그들의 학교에도 아무런 차별 없이 시주하였다. 그는 사원이나 은둔 수행처 등에 투자할 돈을 내놓았고 이자 수입이 생기면 그것으로 기도나 의식을 행하였다. 그는 어느 사원이든 부처님 신·구·의를 상징하는 조형물을 세우는 불사가 진행되는 곳이면 돈을 기부했고 거기서 정기적인 기도나 의식이 행해질 수 있도록 재정지원을 했다. 끊임없이 이런 일을 하면서도 그는 아주 작은 공양물이라 할지라도 부적절하게 쓰거나 낭비하는 일이 없었다. 그렇게 하여 그의 선근 공덕은 더욱 성숙해 갔다. 샤캬 쉬리는 가끔 독실한 신도들이 주는 공양물이나 선물, 그리고 어떤 사람들이 죽은 자들을 위해 바치는 공양물을 받지 않는 경우도 있었다. 한 번은 그가 라싸를 경유하여 랍치로 가면서, 보통 사람처럼 행색을 하고 가는데도 불구하고 너무 많은 공양물이 들어왔다. 예를 들면 수백 개의 흰 스카프를 받았지만 하나도 갖지 않고 다 돌려주었다. 그는 항상 그가 받은 것을 나눠주고 방랑하는 요가 수행자로서 간편하게 사는 것을 좋아했다.

샤캬 쉬리가 인도와 네팔에 있는 성지 순례를 가려고 결정했을 때, 전지자 둑빠 용진이 예언했다. "당신이 다른 사람들의 이익을 만들어낼 수 있는 곳은 거대한 힘이 있는 장소로 불리는 차리의 칙차르다." 그의 예언과 같이 샤캬 쉬리는 그곳에 몇 번을 순례를 갔다. 세 개의 통로인 아랫길, 중간길, 윗길 중 하나를 택하여 갔다. 그 때마다 샤캬 쉬리는 모여든 운 좋은 제자들을 끊임없이 가르치는 데 전념하여 그들을 성숙하고 해탈하게 만들었다.

땅-새의 해인 1909년에 샤캬 쉬리는 칙차르에 갔다. 가는 길에 참도의 팍첸 린포체를 정중하게 방문하여 많은 종교행사에 은화 50 코인을 시주했다. 차리에 도착하자 그는 즐거운 마음으로 천 명이 넘는 학생들에게 심원하고 자세한 내용의 족첸과 마하무드라를 가르쳤다. 그는 거기서 약 2500코인의 은화를 기부했다. 신도들로부터 받은 것과 죽은 사람들을 위해 받은 공양물들을 그곳 사원들이 기도와 의식을 하는데 쓰라고 시주했다. 동티베트로 돌아오는 길에 부탄 왕이 작별 선물로 준 공양물들을, 그는 자신의 은둔처에 이르러 그 지역의 사원들을 지원하기 위하여 많은 성취자들과 뚤꾸들에게 기부했다. 여기에는 영국 파운드화 지폐 한 짐과 18롤의 비단 원단 등이 포함되어 있었다.

그리고 나서 샤캬 쉬리는 다시 엄격한 은둔 수행을 했다. 4-5년 수행을 한 뒤에 그는 약간 쉬면서도 끊임없이 심원한 가르침을 주는 데 전념하여, 애쓰지 않고 자연스럽게 성취하는 방법을 알려주었다. 그래서 거대한 덕행의 파도는 남을 이롭게 하고 부처님법이 번성하게 했다. 도둑, 강도, 사냥꾼 등 악행에 물든 사람들도 샤캬 쉬리의 얼굴만 보면 행동을 바꾸었다. 샤캬 쉬리는 그냥 가르침을 베풀었고 사람들을 구제할 음식과 옷 등과 필요한 모든 것들을 주었다. 이렇게 하여 구름 같이 제자들이 그의 주변에 모여들었다. 정교한 방편으로 그들을 깨달음으로 이끌었고 그래서 그들은 어느 정도 성취를 이루어 갔다. 그가 한 이런 행위는 필적할 수 없는 보살행의 모범이었다.

한번은 샤캬 쉬리가 말했다. "동티베트에서 오랫동안 나를 기다리는 제자들의 복지를 위하여 해야 할 일이 아주 많다." 그가 그렇게 말하고 나서 바로 상 응악 췰링의 성취자인 10대 둑첸 린포체 미팜 최왕이 보낸 특사와 부탄과 라호울의 왕들이 보낸 특사가 도착했다. 그리고는 그에게 공양물과 함께 그들 지역을 방문해 달라는 초청장을 내놓았다. 그 시절에 참도와 트라얍을 비롯한 동티베트 지역에서는 정치적 혼란으로 인하여 사원과 부처님법이 기울고 있었다. 이곳 사원들의 수장들은 남티베트로 피신했었다. 여기에 충격을 받은 샤캬 쉬리는 아무런 여행 준비도 없이 그의 은둔 수행처를 떠나기로 결정했다. 말을 타려고도 하지 않았고 일을 서두르려고 하지도 않았다. 사실 그는 평소에도 말이나 노새, 쪼 등의 다른 동물들을 결코 타지 않았다. 그래서 갑자기 떠나는 것이 무척 힘들었다.

그렇지만 이런 말이 있지
왕은 명령으로 성취하고
요가 수행자는 그들의 정신으로 성취하네.

요구하지도 않았는데 신봉자들은 샤캬 쉬리에게 약 80마리의 말과 노새를 그 여행을 위하여 제공했다. 가는 길에 우회로로 둘러서 캄파갈 사원에 들러 캄툴 텐삐 니마의 아들을 환생 라마로 추대하는 대관식에 참석하였다. 그는 수많은 승려들 가운데 자리 잡고 앉아 대중들에게 차 공양을 제공하고 돈을 내놓아 참석자들에게 나눠주었다.

라톡에 있는 정착지에서 샤캬 쉬리는 어떻게 하면 상대적이고 절대적인 목표를 성취할 수 있는지 알려주면서 왕과 국민들이 요구하는 가르침을 베풀었다. 그는 계속 길을 나아가 천천히 소도Shodo에 도착하였다. 거기서 그는 라마 참파 텐달과 남부 동티베트 지방장관에게 관정을 주고 가르침을 주었다. 그는 라마 참파를 대신하여 며칠 동안 그의 장수를 비는 의식을 행했다. 동시에 그의 불사를 지원하고 기울어가는 시절인연을 돌려놓기 위한 의식을 행했다. 깊은 생각을 한 뒤에 그는 이러한 상황에서 앞으로 어떻게 하면 불법을 보전하고 중생을 이롭게 할 수 있을지에 대해 조언해 주었다. 이 때문에 라마 참파는 아주 기뻐하였고 두 성취자는 멋진 친구가 되었다.

여행을 계속하면서 샤캬 쉬리는 로종에 있는 세파 사원에 머물고 있었다. 거기서 그는 걀왕 둑빠의 환생자와 많은 뚤꾸와 라마승들이 모인 가운데 관정을 주고 '총지보론All Pervasive Knowledge'을 아주 자세하게 집중적으로 전승해 주었다. 여행하면서 제자들과 신도들에게 받은 공양물을 그 지역의 여러 사원에 나누어 주면서 기도의식 등에 쓰라고 했다. 차리에 있는 행복한 동굴로 알려진 그의 은둔처에 도착한 후에 그는 대부분의 말과 노새 등을 라마승과 뚤꾸 그리고 인근 사원에 나눠 주었다. 그런 후 그는 옷가지 몇 개와 간단한 필수품을 챙겨 엄격한 은둔 수행에 들어갔다.

점차 꽃 주변에 몰려드는 벌처럼 라마승과 뚤꾸, 승려, 일반 신도, 사회적 지위가 높은 사람이나 미천한 사람, 인도로 부터 오는 사람, 중부 티베트와 동티베트로부터 오는 사람들이 샤캬 쉬리 주변에 몰려들었다. 샤캬 쉬리는 그들을 위하여 지도하고 가르침을 주었다. 거기에는 그들이 필요로 하는 마하무드라와 족첸 본수행을 위한 예비수행도 포함되어 있었다. 특별한 경우 오래된 학생이나 나로육법을 수행하는 수행자의 경우, 그들이 뚬모 수행의 내부, 외부, 비밀의 측면을 잘 모를 경우 확실한 비법을 설명해 주었다. 그 후에 이 학생들이 스승의 조언을 수행에 적용하여 진전이 있다는 보고를 하면 샤캬 쉬리는 아주 기뻐했다.

샤캬 쉬리의 부인 최장 될마가 죽었을 때, 그는 그 부인의 미래 생을 위하여 사원들과 동티베트로부터 온 라마승과 뚤꾸들에게 많은 공양을 올렸다. 그의 부인은 강력한 다키니의 징후가 보였으며, 아주 차분한 성격이었다. 그녀는 샤캬 쉬리의 모든 제자들에게 고루 사랑과 보살핌을 베풀었으며, 사회적 지위가 높거나 낮거나 간에 아무런 차별을 하지 않았다. 최장 될마는 위대한 남편 샤캬 쉬리에게 지극 정성으로 헌신하고 존경했으며 계를 잘 지켰다. 그녀의 시신을 화장하기 위하여 얄룽에 있는 빠드마삼바바 동굴 근처의 성지 셀닥으로 옮기는데, 가는 길에 아주 길상한 징조가 나타났다. 무지개 하나가 내려와 그녀의 시신에 닿았다. 얄룽 계곡의 사람들은 이런 광경에 놀라 지나가는 그녀의 시신에 경배하며 절을 했다.

동티베트에 큰 변화가 일어나기 시작했다. 오탁악세의 어둠이 내려와 중부 티베트는 물론이고 전 티베트를 장악하여 야만적 군대의 침공을 받았다. 그 침공은 사람들의 행복과 복지를 위협했고, 종교 생활이나 사회생활의 구름 사이로 희미하게 비치던 한 가닥 빛마저도 완전히 없애버렸다. 맑은 지혜의 눈을 통하여 샤캬 쉬리는 미리 앞을 내다보았다. 이렇게 기울어 가는 시기에 대처하기 위해서는 스와얌부, 보다나트, 나모부다에 있는 세 개의 탑을 복원하여 다시 봉헌하는 길 밖에 없다고 생각했다.

그렇게 하면 부처님법에 이익이 되고 사람들의 행복을 보장할 수 있다고 보았다. 네팔에 있는 스와얌부 혹은 '스스로 세워진 탑Self Arisen Stupa'은 고마스발라간도하 탑이라고도 불린다. 이 탑은 인도대륙 사람들의 보편적 가치를 위한 성지이며 선업과 행운을 쌓는 데는 그 무엇도 능가할 수 없는 곳이다. 그 안에는 부처님을 포함한 그 이전 일곱 부처님의 유물이 있다. 그것은 인도대륙에서 지리학적으로 아주 중요한 위치에 있다. 특히 진실하고 성스러운 예언에 분명히 나오는데, 이 탑은 눈의 나라요 수미산과 같은 나라인 티베트 불교도들의 가르침을 향상시키는데 적합하고, 그 주민들의 행복을 위하여 크게 기여할 것이라고 했다.

보다나트 탑은 수도원장 산타락시타, 빠드마삼바바와 티송 데첸 왕의 전생들에 의해 지어졌다. 이 탑은 이타적인 믿음을 발전시키고 기도를 더욱 고양시키는 성스러운 상징물이다. 마법의 탑으로 알려진 이 탑에는 전생 부처님인 카시야파Kashyapa의 유물이 들어있다. 어느 날 닭과 오리 등을 키우는 살레라는 여인의 딸 삼바리가 아들을 낳았을 때, 탑 하나를 세워도 되는지 왕에게 물었다. 그 왕은 '차룽Charung'이라고 대답했는데 그것은 '저절로 지어지게 놔둬라'는 뜻이다. 이것이 '말의 실수' 라는 뜻의 '카소르Khashor'와 합쳐져서 이 탑의 이름이 되었다고 그 지방에서는 알려져 있다.

세 번째 탑은 '뼈탑Bones Stupa'이라고 알려진 것으로 이 탑은 샤카족의 왕이었던 석가모니부처님이 전생에 보살이었을 때, 굶주린 호랑이를 구하기 위하여 자신의 몸을 보시한 그 자리에 세워졌다. 계시에 따라 샤캬 쉬리는 이 세 개의 탑을 모두 복원하기로 결정했다. 스와얌부탑의 저장 공간과 상층부 보륜이 많이 손상되었고, 원뿔 모양의 첨탑은 북쪽으로 기울어 있었다. 보다나트탑의 윗부분은 나무들이 자라 뒤덮고 있어 첨탑이 반 이상 갈라져 위험한 상태였다. 나모부다탑은 거의 붕괴 직전으로 셋 중에서 제일 상태가 나빴다. 이 숭고한 성지와 그 안에 들어있는 상징물들이 복원되고 보호되어야 하는 것은 누구에게나 당연한 일이었다.

제법 오랜 기간 동안 샤캬 쉬리는 이들 성지에 대해 걱정을 했으며 이미 세번이나 밍규르 뚤꾸와 사람들을 네팔로 보내어 그 상태를 알아보게 했다. 샤캬 쉬리의 네팔 출신 제자인 다르마 사후는 부자이면서 신심도 깊은 사람인데, 그가 그 성지의 상태에 대한 자세한 보고서를 보내왔다. 샤캬 쉬리에게 그 탑의 정보를 알려줄 특사도 도착했다. 이 숭고한 탑들은 불법을 지키기 위한 고귀한 역할을 하고 동시에 우리가 사는 지구에 있는 일체 중생들의 영원한 행복을 보장한다. 그들을 보전하기 위해서 노력하거나 관심을 보이는 때에는 항상 부정적인 힘이 모여 이런 일을 방해한다. 샤캬 쉬리는 어떤 문제가 일어날 것인지 세세하고 명확하게 알았다. 그럼에도 불구하고 샤캬 쉬리는 부처님법과 일체중생을 이롭게 할 것이라고 생각하고 이 일을 위한 큰 짐을 지기로 결심했다. 예상되는 어려움이나 반대자들의 비판은 고려하지 않았다.

우선 샤캬 쉬리는 중부 티베트 정부에 이 탑을 복원하는 허가를 내줄 것을 요청했다. 동시에 자금 모금에 착수하여 기부 목표에 의해 신도들과 죽은 자들의 가족들로부터 기부를 받았다. 그는 대부분의 일상 개인용품을 팔아 현금으로 만들었다. 부탄의 왕인 오기엔 왕축(1862-1926)은 영광스러운 하늘의 보배문을 열어 세랍 도르제 박사를 보내 영국지폐 4만 파운드를 기부했다. 샤캬 쉬리는 그의 제자 시다 라마를 모금을 위해 라싸 지역으로 보내 티베트 은화 5천 코인을 모금하였다. 모금이 끝나자 그는 일단의 사람들을 네팔로 보냈다. 체왕 직메가 이들을 대표하여 이끌고 그의 두 아들과 시다 라마, 몇 명의 강사들과 제자들이 함께 했다. 그들이 창 지방의 갼체에 이르렀을 때, 정부가 필요한 허가를 늦게 내주는 바람에 시간을 끌 수밖에 없었다.

그들이 거기서 기다리는 동안, 라싸에 있는 조캉 사원의 지붕에 올빼미가 낮에 내려앉는 것이 목격되었다. 조캉 사원 지붕의 북서쪽에 장식된 악어의 입에서 물이 흘러내리고, 늑대 우는 소리가 들렸다. 이처럼 잇따라 나쁜 징조가 나타났다. 이런 불길한 징조가 일어났을 때, 관세음보살의 화신이고 세계적인 지도자인 제13대 달라이 라마 툽텐 갸초가 지혜의 거울을 통하여 보고는, 스와얌부 복원공사가 바로 시작되어야 한다고 했다. 그러면서 큰 자비로 허가를 내주어 샤캬 쉬리의 제자들이 임무를 수행하기 위하여 바로 떠날 수 있게 했다. 그러면서 은화 일만 코인을 그 복원공사에 쓰라고 개인적으로 내놓았다. 달라이라마가 그들 인부들과 함께 최제 린포체를 보내기로 하자 모든 필요한 조건들이 다 갖추어졌다.

최제 린포체는 지혜와 자질을 갖춘 성취자로 장애를 극복할 능력이 있고, 간덴 사원의 창체 대학에서 대승경전과 밀교경전에 능통한 대학자였다. 그는 밀교학교에서 선임한 몇 몇 승려들과 함께 갔는데 그들은 불보살님들이 일시적으로 그 성지에 내려와 공사가 잘 마무리 되게 해달라는 기원의식을 하고, 공사가 끝났을 때 봉헌의식을 할 사람들이었다. 달라이라마는 정치적 지원을 위하여 노련한 세무 공무원도 함께 보냈다.

출발한 그들이 네팔에 도착했다. 거기서 여러 가지 일을 담당할 사람들이 모여 그 복원공사에 대해 의논했다. 그들은 그곳을 관할하는 고르칼리 왕과 대신들에게 접견을 요청했고, 그들은 아주 친절하게 필요한 허가를 내주었다. 독실한 후원자인 다르마 사후가 개인적으로 5천 파운드를 내놓았다. 라싸에 있는 네팔인 고라샥 가족이 그 복원공사에 필요한 재원의 십분의 일을 헌납하겠다고 약속했다. 이를 돕기 위하여 많은 사람들이 헌공을 했고 농부들은 노력봉사를 했다.

그 공사는 1917년 여성 불- 뱀의 해 12월 13일에 시작되었다. 최제 린포체와 함께 간 승려들은 그 공사가 잘 진행되고 장애가 생기지 않게 하기 위하여 불보살들이 강림하여 가피를 내려달라는 기원 의식을 했다. 샤캬 쉬리의 아들과 함께 간 라마들과 승려들도 비슷한 의식을 행했다. 공사를 위한 비계를 만들 많은 나무를 고르칼리 정부가 지원해 주었다. 그 일을 위해 약 40명의 인부를 고용했다. 모든 일들이 최상의 협조로 잘 진행되었다. 대목장인 조가비라의 설계도에 의해 탑의 첨탑과 기초가 완성되어 이전보다 더 멋지고 웅장하게 되었고 예술적으로 더욱 세련되어졌다. 복구를 위하여 최고급 돌과 흙, 철, 금, 동 기타 재료들이 사용되었다.

비로자나불과 오방승불의 조각상들이 금동불상으로 이전보다 더 크고 세련되게 만들어져 여러 방향에서 들어가는 탑의 대문 입구에 비치되었다. 탑신 위의 지붕에 매달을 보석으로 만든 풍경들과 차양도 이전보다 더 멋지게 다시 만들어졌다. 차양의 가장자리는 보통 비단으로 늘어뜨리는데 그 대신 금과 동으로 반팔 정도 길이로 만들어 작은 종들을 붙였다. 탑 옆에 있는 두개의 차크라삼바라(승락금강) 법당도 크게 보수작업을 했다. 지붕은 새로 금과 동으로 꼭지 장식을 했다. 너무 아름다워 사람들이 눈을 뗄 수 없었으며, 신과 사람들을 위한 감로처럼 눈부시게 빛났다. 이 역사를 모두 마치는 데 3개월이 조금 더 걸렸다. 탑의 벽면과 문을 마감하는 데는 다르마 사후가 기여를 했다. 기부한 것들은 모두 봉헌되었으며 조금도 버려진 것은 없었다.

복구한 탑의 봉헌식은 1918년 남성 땅-말의 해 음력 3월 15일에 거행되었다. 행사는 부처님의 칼라차크라 탄트라를 널리 알리는 축제로 거행되었다. 제13대 달라이라마 롭장 툽텐 갸초 팔장포는 일체 중생의 행복과 불법 수호를 위하여 그 봉헌식에 축복을 내렸다.
그 시간에 샤캬 쉬리도 은둔 수행처인 행복한 동굴에서 심원한 지
혜의 눈으로 그곳을 바라보면서 봉헌식을 했다. 최제 린포체가 집
전하는 행사에는 밀교학교 승려들, 샤캬 쉬리의 아들들, 기타 많은
라마와 승려들이 탑앞에 운집하여 봉헌식을 거행했다. 장애를 없애
는 의식을 시작하자 일진광풍이 일어났다. 불보살님들이 기뻐하도
록 쌀을 던지는 의식을 하는데 하늘에서 꽃비가 내렸다. 이런 행사
는 이전에 들어본 적이 없었다. 의식이 끝나자 많은 무지개가 빛방
울들과 함께 탑 꼭대기에 내려앉았다. 이런 현상은 참석한 모든 사
람들이 다 목격했다. 그러자 스와얌부 산기슭에 말라버렸던 샘물이
갑자기 샘솟기 시작했다. 그래서 이 봉헌의식은 많은 길상한 사건
들과 함께 마무리되었다.

　바로 그날 참도에서는 악마의 군대가 깃발을 내리고 항복하여 무
기를 쌓아서 샤캬 쉬리에게 만달라공양으로 올렸다. 그들은 숨을
은둔처와 보호를 요청했다. 반면에 항복하지 않은 군대는 모두 전
멸되었다. 그리하여 고귀한 덕성의 빛은 비추어져 부처님법을 지속
시키고 사람들을 영광스럽게 보호하면서 전 티베트로 퍼져 나갔다.
만약에 사람들이 과거에 했던 자기들의 선행에 만족하는 오류를 범
할까봐, 나는 이 사리탑 복원공사에 봉헌한 사람들의 이름을 밝히
지 않는다. 큰 부분만 말하면 티베트 정부가 앞에서 언급한대로 도
움을 주었고, 부탄 왕이 여러 번에 걸쳐서 7만 파운드 이상을 기부
하였다. 전체 57,800코인의 은화가 시주로 들어왔다. 이런 모든 기
부는 기부자들뿐만 아니라 다른 중생들의 이익을 위하여 소원성취
의 나무를 키우는데 기여했다.

스스로 세워진 탑, 스와얌부는
일곱 부처님의 사리와 남섬부주의 장엄을 간직한
사람들과 신들이 경배하는 성지로
그 명성은 삼계로 퍼지네.

지구상 보배 중 으뜸인 용수보살
두 번째 전지자인 바스반두와 다른 사람들,
모두가 스와얌부에 경배하였네.

그들의 모범적 삶은 오늘에 이어져
33천의 수많은 눈들이 이 탑을 보고 있다네.
브라흐마(범천)가 열심히 이 탑을 보호하면서
네 얼굴로 네 방향을 살피네.

인도와 티베트의 성자들과 학자들
독실한 왕들이 스와얌부에서 경배 하였지
보잘것없는 이 시대 중생들

오탁악세가 더 심해져
해마다 혼탁함은 무게를 더하고
모양은 완전히 기울고 허물어져
불법과 중생들을 위한 이익은
겨울의 시내처럼 메말랐었지.

이제 젊고 빛나는 미소로
달처럼 고귀한 싯다 샤캬 쉬리가
티베트 동쪽 산 위에 우뚝 솟았네.

황금시대의 하얀 빛을 발하면서

위대한 성지 위에 영광의 광채를 드리웠도다.

질투하는 못된 올빼미가 밤에 급습하여

사방에 나쁜 비명을 지르더니

이제 깊고 외진 숲속으로 숨어버렸네.

샤캬 쉬리의 열반

스와얌부탑 복원공사가 끝나자 샤캬 쉬리의 아들들은 티베트로 돌아와 행복한 동굴에 머물고 있는 샤캬 쉬리에게로 갔다. 그들은 복원공사를 성공적으로 마쳤다고 말했다. 샤캬 쉬리는 매우 기뻐하면서 그들의 노고를 칭찬했다. 그러고는 다시 보다나트탑과 나모부다탑을 계속 복원할 것을 결심했다. 이 탑들은 모든 산자와 죽은 자들이 귀의할 대상이기 때문이었다. 샤캬 쉬리는 사방으로부터 몰려오는 제자들을 쉼 없이 가르치고 더욱 더 많은 것을 전수해 주었다. 개개인 학생들의 근기에 맞게 가르쳐 주었다. 눈을 크게 뜨고 그들을 직시하면서 손가락으로 가슴을 가리키면서 말했다.

"너희들이 스승을 공경하고 신뢰한다면, 그 스승이 살아 있거나 죽었거나 간에 머리털 하나의 오차도 없을 것이다. 그것을 잘 알고 스승에게 요구하라. 그러면 그대들은 항상 그로부터 저절로 가피를 받을 것이다. 이 늙은이는 다른 사람보다 나은 게 없다. 그러나 여덟 살 때부터 나는 세속적 삶을 버리고 부처님과 같은 나의 근본 스승들에게 의지하여 깊은 신심을 키워 왔다. 밤낮으로 수행과 배움에 집중하며 용맹정진하여 나는 윤회하는 삶으로부터 벗어나 대자유를 성취하였다. 한번은 내가 불변의 청정한 깨달음의 왕국에 들어갔는데, 거기는 삶과 죽음이라는 개념이 단지 말일 뿐인 곳이었다. 이것은 너희들에게도 마찬가지다. 밤낮으로 잠자지 말고 일념으로 수행하여라."

어느 날 그는 체텐 도르제라는 이름의 가까운 제자 한 명에게 말했다. "엄지 크기의 구루 린포체 금상을 하나 만들어 나에게 다오." 그 제자는 말했다. "저는 할 수가 없습니다." 샤카 쉬리가 다시 물었다. "왜 할 수가 없지? 그것을 어떻게 해야 할지 모른다 해도, 지금 당장 시도한다면 성공할 것이다. 만약 그것을 금으로 제작할 수 없다면 동이나 주석으로 해라. 어떤 금속으로 만들어도 아무런 차이가 없다."

그리고 샤카 쉬리는 다시 말했다. "보다나트 탑을 복원할 수 없는 징조가 보인다." 체텐은 샤카 쉬리가 말한 그 상을 아주 잘 주조했다. 샤카 쉬리는 기뻐하면서 그 불상에 금칠을 하라고 8그램의 금을 주었다. 그리고는 상투 속에 숨겨두었던 부처님 사리를 끄집어내어 불상을 조심스럽게 움켜잡고는 그 속에 사리를 집어넣었다. 그 후 샤카 쉬리가 열반에 든 후에 이 작은 조각상은 새로 조성된 샤카 쉬리상 속에 '지혜의 존재' 본존으로 안치되었다. 작은 상 하나를 주조한 것이 가장 중요한 물건이 되었다.

샤카 쉬리는 어떤 사람들이 자기의 상이나 그와 비슷한 것을 만들려고 하면 별로 좋아하지 않았다. 그런데 하루는 샤카 쉬리가 제자 한 명에게 말했다. "나를 닮은 상을 하나 주조해라." 제자가 샤캬 쉬리에게 여쭈었다. "어떤 모습으로 보이게 만들까요?" 그러자 샤캬 쉬리는 말없이 두 손으로 명상 무드라를 지어 보여주면서 한 손은 손가락으로 땅을 짚고 다른 손은 무릎에 놓는 무드라 형상을 해 보였다. 그리고 나서 조금 있다가 샤캬 쉬리가 제자에게 방금 표현한 무드라 형상을 정정하는 말을 했다. "아니, 아니 이게 아니야! 오른손은 가르치는 모습을 하고 왼손은 경전을 가득 든 명상 무드라로 해야 한다. 가운데 머리채는 세 가닥으로 말아 올려 그 중에 한 가닥은 왼쪽으로 늘어뜨리고 또 한 가닥은 오른 쪽으로 늘어뜨려라. 나머지 하나는 자연스럽게 뒤로 풀어놓아라. 머리의 색깔은 검게 하여라."

이렇게 요구한 그 상의 사진이 아직도 남아 있다. 이런 일은 그가 곧 육신을 버리고 다른 국토로 갈 것임을 암시하는 것이었다. 이와 관련하여 그는 가까이 있거나 멀리 떨어져 있는 제자들에게 자신이 남티베트에서 죽을 것이라고 말했다. 그가 말년에 행복한 동굴에 머물고 있는 동안 동티베트로부터 몰려든 수많은 사람들이 자신들의 고향으로 돌아갈 것을 요청했다. 그런 경우에 그는 시 라마 Si Lama와 다른 사람들에게 말했다. "내 아들의 후손들이 동티베트로 갈 것이다. 그러나 우리는 지금 그럴 수 없다" 그는 그의 아들들에게 마치 맨 처음 가르치는 것처럼 말했다. "신념을 가지고 깨끗하게 행하라. 그리고 일념으로 열심히 수행하라. 그것은 스승과 제자가 동시에 깨닫는 행운을 가져다주기 때문이다. 암카르 데첸 도르제가 이런 식으로 제자들에게 호소하여 모두가 무지개몸을 성취하여 함께 천상계로 갔다."

청정한 계를 지닌 독실한 제자들이 그 시기에 심안으로 바라보면서, 거대한 승리의 깃발이 떨어지는 것을 보았다고 회상했다. 샤캬 쉬리는 말했다. "오래 살지 못할 것 같다. 빠드마삼바바가 계시는 정토로 갈 시간이 왔다." 얼마 후 그는 조금 아팠다. 아들들과 제자들이 그의 안녕을 비는 기도 의식을 하고는 약을 드시라고 했다. 이 때 샤캬 쉬리가 그들에게 말했다. "나는 이제 기도나 약이 소용없다. 하지만 너희들이 나를 위해 이렇게 하는 것은 선업을 쌓는 좋은 일이 될 것이다. 그래서 너희들의 노력이 의미가 없는 것은 아니다."

열반하기 전날 밤에 샤캬 쉬리는 심안으로 함께 가야할 많은 승려들을 보았다. 그는 말했다. "저들이 나를 서방정토로 초대하는 것 같다." 그러면서 그는 이렇게 약속했다. "정토는 그 크기와 방향이 끝이 없다. 하지만 너희들이 절을 할 때에는 서쪽을 보고 해라. 그리고 기도를 하면 성취될 것이다. 기원을 할 때는 나를 잊지 말라. 그러면 기도는 응답을 받을 것이다. 너희들은 지금부터 팔난으로 부터 위협받지 않을 것이다" 그래서 미래에 운 좋은 제자들이 샤캬 쉬리에게 열심히 기도하고 간청하면 반드시 이루어질 것을 믿었다.

많은 성취자들이 예언한 바대로 샤캬 쉬리는 말년을 차리에서 보내야 했다. 거기가 샤캬 쉬리의 무지개몸을 성취한 곳이다. 샤캬 쉬리 자신도 오래 전에 말했듯이 그는 무지개몸을 성취하여 확실한 해탈을 이루었다. 이것은 그가 깨달음과 경험적인 심안의 큰 힘을 성취한 것만 보아도 확실하다. 그러나 무지개몸이 현현하기 전에 그의 이타행이 확장되어 감에 따라 주변에는 계속 수많은 제자들의 인파가 붙어났다. 이 때문에 그는 예언했다. "나는 무지개몸을 성취하지 않을 것이다." 이 말은 믿을 만한 샤캬 쉬리의 제자들에 의해 전해진 것이다.

아주 특별한 방법으로 부처님법과 일체 중생에 대한 봉사를 마치고 그는 이제 청정 광명의 절대 세계로 갈 것처럼 보였다. 그럼에도 아주 경이로운 모습이었다. 사실 샤캬 쉬리는 탄생과 죽음을 초월한 고귀한 인격으로 죽음이 없는 왕국의 왕이었다. 수행함이 없는 방편의 길 위에 선 고귀한 존재들은 업에 의한 태어남과 죽음으로 부터 당연히 벗어나 있다. 이미 초지보살의 경지에서부터 그들은 업장으로 부터 벗어난 것이다. 미륵보살이 말했다.

고귀한 존재는
병들고 늙고 죽는 고통을 뒤에 남겨 두고
욕정과 악행으로 부터 벗어나
죽음도 없고 태어남도 없다네.

삶과 죽음이 실체가 없음을 깨달아, 샤캬 쉬리는 중생들의 근기와 부처님법이 쇠락하는 이 시대에 그 자신의 수명을 조절하여 백세 이상 살 수도 있었다. 그러나 일천 부처님의 깨달은 광채로도 암흑으로 물든 오탁악세를 밝게 비추지는 못할 것 같았다. 그런 시기에는 깨달은 존재의 출현이 드물다는 것도 잘 모른다. 견해가 흐린 견탁의 시기에는 깨달은 존재들은 그 모습을 일시적으로 이 세상에서 숨기고, 오히려 영원주의자들의 견해에 얽매인 사람들이 주목을 받게 된다. 한 성취자의 강렬한 열망을 통하여 오탁악세의 특징들인 병마와 기근, 분쟁과 전쟁이 줄어들게 된다. 이는 또한 부처님법에 대한 야만적인 행위가 일어나는 것을 억제한다. 그러므로 불법을 수호하고 중생들의 번영을 위하여 샤캬 쉬리는 그가 현현했던 것을 다시 본래 공성의 세계로 불러들이는 마법을 연출하였다.

그래서 '금광명 기원문The Pure Golden Sutra'에는 이렇게 말하고 있다.

깨달은 자는 열반에 들지 않고

그의 가르침이 사라지지도 않는다.

그는 성숙한 존재들을 위하여

이 고통의 세계를 넘어가는 것을 보여준다.

'성스러운 진리의 백련경(묘법연화경)The Sutra of the White Lotus of the Sacred Doctrine'에 이르기를

고통을 뛰어넘는 단계를 지나서도

그것은 수행자의 단계이기에

나는 열반에 든 적이 없다.

계속 진리를 가르칠 뿐이다.

위에서 언급한 샤캬 쉬리의 약속대로 신실한 제자들은 항상 그를 만나 가르침을 받을 수 있었다. 이것은 샤캬 쉬리가 제자들을 높은 차원으로 끌어올리기 위하여 조건 없는 사랑과 순수한 신통력, 장애 극복과 시의적절한 지식을 베풀었기 때문이었다. 그래서 경전에 이르기를,

파도는 고래의 진행을 방해할 수 있지만

부처님은 그 자식을 구하고,

존재들을 고양시키는 데 방해받지 않는다.

샤캬 쉬리가 현현한 것은 마치 물 위에 달이 비친 것과 같고, 제자들의 연못이 마르면 사라지는 것과 같았다. 때가 되면 저절로 부처님의 깨달은 행위는 제자들을 위하여 일제히 나타난다. 이것은 마치 태양이나 달과 같고 소원성취 보석이나 소원성취 나무 또는 소

리로 진리를 가르치는 하늘의 북소리와 같은 것이다. 목표를 달성한 사람은, 부처님의 마음인 법신불의 경지가 다른 존재들의 이익을 위하여 자연스럽게 현현한다. 직메 링빠는 말한다.

> 존재들을 구원할 시점이 아니라면
> 대성취자는 절대의 세계로 사라진다.
> 비칠 물이 없는 시간에는
> 달빛이 원래 왔던 곳으로 사라져 가듯이.

그래서 찬드라키르티(용수보살의 중도사상을 이어받은 6세기 남인도의 대학자)는 이렇게 말한다.

> 마음은 그 자체로 자유로워
> 가피를 주는 나무나 소원성취 보석과 같아
> 그 자체의 소원은 없는 것
> 그러나 일체중생을 구원할 때까지
> 완벽한 해탈의 풍요를 생산한다

이것은 가루다 만트라의 힘에 의해 생겨난 마법의 탑이 하나의 예로서 증명한다. 대성취자의 보신은 심원한 법신불에 내재된 광명이 밖으로 드러난 것이다. 그 보신이 젊어서 부서지지 않고 꽃병 속의 물처럼 깨달음의 원천인 몸 '젊은 꽃병 몸$^{youthful\ vase\ body}$'으로 변하여 들어갈 때, 진여 자성의 경지인 내부의 광대한 세계는, 그 완벽한 적정 속에서 지혜의 명료함만 남는다. '명료함을 밝히는 램프 불빛$^{The\ Clarification\ of\ Lamp}$'에 이르기를,

> 진여의 지혜는 대지와 같이 드러나

앎의 모습을 비추지만
조잡한 고정관념이 없이
저절로 생겨나는 자비와 같은 것

　　그래서 대승장엄론에서 말한 대로, 큰 이익을 받는 제자들은 법신 불에 의해 가피와 보호를 받을 것이다.

티 없는 사파이어는
인드라의 몸을 비추고
부처님의 경지는 일체중생의
순박한 마음으로 나타나네.

　　가피는 차별이 없기 때문에 위대한 구원자에게 간청하면, 우리는 항상 그의 보호 속에 머문다.

　　1919년 여성 양의 해 음력 6월 18일, 77세의 나이에 샤캬 쉬리 는 건강 상태가 좋지 않게 되었다. 남쪽과 북쪽 하늘에 하얀빛의 무 지개가 나타났다. 그것은 마치 실로 오려붙인 것처럼 산꼭대기에서 동쪽 지평선까지 곧게 내려 뻗었다. 북쪽 하늘에 사각형 지붕처럼 생긴 하얀 구름이 나타났다. 그리고 많은 다른 징조들이 일반 사람 들에 의해 목격되었다.

　　19일 아침에 샤캬 쉬리는 '마음의 본질 속에서 쉬는 관세음보살' 이라 불리는 손 자세를 취했다. 그리고 균형 잡힌 자세로 앉았다. 긴 장하거나 느슨하지 않게, 그렇게 쉽고도 완벽하게, 마치 잠을 자는 듯이 앉아서 그는 자기의 마음을 절대의 세계로 데려갔다.

한 부처가 온 것은 희유한 일,

그의 빛나는 얼굴을 보는 은혜여.

대성취자는 진정한 부처로서

절대의 세계로 잠들어 갔네.

이제 해탈의 길은 시커먼

우리들 악업 속으로 숨어버리고

아! 우리를 보호해 주시는 임을 잃어

다시 깊은 고통의 바다를 헤매게 되었다.

거짓으로부터 진실을 가려내는 태양은 서산에 지고

윤회의 고통을 식혀주던 달이 졌도다.

우리를 사랑과 자비로 보살피던 어머니가 가셨구나.

진실한 친구를 잃어 우리들 마음은 멍해 졌고

고귀한 족첸과 마하무드라를 가르치는

보배의 집도 더 이상 없구나.

덕성을 부여받은 우리의 몸은 이제 자양분을 잃고

가르침의 뛰어난 방편도 약해졌도다.

잘못된 견해의 협곡을 배회하면서

우리는 해탈의 힘찬 호흡이 끊어짐을 느끼네.

이제 우리는 어떻게 해야 하나 광대한 이 고통의 사막에서…….

아! 당신은 우리를 떠나고

죽음의 왕이라는 무리들에게 쫓겨

우리는 어쩔 수 없이 여기 잔인한 길에서 비틀거리네.

무슨 업으로 이런 잔인한 고통의 짐을 져야 하는가.

　　대성취자 샤캬 쉬리는 마치 자는 듯 완전한 평화 속으로 빠져들었다. 그때 허공에서 길게 큰 소리로 천둥이 울리는 것을 모두가 들었다. 경전에 이르기를 부처님이 깨달음을 이룰 때나, 악마를 조복받을 때, 가르침을 공표할 때, 그리고 이 고통의 세계를 건너갈 때 이런 기적적인 현상들이 나타난다고 기록하고 있다. 예를 들면 여섯 번의 지진이 일어나거나 '헐' 소리가 들리는 등의 기이한 현상들이다. 대성취자 샤캬 쉬리가 열반에 드는 순간부터 그달 21일까지 3일 동안 이런 현상이 일어났다. 그때 샤캬 쉬리의 육신은 손대지 않고 옮기지도 않았다.

샤캬 쉬리가 열반하는 날 가을 하늘은 구름 한 점 없고 안개도 끼지 않은 채 맑고 깨끗했다. 사람들은 이런 날씨가 서리를 내리게 하여 농작물에 피해를 입힐까봐 걱정했다. 그러나 황혼 무렵이나 다른 때에도 짙은 안개가 끼어 서리가 생기지 못하게 했다. 밀교경전에서는 이런 현상이 겉으로 나타나는 것은 대성취자가 내부의 광대한 세계에서 깨달음을 얻고 어떤 집착이나 개념으로부터도 완벽하게 벗어난 것이라고 설명한다. 그것은 상서로운 일들이 결합되어 나타나는 것으로 존재의 외부적 작용(외부 세계)과 내부적 작용(내부의 몸), 그리고 그 대안으로서의 작용(칼라차크라 본존)이 결합되어 동시에 나타나는 것이 그 핵심이다.

6월 22일에 바즈라탄트라 주석의 일부인 '파괴될 수 없는 다키니의 텐트The Indestructible Tent of the Dakini'와 다른 밀교경전에 의거하여 대성취자를 진여의 광대한 세계로부터 깨워 금강살타 보신의 경지로 가도록 인도하는 의식을 행하였다. 이 의식은 샤캬 쉬리가 젊음으로 가득한 달처럼 신속하게 다시 탄생하게 하는데 큰 도움을 주는 것이다. 샤프란 차로 대성취자의 몸을 씻고 업장소멸 본존인 비다라니와 부르쿰쿠타의 가피를 받는 의식이다. 시신 주변의 각기 다른 방향에 글로 쓴 경전을 놓고 시신에 보신의 옷을 입히고 오방승불의 왕관을 씌운다.

이 의식이 끝나자마자 원형의 무지개가 하늘을 가득 메웠다. 햇살이 내리는 것처럼 모든 방향으로 하얀 빛이 내려 비쳤다. 수많은 흰 구름이 여러 가지 모습으로 나타났다. 어떤 것은 마치 하얀 스카프처럼 생긴 것이 서쪽으로부터 와서 하늘 가운데서 무지개처럼 아치를 만들었다. 몇 개의 비단 스카프를 닮은 햇빛이 가닥으로 꼬여 하나가 되었다. 그 한 가닥이 둘로 나뉘고 다시 셋, 넷, 다섯으로 쪼개지더니 결국 바퀴살 같은 모양으로 정렬하여 하늘에 믿을 수 없는 모습을 연출했다. 그런 현상은 정오경까지 계속되었고 모든 사람들이 다 보았다.

23일에는 모든 사람들이 북소리와 함께 매혹적이고 즐거운 음악 소리를 들었다. 하늘은 원형의 무지개로 가득했고, 흰 구름은 전에 본적이 없는 기묘한 모습을 연출했고 전처럼 많은 무지개가 나타났다. 25일에는 서쪽 하늘로부터 두 가지의 다른 소리가 들렸는데 상당히 오래 지속되었다. 바로 뒤를 이어 무지개 하나가 같은 방향에서 나타나더니 일직선의 수직으로 내려와 하늘 가운데 자리 잡았다. 다른 무지개들도 신비한 모습을 만들어냈다. 위치를 바꾸어가면서 순간순간 모였다가 변화하는 데 각기 다른 모습을 띠었다. 빛이 직선으로 교차하는 것, 체크무늬, 소용돌이무늬와 펜던트 모양 그리고 바퀴살모양 등으로 다양했다. 이런 현상은 오후까지 계속되었다.

26일, 27일과 그 다음날에도 이런 현상이 약간 덜하긴 했지만 여전히 하늘에는 하얀 구름이 기묘한 모습으로 덮고 있었다. 흰 무지개 조각들이 매일 나타났다. 심지어 밤에도 매일같이 양털 담요처럼 생긴 바퀴살 모양의 무지개를 모든 사람들이 동쪽 하늘에서 볼 수 있었다. 그 달 29일에 전처럼 많은 흰 구름과 무지개들이 전에 없이 기묘한 모습으로 나타났다. 그것을 가까이서 자세히 본 사람들은 전형적인 8길상과 8개의 상서로운 물건과 다른 공양물처럼 보였다고 했다. 이런 상징적인 현상들도 순간순간 모습을 바꾸었다. 그런 기묘한 현상은 그날 아침부터 저녁까지 이어졌고 보는 사람들의 눈을 만족시키는 감로와 같았다. 음력 7월 5일에는 흰 구름이 나타나 마치 화가가 붓으로 그린 것처럼 많은 가는 물결 파문으로 보였다. 마치 물속에 돌을 던져 생겨난 동심원처럼 빛을 발하는 것이 가락지 모양의 소용돌이치는 회오리처럼 보였다. 또한 여러 가지 크고 작은 알록달록한 깃을 가진 가루다 새의 모양도 분명하게 보였다.

이런 모든 현상들의 마지막 부분에 수많은 구름들이 수정처럼 하늘에서 솟아났다. 무지개도 많이 피었다. 에메랄드빛, 검붉은 색의 무지개들이 오색의 빛을 발하고 있었다. 무지개 안에는 하늘을 가득 채운 한 무리의 빛방울들과 꽃다발, 소용돌이, 펜던트로 가득했다. 하늘과 땅 사이가 오색으로 물든 것을 모든 사람들이 다 보았다. 그때 이후 매일같이 사람들은 태양과 달과 별들을 동시에 볼 수 있었다. 그날 참석한 대부분의 사람들은 기묘한 것을 보는 경험을 했고 일일이 다 설명하기 힘들 정도였다.

그달 6일에 오색의 꽃다발 모양을 한 무지개가 생겨나 활 모양이 되었다. 동쪽 하늘에서 시작되어 가운데로 다가온 구름은 멋진 개구리 모습을 띠었다. 그달 8일 새벽에 크게 쿵 하는 소리가 두 번 울렸는데 그 소리를 들었던 사람들은 공포에 떨었다. 그날 붉은 색깔의 무지개 꽃다발들이 모여 활이나 반달처럼 생긴 모양을 만들었다. 그달 9일에는 이전에 보았던 실처럼 생긴 무지개 구름이 피어올랐다. 저녁 늦게 시간은 정확하지 않지만 하늘에서 '헐헐' 소리가 나 사람들을 깨웠다.

그달 10일에는 대성취자의 집 위에 있는 남쪽 하늘에 무지개 하나가 나타나 밝은 붉은 색을 띠면서 수직으로 오색 빛을 발산하는데 기둥과 같은 모습을 하고 있었다. 상당한 시간 동안 이런 현상이 없어졌다가 다시 생겨나기를 여러 번 반복했다. 태양의 따뜻함이 느껴지기 시작하자 오색 바퀴살 모양의 무지개는 대성취자의 집 바로 위에서 나타났다가 사라지고 다시 나타나기를 몇 번 동안 반복했다. 밤에는 다시 '헐헐' 하는 큰 소리가 들렸다. 그달 11일에 전에 나타났던 흰 무지개가 서쪽에서 피어올라 바로 하늘 가운데로 왔다.

그것이 시계방향으로 돌다가 동쪽 하늘로 사라지자, 또 다른 무지개가 서쪽 하늘에서 나타났다. 동시에 네 방향에서 오색 무지개가 나타나 순차적으로 사라졌다가 나타나기를 반복했다. 오후 늦게는 원형의 무지개가 또 나타났다. 빛나는 흰 구름은 마치 사자를 닮았는데 동쪽 하늘에서 나타났다. 그 구름은 팔길상의 하나인 승리의 깃발 모양으로 변했고, 이어서 소라고동이 되었다가 끝없는 매듭으로 변했다. 그날 저녁에 동쪽 하늘에는 하얀 무지개가 나타나 직선 모양을 이루었다.

그달 14일에는 수정 모양으로 피어난 흰 구름 사이로 햇빛이 관통하여 수많은 무지갯빛으로 변했다. 남쪽 하늘에는 뚜렷한 오색무지개가 나타났고, 그것의 긴 빛이 제법 오래 지속되었다. 이런 무지개들 사이로 피어난 많은 구름들은 공양물이나 공양을 올리는 여인들처럼 보였다. 서쪽에는 원형의 보석처럼 생긴 구름 하나와 열여섯 개의 계단을 가진 사다리 모양을 한 구름이 나타났다. 나타나서 하늘 가운데 오래 머무는 대부분의 구름들은 오색 무지갯빛을 띠었다.

그달 28일 한낮에 많은 사람들은 동쪽 하늘에 나타난 하얀 무지개가 그 한쪽 뿌리를 대성취자의 집에 대고 있는 것을 보았다. 그 무지갯빛이 사라지고 나서, 서쪽 하늘에 선명한 오색 무지개가 나타나 해질 무렵까지 있었다. 그 달 30일 정오 직전에 수정처럼 맑은 하늘 가운데 창틀 모양의 사랑스런 흰 구름이 잔물결 모양으로 나타났다. 그 구름은 움직이면서 계속 매력적인 모습으로 변했고 그런 모습을 이전에 본 적이 없었다고 사람들은 말했다. 그런 다음 그 구름은 거대한 무지갯빛으로 변했다. 그 다음에는 같은 색깔의 반지 모양으로 변했다. 그 반지 안에는 붓으로 그린 것보다 정교한 여러 디자인들이 있었다. 마지막에 그것은 서쪽 하늘로 사라져 갔다.

다시 한 번 빛나는 무지개들의 표면에 두 개, 세 개, 다섯 개의 눈부신 수정 같은 빛방울이 나타났다. 그것들은 함께 모여 빛을 발하며 하늘 가운데 머물렀다. 그 방향에 있던 구름들이 무지갯빛으로 변했다. 그 너머로는 가운데에 금강의 울타리가 있는 많은 흰 구름들이 나타났다가 사라졌다. 그날 밤 또다시 많은 사람들이 우레와 같은 '헐헐' 소리를 들었다.

그 후 음력 8월 1일에 하늘 가운데 긴 무지개가 나타났고, 깨끗한 남쪽 하늘에서 붉은 색으로 선명하게 빛나고 있었다. 하늘색과 같은 푸른빛이 보이기 시작했다. 이들 두 빛은 한참 동안 머물렀다. 남쪽 하늘에서는 구름 하나가 불에 타는 듯 붉게 타올랐다. 그리고 빛나는 녹색과 오렌지색의 빛이 태양처럼 나타나 잠시 머물다가 사라졌다. 그달 2일에는 하늘 가운데 긴 오색 무지개가 나타났다. 남쪽 하늘은 무척 맑았다. 그렇게 맑고 푸른 하늘 가운데서 검붉은 빛이 고리처럼 빛나면서 오랜 동안 머물렀다. 5일과 8일에는 구름과 무지개가 온종일 하늘을 덮고 있었다. 9일에는 남쪽 하늘에 황홀한 구름 주변에 밝고 붉은 무지개들이 나타나 눈이 멀 지경이었다.

10일에 대성취자의 다비장을 준비하는데 샤캬 쉬리의 아들들과 여러 제자들이 시신에 경배하기 위하여 갔다. 그리고 그들의 앞날을 보호해 달라고 기도와 간청을 했다. 그때 샤캬 쉬리의 몸이 여덟 살 아이 정도의 몸으로 작아지는 것을 모든 사람이 보았다. 그때 길고 큰 소리와 함께 하늘에서 꽃비가 내렸다. 그런 많은 기적적인 현상을 모두가 듣고 보았다.

이와 관련하여 '금강살타의 마음의 거울The Mirror of the Heart of the Vajrasatva' 은 이렇게 말한다.

> 완전한 적정에 드는 데는 두 가지가 있다.
> 하나는 '완전한 깨달음의 완성'이고
> 다른 하나는 '온전히 현현하는 깨달음'이다.

완전한 깨달음의 완성은 어떤 육체적 흔적도 남기지 않는 것이다. 이것은 무지개몸을 성취한 자들이 완전한 열반에 드는 방식이다. 온전히 현현하는 깨달음이란 열반에 들면서 육체적 유물인 육신과 사리 등을 빛과 소리와 지진 등과 함께 남기고 열반에 드는 것이다.

승리자들의 왕인 롱첸빠 티메 외제르는 죽었을 때 온전히 현현하는 깨달음으로 열반에 들었다. 그의 다비장은 침푸에 있는 큰 묘지에서 거행되었는데, 두개의 찬란한 빛과 천둥소리 속에서 거행되었다. 타지 않은 뼈 속에서 두 종류의 사리가 나왔다. 그의 죽음에는 여섯 가지 현상이 수반되었다. 땅이 점점 커지는 진동 속에서 '헐헐' 소리로 요동치며 지진이 일어났다. 이어서 땅이 일곱 번의 메아리 소리를 내면서 롱첸빠의 온전히 현현하는 깨달음의 완성을 알렸다. 그리하여 그는 존재의 원초적 땅으로 들어갔다.

이와 비슷하게 대성취자 샤캬 쉬리도 영광스러운 부처로서 모든 단계의 깨달음을 다 이루었고, 두 가지 목표를 이루어냈다. 더 이상 수행이 필요 없는 무여열반의 경지에서 온전히 현현하는 깨달음을 성취한 것이다. '금강살타의 마음의 거울 근본 탄트라The Root Tantra of the Mirror of the Heart of vajrasativa'는 말한다.

> 현현하는 모습들이 자주 보이면
> 지혜의 타고난 빛이 밖으로 드러나
> 마치 빛이 위로 올라가 퍼지는 것과 같아서
> 여러 빛방울들이 상상도 할 수 없이 보인다

현현하는 모습을 보는 것이 완성되는 마지막 단계에서는 모든 현상들이 외부 공간으로 표출된다. 근본탄트라는 다시 말한다.

> 내부 공성의 체험을 통하여
> 지혜의 빛이 밖으로 드러난다

그 자체로 개념을 뛰어넘는 족첸의 본질을 깨달아 각인을 남기고, 불변의 진리는 빛으로 드러나서 원초적 에너지의 모습으로 나타난다.

위에서 언급한 모든 현상들 즉 빛의 바퀴살로 나타난 무지개, 연꽃, 탑, 대저택, 소용돌이무늬 장식과 펜던트, 체크 문양 등은 밀교 경전에서 기술하는 것과 일치한다. 더군다나 '정상에 도달한 청정한 깨달음pure awareness reaching its peaks'이라 불리는 단계에서는 보신과 화신을 모두 성취하여 이러한 차원이 실제의 순수한 현상으로 현현한다.

'부처님 몸의 불타는 유물The Blazing Relics of Buddha-Body'에서 이렇게 말했다.

원초적인 빛이
지수화풍 사대로 나타난 것
그것은 인식의 대상이지만 스스로 사라지는 것
그것은 서서히 오색의 빛을 경험할 것이고
그것과 원초적 광명이 둘이 아님을 보여주는 것이다

샤캬 쉬리는 정토에서 수행을 마쳤다. 그것은 자연 상태로 남아 궁극의 경지에 도달하였고 청정한 깨달음이라는 특수한 모습으로 나타난 것이다. 결론적으로 말하면, 모든 현상들은 빛으로 현현한다. 그것이 샤캬 쉬리가 본 것이든 다른 사람들이 인지한 것이든 상관없이 모두 빛으로 현현한다. 샤캬 쉬리의 육신을 화장을 하는데 그의 몸이 장작이나 버터기름의 도움도 없이 저절로 불타올랐다. 화장을 하는 동안 북서쪽 하늘에서 마치 하얀 담요와 같은 흰 무지개가 나타났다. 화장하는 불꽃은 여러 가지 색의 연꽃처럼 보였다. 향을 태우는 냄새와는 다른 향기가 사방에 진동했다.

그날 오후에 막 화장이 끝나기 직전 샤캬 쉬리의 집과 화장탑 상공에 양산처럼 생긴 오색 무지개가 빙글빙글 도는 것을 사람들이 보았다. 남쪽 하늘에서는 뚜렷한 티베트 글자 '아'자를 품은 구름이 나타났다가 갑자기 사라졌다. 그달 11일 화장한 다음 날 아침에 그 지역은 짙은 안개로 드리워졌는데, 그 안개 속에서 우유처럼 하얀 무지개가 나타나 화장탑 위를 지붕처럼 덮었다. 3일 후에 화장탑의 문이 갈라지더니 서서히 열렸다. 샤캬 쉬리의 육신은 엄청난 불에 탔음에도 불구하고 그의 눈과 혀와 심장은 깨달은 몸과 말과 마음의 상징으로 불타지 않고 남아 있었다. 대성취자 샤캬 쉬리의 고귀한 금강의 육신은 놀랄만한 모습으로 변해 있었다. 그것은 엄지손가락만한 크기로 줄어 하얀 색으로 빛나면서 존재의 핵심으로부터 드러났다.

거기에서 다섯 종류의 크고 작은 사리가 나왔다. 그것은 샤캬 쉬리가 오방승불의 지혜를 성취했음을 상징하는 것이다. 유골은 마치 불보살이나, 글자, 문양, 다른 여러 모습을 하고 있었다. 몸에 끼고 있던 금은의 반지, 귀걸이 등이 타지 않고 그대로 남아 있었다. 이것은 대단한 현상이었다. 하늘 위 공중과 땅 위에는 오색 무지개 빛 방울이 공작의 깃털처럼 빛났다. 그것은 아침에 생겨나서 해가 질 때까지 있었다. 다른 여러 가지 기묘한 현상들이 거기 참석한 모든 사람들의 신심을 더욱 공고하게 했고, 그들의 명상수행과 깨달음의 질을 향상시켰다.

> 기적 같은 화신이 나타날 때
> 빛나는 광대함 속으로 다시 섭수되니
> 그것은 원래부터 청정한 것이라.
> 사대의 모든 요소들이 허공으로 사라져
> 천지에 가득한 푸른빛으로 비춰지네.
> 이 존재의 거대한 무게를 견딜 수 없어
> 우리의 넓은 지구도 균형을 잃었네.

악마를 이기는 승리의 북소리 '헐헐'이

깊고 깊은 허공에서 나는구나.

희고 푸르고 붉은 빛으로 아름답게 장식된

무지개는 하늘 전체를 덮고

놀라운 모습들을 연출하였네.

정교한 화가가 새 그림을 그리듯이

당신은 산마루를 넘어

이 나라의 서쪽 산맥 뒤로 사라져 갔네.

그대 자비의 빛 태양은 일곱 마리 힘센 말이 끌고

위대한 방편의 가르침을 비출 것인데

그것은 다른 차원의 세계에서 궁극의 비밀이라네.

당신의 순수하고 깨끗하고 지혜로운 현현하심은

항상 뛰어난 제자들의 연못 위에 비칠 것이고

그것과 상호의존적인 당신의 현현하심은

늘 마법처럼 펼쳐져 한량없는 중생을 구할 것이네.

　대성취자 샤캬 쉬리가 그의 마음을 진여 자성의 광대한 세계로 데려가 버리자 그의 아들들과 가까운 제자들은, 구름처럼 답지한 공양물들로 순조롭게 장례의식을 치렀다. 그들은 우선 전지자 10대 둑빠 린포체와 본인 카톡 시투를 초대했다. 나는 그때 로카 지역으로 순례여행 중이었다. 대성취자 샤캬 쉬리의 법맥으로 연결된 것에 걸맞게 우리는 행복한 동굴로 갔다. 수백 명의 성취자들과 뚤꾸, 승려 등 참석자들이 거기 모였고 우리는 기원의 기도를 올렸다. 고귀한 스승님 앞에서 우리는 가피를 받아 다른 참석자들에게 나누어 주었다. 지혜의 법맥을 소유한 자들의 수행에서 하는 것처럼 그것은 모두를 만족시켰다.

이런 관계 속에서 우리는 죽은 자들의 업장을 정화하는 의식도 행했다. 그런 다음 중요한 성취자들과 뚤꾸, 그리고 도반들과 함께 7주 동안 바다와 같고 구름과 같은 공양을 올렸다. 밀교 향연 의식 중에 버터램프, 음식 등 만개가 넘는 공양물이 오래된 경전과 보장들로 만든 만달라들 앞에 올려졌다. 서원을 새롭게 하기 위하여 우리는 계를 어긴 것을 바로잡는 의식을 했다. 그것과 관련된 네 개의 '방편의 입문'도 함께 했다. 우리는 빨리 스승님이 환생하여 돌아오실 것을 기원했고, 제자들과 참석자들은 수행 입문과 두 가지 밀교 방편을 통하여 마음이 정화되고 성숙되었다.

샤캬 쉬리의 화장 의식을 할 때에 각자 다른 본존들의 만달라와 연관된 다섯 가지 의식을 정성스럽고 세밀하게 수행하였다. 둑첸 린포체는 차크라삼바라 의식을 했고, 나는 바즈라사트바 의식을 했다. 샤캬 쉬리의 아들은 바즈라킬라야 의식을 했고, 시 라마는 다키니의 비밀 모임 의식을 했다. 쵸구르 링빠의 아들인 뚤꾸는 다른 제자들과 함께 '보현보살 마음의 정수로부터 나오는 적정존과 분노존 The Peaceful and Wrathful Deities from the Mind-Essence of Samantabhadra'을 행했다.

가톡 시투 최키 갸초 지음

티폰 린포체 전기

티베트 수행자의
삶과 해탈에 관한 이야기

Tripon Rinpoche

툴식 티폰 응아왕 빼마 쵸갤은 타락의 시대에 일체 중생을 구제할 구원자의 한 사람으로, 티베트력 15랍중Rabjung179)의 땅-호랑이 Earth Tiger year 해인 1878년 라다크의 둑빠 텍촉 사원 근처에 사는 독실한 가정의 부모로부터 태어났다. 그는 어려서부터 홀로 동굴에서 명상하기를 좋아했고, 수행 토굴과 외진 장소를 좋아했다. 그는 어린 시절을 정신적 갈구로 보냈는데 그것은 전생의 덕행과 관련이 있음을 보여준다.

그는 어린 나이에 승려가 되기 위해 텍촉 사원에 들어갔으며 만달라 의식과 기도, 그리고 다른 둑빠 전통의 수행 의식을 배우는 중에 그의 마음속에는 세속적 윤회에 대한 진정한 염리심이 일어났다. 사원의 모든 승려들은 차례대로 돌아가면서 집사를 맡아 일해야 하는데, 그는 기본적인 공부를 마치고 나서 법주 스님과 교리 스승 그리고 행정을 보는 사람들과 부모님에게 허락을 맡고 그 사원을 떠나기로 결심했다. 그는 세속적 행위로부터 완전히 벗어나 수행 법맥의 전통적 가르침을 따르기 위한 강렬한 욕구를 갖고 있었다. 그러나 선배들은 그의 요구를 들어주지 않았고 몇 번이나 만류하려고 했다. 그 후 그는 나이 19세 되던 해에 카일라스 순례를 간다고 하면서 약간의 식량만 챙겨 삼촌인 응아왕 켈상과 함께 떠나버렸다.

그 뒤로 그는 고향에 돌아오지 않았다. 윤회하는 존재를 버리고 고향을 등진 채 그는 티베트 중부지방을 향하여 동쪽으로 여행했다. 그러면서 그는 제9대 둑첸 린포체의 직제자인 라다크 겔롱 린포체 데첸 룬둡의 문하에서 데첸 초코르 사원, 드라딩포체 사원, 나곤 은둔처에 있는 상 응악 촬링 사원 등에 있는 제10대 둑첸 린포체, 용진 린포체, 촉다 린포체, 제9대 최곤 린포체 등 많은 정신적 성취자들로부터 수행 입문과 전법에 관한 필수적인 교육을 받았다. 그가 악업을 정화하고 선업을 쌓기 위한 예비수행에 착수했을 때 엄청난 고통을 참고 오체투지 귀의대배 10만 번을 15차례 하였으며 크나큰 헌신으로 만달라공양 수행 등을 하였다.

특히 부처님법의 진정한 조명자이신 샤캬 쉬리가 범종파적인 가르침과 중생들을 위하여 도메이 지방으로부터 우창U-Tsang지방에 있는 차리 칙차르와 키푹으로 와서 머물 때, 뻬마 쵸걜은 그곳을 지나던 스승 겔롱 데첸 룬둡의 권유에 의해 샤캬 쉬리 문하에 귀의하였다. 그 때 그는 최상의 밀법인 마하무드라와 족첸의 관상법과 명상법을 전수 받았고 또한 한 생에서 '집금강 합일의 경지Unified State of Vajradhara'에 도달하는 가장 빠른 길을 가르쳐 주는 심원한 가르침을 받았다. 그리고 비밀 전승 법맥의 위대한 학자 나로빠의 나로육법과 '동질성의 6보장Six Spheres of Equal Taste'을 완전하게 전수 받았다.

제자인 응아왕 뻬마 쵸걜의 마음속에는 윤회하는 존재부터 멀리 벗어나고 싶은 마음이 일어났다. 그런 제자의 정신적 헌신과 깨달음을 보고 샤캬 쉬리는 너무 기뻐서 그 아버지의 뒤를 따르는 아들

---

179) 티베트에서는 60년을 '1랍중'이라는 주기로 사용한다. 60갑자와 같은 시간 단위로 서기 1987년부터 60년이 되는 2047년까지가 17랍 중에 해당한다.

응아왕 빼마 쵸걜이라 부르면서 그를 칭찬 했다. 그리고 그를 여섯 가지 마하무드라와 다른 심원한 담론을 가르치는 수석 강사가 되게 지명하였다. 그 후에 티폰은 지위가 높거나 낮거나를 가리지 않고 누구에게나 진리의 감로를 주었다. 그리하여 그는 오로지 자신의 성취를 통하여 정신적 스승들의 기대에 부응했다. 간단히 말하면, 그는 마치 한 개의 꽃병에서 다른 꽃병으로 물을 옮겨 부어주듯이 위대한 스승들의 핵심적 가르침을 전수 받아 샤캬 쉬리를 대신하는 사람으로 성숙되어 갔다. 이것이 티폰 린포체의 젊은 시절로 요약될 수 있다.

근본스승인 독뗀 샤캬 쉬리의 다비식과 장례식을 마친 후 그 스승의 법맥을 가지고 있는 제자들과 라마승, 환생자들을 포함한 모든 이들에게 그가 직접 체험한 나로육법의 심원한 가르침을 주어 그들의 열망을 만족시키고 나서 그는 창^{Tsang}의 윗쪽 지방으로 가서 우선적으로 외딴 곳에 있는 은둔처에 들어갔다.

처음에 그는 3년간을 걀와 고창빠의 명상 동굴에서 비장한 상태로 앉아 강렬한 은둔 수행을 했다. 그는 또한 롱사르 마부 룽, 랍치 등의 다른 많은 외딴 곳에서 수행을 하면서 마치 제2의 밀라레빠가 나타난 것처럼 수행의 기치를 높이 들었다. 또한 그는 이생에서 헛된 집착을 버리기로 스스로 약속한 운 좋은 제자들에게 열정적인 가르침을 주었다. 그들을 원숙과 해방의 심원한 정신적 가르침으로 간곡히 타이르기도 하면서, 한편으로는 그들의 일상에 필요한 것들을 준비하고 지원해 주었다. 간략히 말하면, 키푹 사원 소속의 많은 명상센터와 상 응악 쵤링 사원에서 가까운 곳에 있었던 샤캬 쉬리의 은둔 수행처인 타시 퉁묀, 데첸 초코르, 딩포체, 시가체에 있는 삼둡 쵤링, 토에^{Toe}에 있는 케우 창 삼링, 네텡, 냐낭에 있는 데첸

텡, 율로 코에 여승원, 랑초 곤, 타시 초텡에 살고 있는 백 명이 넘는 수행승들을 돌볼 때 그는 음식과 의복을 주고 정신적 안내를 해주었다. 이런 방법으로 그는 둑빠 법맥 문중에 커다란 헌신을 했다.

더욱이 그는 온갖 인생행로의 사람들로부터 제자들을 끌어들였고, 인정받는 라마승과 환생자인 뚤꾸들에게 정신적 스승이 되었다. 여기에는 11대 둑첸 린포체와 툭세 린포체, 아포 린포체, 론곤의 라마 잠양 닥파와 다카르에서 온 까규 텐진 린포체가 포함되어 있었다. 그는 원숙, 해탈, 깨달음의 완벽하고 심원한 가르침을 아포 린포체에게 전해 주면서 그를 수행의 계율을 확립하기 위한 금강 스승^{Vajra Master} 인 문중의 수장으로 임명했다. 그리고 그는 상당 기간 동안 쇠퇴하면서 부처님 가르침의 불씨가 꺼져가는 것으로 여겨졌던 둑빠 까규 전통을 복원하였다. 그렇게 하여 수행 문중의 법을 향상시키는데 헤아릴 수 없는 기여를 했다.

동시에 그는 네탕에 있는 치브리 네랑 파르캉 출판소의 초대 수장으로 임명되어 만 장이 넘는 경전을 목판에 새겨 진정한 정신적 수행에 필요한 심원한 불경들을 만들어 냈다. 티베트에서는 물론이고 이 불경들은 라다크, 부탄, 시킴, 갈샤(라호울), 쿠누(킨나우르)와 같은 불교권에도 배포되었다. 이렇게 가치 있는 일 하나만 해도 그는 최상의 법보시를 한 것이었다. 더욱 나아가 많은 사원을 건립하고 수리하여 예불을 할 물건들과 실내 가구들을 공급하였다. 그리하여 공부하고 명상하고 헌신하는 그의 삼륜행이 널리 알려졌다. 마지막에 가서 측근 제자들과 의무를 다하는 시자들에게 알려 그가 82세의 나이에 '완전한 열반^{parinirvana}'에 드는 것을 보여주었다. 그 때는 1959년 티베트력으로 16랍중 땅-돼지해의 11월 23일 아름답고 조용한 날이었다. 땅이 진동하고 맑은 하늘에서 꽃비가 내리는 멋지고 상서로운 징조가 나타났다. 이런 현상을 많은 사람들이 목격했다.

티폰 린포체의 전기는 오로지 개인적으로 보고 듣고 경험한 것을 기초로 썼다. 아포 린포체의 헌신적인 시자 스님인 이미 둡텐 라가 전기를 써달라고 문서로 요청함에 따라 비구승 잠양 텐파가 이 전기를 써서 세상에 내놓는다. 이 전기는 약간의 편견이나 과장된 내용 없이 쓴 것이다. 이전에 까규 텐진 린포체가 출간했다고 하는 티폰 린포체의 전기에 대한 어떤 기록이나 책을 찾을 수 없는 것이 나를 매우 슬프게 한다.

비구승 잠양 텐파 지음

아포 린포체 전기

티베트 수행자의
삶과 해탈에 관한 이야기

Apho Rinpoche

아포 린포체 응아왕 예시 랑돌은 밀라레빠와 용진 세자 쿤켄의 환생자이다. 그는 티베트력으로 15랍중인 1922년 7월에 남부 티베트의 차르 키푹에 있는 라와푹에서 태어났다. 그의 아버지 쿤라 텐진은 샤캬 쉬리의 셋째 아들로서 법맥을 지닌 분이며, 그의 어머니 소남 펠좀은 제9대 둑첸 린포체의 조카 겸 집사의 큰 딸로 태어났다.

그는 덥수룩한 머리카락이 입에 닿을 정도로 자란 상태로 태어났다. 그래서 형제자매들이 장난으로 비단이나 다른 것들을 그 머리카락에 붙여놓기도 했다고 전해진다. 그가 어머니 자궁 속에 잉태될 때 샤캬 쉬리의 넷째 아들 팍촉 도르제가 소남 펠좀에게 말했다. "뱃속에 들어있는 이 아이는 성스럽게 환생한 자입니다. 태어나면 바로 이름을 응아왕 예시 랑돌 이라고 하고 건강과 위생을 특별하게 주의하세요." 그가 태어났을 때 그 지방의 모든 사람들은 다함께 기적적인 일들을 목격했다. 지진이 일어나고 힘찬 무지개가 뜨고 즐거운 고동소리가 울려 퍼지면서 키푹 사원을 에워쌌다.

그 때 팍촉 도르제는 높은 곳에 있는 키푹 사원의 은둔 수행처에서 명상에 잠겨있는 동안 신통력으로 그런 이적들을 알아차리고 있었다. 그는 돌아가신 형인 아포 응아왕 최잉이 대성취자 라와파(인도 초기 불교의 84성취자 중 한명)의 명상동굴이 있는 라와푹^{Lawaphug}에서 다시 태어난 것을 보고 크게 기뻐했다. 그는 즐겁게 방문하여 아이에게 이름을 지어주고 보호하는 부적을 주면서 몸을 씻어주었다. 그리하여 내밀하게 연결된 이 모든 현상들의 실체를 밝히는 문을 열었다.

아포 린포체는 두 살 때 캄^{Kham}에 있는 샤캬 쉬리의 첫 번째 은둔 수행처인 두구 솔데르에 초대받았다. 그리고 2년 후 겨우 네 살이었을 때 아버지가 돌아가셨다. 그때부터 삼촌 팍촉 도르제가 법맥을 돌보는 사람으로서 그에게 관정을 주고 샤캬 쉬리의 정신 수행에 관한 모든 것들과 아미타불, 관세음보살, 구루 마하쑤카(빠드마 삼바바)와 다른 분들을 포함한 가르침들에 대하여 구두로 전승해주었다. 일 년 안에, '의식 전이'에 대해 유명한 샤캬 쉬리의 제자였던 독덴 세랍 도르제가 그 아이를 데르게 셉다 족첸 사원에 가도록 안내를 했는데 그 이유는 그가 그곳에서 입적한 똘꾸의 환생자이기 때문이었다. 이 닝마파 사원은 그리하여 다섯 살 밖에 안 된 아포 린포체를 그들의 정신적 스승으로 축하하며 모시기 위해 성대한 추대식을 열었다.

티베트 밀교경전인 캉규르^{Kangyur}(석가모니의 가르침이 기록된 티베트 불교경전)와 '총지보론^{The Treasury of Precious Knowledge}'에 대한 구전이 세첸 콩툴 린포체로부터 작은 영적 스승에게 주어졌다. 그는 읽기와 쓰기를 배워 셉다 족첸 사원의 성취자 아촉 린포체와 함께 닝마 닝틱의 기초 교재와 다른 것들을 정리하였다. 어떤 때는 아촉 린포체가 수행을 허락하는 관정을 주면서 보릿가루가 든 자루를 하나 갖고 와서 가상의 사람처럼 그의 앞에다 두고 정신적 지도자가 취해야 할 손놀림과 처신을 가르쳤다. 어머니 같은 사랑과 위대한 자비로 키웠기에 이후에 아포 린포체는 아촉 린포체에게 깊은 감사를 표하는 말을 자주 했다. 그가 데르게를 떠나 콩포로 갈 때 그의 스승은 둘이 헤어지는 것에 크게 슬퍼하여 눈물을 펑펑 쏟았다고 아포 린포체가 회상했다.

1933년 티베트력으로 물-새의 해에 제13대 달라이라마가 돌아가셔서 암도의 수도 실링으로부터 온 중국군이 캄에 있는 주르망 남갈 사원의 반대자들을 지원하자 지역에서 충돌이 일어났다. 11세 된 소년과 그의 어머니와 누이들은 위험을 느꼈고 그들은 밤에 산등성이를 타고 피신하여 결국 안전한 콩포 응아포에 도착하였다. 아포 린포체의 어머니 소남 펠좀이 아포 쿤라 텐진과 결혼하기 전에 그녀는 콩포 응아포에 속하는 작은 마을의 귀족과 약혼하여 빼마 체왕과 왕걀이라는 두 명의 아들이 있었다. 형인 빼마 체왕은 결국 응아포 마을의 재무담당이 되었고 동생 왕걀은 콩포 아래쪽 지역에 있는 부유한 나꼴 가문의 여자와 결혼했다. 그래서 아포 린포체는 콩포에 많은 친척들이 있어 정치적 혼란기에 거기를 방문하여 1년을 머물렀다.

그 후에 그는 다시 그가 태어났던 차르 키푹에 있는 라와푹의 은둔처로 돌아왔다. 거기서 소남 상뽀와 함께 대중들을 제접하였다. 소남 상뽀는 샤캬 쉬리와 가까운 부탄의 제자로 키푹에 머물고 있었다. 아포 린포체는 그로부터 롱첸빠의 '마음의 정수The Essence of Mind'에 대해 전수받고 가르침을 받았다. 귀의대배에서부터 구루요가에 이르기까지 별반 어려움 없이 모든 수행의 진전을 이루어 냈다. 그는 명상 기간들 사이사이에 부처님의 가르침을 읽고 심원한 진리를 완벽하게 배웠다. 소남 상뽀는 가톡 시투 최키 갸초로 부터 롱첸빠의 '마음의 정수'를 전수받아 법맥을 지닌 분이다.

거기에 더하여 그는 16일 동안의 늉네^{Nyungne}라는 금식 수행을 하였으며, 매월 10일이나 25일과 같은 상서로운 날이나 특별한 날에는 정기적으로 구루 데첸, 치메 찬달리, 바즈라사트바와 다른 수행을 하였다. 그는 초기와 후기에 소남 상뽀로부터 걀와 양곤파의 리초 트릴로기, 걀와 고창빠와 샤캬 쉬리가 성취한 것들을 배웠고 잠양 켄체 왕포의 금강살타 경전과 다른 암송하는 것들을 배웠다.

그가 젊은 시절에 키푹에서 살고 있을 때, 가족들의 가난과 아버지가 일찍 돌아가심에 따라 엄청난 어려움을 참고 견뎌야 했다. 어머니와 함께 지내는 동안 그는 많은 형제자매들과 함께 시간을 보냈다. 자르퇴^{Jartoe}에서 온 헌신자들이 버터와 다른 공양물을 그에게 주면, 그는 항상 그것을 어머니에게 드렸다. 연약한 12세의 나이에 그는 어머니를 괴롭히는 번뇌를 몰아내기 위하여 홀로 대·중·소 세 가지의 반야심경을 읽었다.

티베트력으로 불-소의 해인 1937년 그가 16세 때 라마 소남 상뽀는 부탄으로 돌아갔다. 아포 린포체는 마하무드라와 족첸 가르침의 심원한 정수를 배웠고, 문자의 뜻에 얽매이는 올가미로 떨어지지 않음으로써 무상의 본질과 죽음의 불확실성을 깨달았다. 그리하여 그는 낭첸으로부터 온 진정한 금욕수행자요 유명한 비구승인 텐진 돈둡에게 마하무드라의 마음 가르침을 알려달라고 요청하였다. 하지만 그 비구승은 말했다. "나는 당신과 같은 출중한 성취자에게 그런 심원한 가르침을 줄만한 충분한 자격이 없소. 그렇게 원한다면 지금 나푸 촐룽과 데첸 초코르의 사원들에 살고 있는 응아왕 빼마 쵸갤에게 요청해 보는 것이 낫겠소." 그는 덧붙여서 응아왕 빼마 쵸갤은 세심한 라닥의 스승이자 샤캬 쉬리의 직제자이며 금강수보살인 바즈라다라의 환생이라고 말했다. 텐진 돈둡은 더 말했다. "나도 응아왕 빼마 쵸갤을 방문하고 싶소. 우리가 함께 갈 수 있다면 내가 최대한 도와주리다." 위대한 스승의 이름을 듣는 순간 경외심이 일어 아포 린포체의 몸에 있는 모든 털이 삐쭉 서버렸다.

아포 린포체와 함께 키푹에서 이미 3년을 보낸 야드록 아종 뚤꾸, 잠파 성취자와 둑빠 체링 돈둡을 포함하여 거의 스무 명의 제자들이 모였다. 그들은 티폰 빼마 쵸갤로부터 다음과 같은 가르침을 받았다. 즉, '일시에 함께 일어나는 마하무드라의 합일', '특별한 통찰의 심원한 가르침에서 4가지 요가에 기초한 또는 그와 관계없는 삼매의 지속', '나로육법', '거대한 동질성', '내외 상호의존의 지고한 7개의 심원한 구루 사다나', '관상에 대한 가르침', '제7수행과 같은 명상과 행동', '링거레이 빠의 법문', '13가지 차크라삼바라 진언', '일시에 15명의 바즈라요기니의 다키니가 나타남', '일시에 한 얼굴의 바즈라요기니가 나타남', '뚬모 수행 관정' 등이다.

앉는 자세와 손동작의 매너 그리고 이러한 모든 이상적인 행위들은 '격렬한 하나' 라는 육체적 운동을 위한 원리의 메카니즘 속에서 품위 있는 모습으로 드러났다. 빼마 쵸갤은 무척 기뻐하면서 모든 제자들에게 아포 린포체가 성취한 것처럼 자신들도 노력하라고 충고했다. 한 발 더 나아가 그의 스승과 다른 모든 사람들은 그가 모든 가르침에 통달했고, 동료들이 개인적인 공부를 하다가 물어보는 사람이 된 것을 크게 기뻐하였다. 그 시기에 데첸 초코르 사원의 모든 승려들은 아포 린포체를 모셨고 그것을 모두가 감사하게 여겼다. 그의 거처하는 곳이 특별하지도 않았는데, 후에 스님들은 그것을 좋게 수리하지 않았다. 그대로 두어 그들 스승의 단출함을 존경하는 표시가 되었다. 그런 이후에 툴식 린포체가 상 응악 촐링^{Sang Ngag Choling}의 갸초 다창^{Gyatso Dratsang}에서 재무담당인 덕망 있는 탑케 라^{Thapkhe la}에게 편지를 썼다. "늙은 나무에서 새 가지가 나오는 것처럼 나도 이제 늙은 사람이 되었다." 이 말은 아포 린포체가 고귀한 스승들의 가르침을 보존하고 전파할 책무를 가지게 되었다고 크게 기뻐한 것이다.

그리고 나서 툴식 린포체는 수행원과 함께 라싸로 떠나 셸링 가문의 땅에서 살았다. 이 가문의 도움으로 당시 수감 중이던 전직 티베트 재무장관이었고 11대 둑첸 린포체의 아버지였던 룽사르 도르제 최걀이 아포 린포체와 툴식 린포체를 만나는 기회를 가졌다. 아포 린포체와 툴식 린포체는 감옥 문 가까이에 도착하여 룽사르를 만났다. 룽사르는 수감된 것이 오히려 전화위복이라고 말했다. 그는 감옥에서 행한 종교적 수행에 대해서 이야기 하였고, 툴식 린포체는 그에게 장애를 없애는 방법과 자기를 발전시키는 법을 가르쳐 주었다. 룽사르는 마냥 즐거워하면서 말씀의 축복으로 단비를 맞았다.

그들이 다시 키푹으로 돌아오는 길에 한 무리의 양떼와 염소떼를 만났다. 그 무리들은 툴식 린포체가 라싸의 도살장에서 구해낸 것들이다. 오는 도중에 그는 마을 사람들에게 이들을 결코 죽이지 않겠다는 다짐을 받고 나눠주었다. 키푹에 돌아오니 소남 상뽀가 성스러운 알약을 만들기 위해 방문하여 샤캬 쉬리의 사리탑을 완성한 것을 축하하고 있었다. 이렇게 하여 정신적 스승과 제자가 만나게 되었다. 그런 다음 아포 린포체는 툴식 린포체, 소남 상뽀와 함께 차르 니알의 위쪽과 아래쪽에서 몰려든 무려 3천 명에 달하는 추종자들과 제자들에게 금강살타를 가르치고 전수할 수 있게 되었다. 그 이후에 아포 린포체를 포함한 툴식 린포체의 제자들은 빠드마삼바바가 수행한 동굴인 드리낭 카루 드락의 은둔처에 눌러 앉았다. 수행 기간이 끝난 후 툴식 린포체의 제자들이 있는 나곤 은둔수행처로 갔는데, 거기는 레충빠의 명상 동굴이 있는 지역이었다. 방문 목적은 본존불 이담^{yidam}수행을 위한 또 다른 외진 곳 또는 드리낭 카루 드락으로 돌아오기 전에 그들에게 명상 수행법을 더 가르치기 위해서였다.

그 후 아포 린포체는 콩포로 떠나 거기서 약 2년간 살았다. 거기서 차공 타딘 푹에 있는 위대한 다리를 건설한 탕통 걀포 성인의 수행처를 새로이 수리하였다. 그래서 그곳은 아포 린포체가 명상과 은둔을 위해서 가장 심혈을 기울여 시간과 에너지를 투입한 곳이다. 그는 어떤 회한이나 피로감도 없이 수행하였다. 심지어 옷을 세탁하지 않고 오랜 동안 갈아입지 않아 이와 서캐가 득실거려도 그냥 수행을 하였다. 거기서 머무는 동안 그는 샤캬 쉬리의 가까운 제자이자 족첸수행의 대가인 겐둔 갸초를 만났다. 이 시기에 콩포와 여타 지역에는 사기를 치는 캄^{Khampas}원주민들이 많았는데, 그들은 샤캬 쉬리와 가까운 동료이거나 후예라고 하였다. 그래서 겐둔 갸초도 처음에는 아포 린포체에게 별로 관심을 보이지 않았다. 그러나 어느 날 꿈에 그가 삼예 사원에 가서 거기서 일하는 여인을 만났다. 꿈에 그 여인이 그에게 수정 구슬을 하나 보여주면서 예언하기를 만약 이 구슬에 흠이 없다면 그 빛이 세상의 어둠을 밝힐 것이라고 했다. 그 후 꿈 때문에 그는 아포 린포체가 진정한 샤캬 쉬리의 후예라고 확신을 가졌으며 그를 최상의 신실함으로 시봉하게 되었다. 그리하여 겐둔 갸초와 아포 린포체는 수행 토굴을 함께 쓰면서 명상 수행을 했다.

아포 린포체는 스승으로서의 의무를 다함에 따라 높이 칭송받았고, 그의 능력으로 인하여 존경을 받았다. 그는 만달라 수행, 성취법인 사다나sadhana, 공양의식 등 둑빠 까규의 아주 중요한 모든 가르침을 받았다. 그 중요한 가르침은 16권의 책으로 엮어졌으며, 툴식 린포체가 감수를 했다. 그는 또한 '나로육법에 대한 위대한 주석'을 비롯하여 샤캬 쉬리의 독창적인 저술들과 구전 전승에 관한 모든 기록들의 가르침과 종교의식들의 집합, 쿤가 텐진의 예비수행 및 본 가르침에 대한 심원한 뜻을 설명하는 확실한 길을 얻었다.

아포 린포체는 수많은 가르침을 받았다. 롱첸빠의 '칠 보장Seven Treasury'을 정신적 법맥 소유자인 툭세 린포체로부터 받았다. 이것은 카톡 시투가 팍촉 도르제 보살에게 전수한 것을 다시 툭세 린포체로부터 전해 받은 것이다. 그는 티베트어 문법을 켄첸 린포체 노리앙으로부터 배웠다. 그는 또한 대승경전과 밀교경전의 다양한 가르침을 배웠는데, 예를 들면 '세 가지 서원의 인식에 관한 위대한 주석 the Great Commentary of the Discernment of Three Vows : 소원성취 모음A Cluster of Wish-fulfilling' 등이다. 그리고 그가 설법을 하는 동안 철학적 문제들과 이슈를 두루 언급하였다. 더욱더 나아가 그는 라다크 응에돈 푼촉, 겔롱 카르마 렉세, 겔롱 텐진 돈둡과 여타의 많은 스승들과 진리에 대한 담론을 하면서 정신적 유대를 견고히 했다.

1940년 티베트력으로 철−용의 해Iron Dragon year 12월 1일에 툴식 린포체, 아포 린포체, 스승 켄체 갸초, 법주 스승 세랍, 승원장 노리앙, 차타르 쵸겔, 둑빠 체링 돈둡과 다른 스승들이 모여 일념으로 7일간 내부의 열을 생성하는 명상수행인 뚬모 요가에 집중했다. 이들은 나곤 산꼭대기에서 보름달이 뜬 밤부터 해가 뜰 때 까지 13번 동안 젖은 옷을 말려냈다. 이것이 아포 린포체가 이 명상수행을 한 첫 번째였으며 그 때 수행자들은 영하의 날씨에도 오직 젖은 얇은 옷 하나만 걸치고 있었다. 아포 린포체는 이미 나로육법을 전수받은 상태였지만, 다른 제자들에게 이를 전해줄 의무를 갖고 있었다. 이 수행을 마치고 나서 툴식 린포체는 드리낭 카루 드락으로 가고 아포 린포체는 키푹으로 떠났다. 그는 거기서 모든 상서로운 일에 참석했는데, 그것은 상 응악 촐링에서 준비한 것으로 11대 둑첸 린포체 텐진 켄랍 겔렉 왕포를 맞이하기 위한 것이었다. 그는 라싸의 솔Shol 구역에 있는 디키 사르에서 태어난 분이다. 아포 린포체는 환영식을 성공적으로 마친 후 나곤의 은둔처로 돌아왔다.

1942년, 티베트력으로 물-말의 해 1월에 그는 키푹 은둔처의 허물어지고 폐허가 된 은둔 수행처를 복구하는 일에 착수하여 그곳에 기도도량을 새로 지었다. 그해 2월에 공카르 데첸 사원에서 둑첸 린포체의 환생자에게 가르침을 주기 위하여 제8대 최곤 투톱 최키 갸초를 초대했다. 여기에는 조낭 전통Jonang Tradition에 의한 둡탑 린징 성취법과 둑 전통Drug Tradition에 의한 관정과 구전 전승을 포함하고 있었다. 이것은 8개월에 걸쳐 상 응악 촐링 갸초 다창에서 열렸고 툭세 린포체의 강력한 요구로 아포 린포체도 참석하여 수행 허락을 받는 관정을 받았다. 아포 린포체는 그 시기에 명상과 실제 수행을 넘어 관정을 받고 가르침을 받는 것에는 별로 관심이 없었다고 회상했다. 생의 후반기에 가서 그는 그가 받은 모든 가르침과 전승의 흐름은 툭세 린포체의 지도 때문이라는 것을 알게 되었다.

아포 린포체는 그 후 키푹으로 가서 새로운 은둔 수행처 건설을 마친 뒤에 정신적 수장으로 헌신하였다. 그 해의 한 상서로운 달에 오셀 데첸링에 있는 동쪽의 은둔처에서 3년간 은둔 명상수행을 시작했다. 마하무드라의 청정한 빛의 상태에서 그는 나로육법을 수행하고 차크라삼바라(승락금강), 바즈라요기니(금강해모)와 사르마^{Sarma} 등 닝마 본존들과 같은 많은 수호자들의 주문을 노래했다.

이삼 년간의 은둔 수행에 아포 린포체와 함께 동참한 수행자들은 강사 켄체, 법주 스승 세랍, 왕걀, 둑빠 체링 돈둡이었으며, 그들은 1945년 티베트력으로 나무-새의 해에 은둔 수행을 마쳤다. 끝나고 나서 툴식 린포체가 아포 린포체의 명상 수행처를 찾아가서 그가 밤낮으로 끊임없이 수행한 증거들을 찾아냈다. 옷은 지저분한 채로 남았고 문은 먼지와 쓰레기로 거의 막혀 있었다. 툴식 린포체는 그래서 농담으로 그에게 말하기를 "게으른 밀라레빠"라고 했다. 그가 명상수련을 통하여 얻은 깨달음과 명상의 경험에 대하여 듣고 나서 스승은 무척 기뻐하였다.

후에 제11대 둑첸 린포체가 나곤의 은둔 수행처를 방문하여 툴식 린포체로부터 가르침을 받고 수행을 하였다. 그 때 아포 린포체는 육체적 요가 수행과 다른 것들에 대하여 열심히 시범을 보였고, 그리하여 그의 스승에 대하여 최고의 서비스를 베풀었다. 이것이 툴식 린포체를 무척 기쁘게 하였다. 그 시기에 그는 툴식 린포체로 부터 '롱첸빠의 마음의 정수^{Essence of the Mind}' '텍최^{Thek Chod}' '퇴걀^{Thud Gyal}'과 다른 수행 등 '롱첸 닝틱 예세 라마^{Longchen Nyingthig Yeshe Lama}'의 세부적이고 실험적인 가르침들을 받았다.

부탄의 스승 소남 상뽀는 수행 법맥에 따른 가르침을 한 단계 더 높이고 보전하기 위해 키푹 사원과 은둔 수행처들을 오랫동안 관장하고 있었다. 결국 그는 샤캬 쉬리의 정통 법제자인 아포 린포체에게 그 임무를 맡기는 것이 중요하다는 것을 알았다. 그래서 그는 공식적으로 아포 린포체에게 사원을 운영하여 교리를 유지할 것을 요청하였다. 그러나 아포 린포체는 그가 이 일을 감당할 수 있을 것인지에 대한 망설임과 함께 이를 거절하였다. 그러자 소남 상뽀는 툴식 린포체에게 이야기하여 그가 임무를 맡도록 재촉할 것을 요청하였고, 스승은 이 역할의 중요성을 설명하면서 아포 린포체에게 사원의 수장이 되라고 압력을 넣었다. 아포 린포체는 이 일을 펼친 사람이 툴식 린포체이므로 더 이상 거절할 수 없어 결국 수락하였다. 그래서 그 상서로운 날에 키푹 은둔 수행처에서는 성대한 대관식이 열렸다. 의식을 하는 동안에 툴식 빼마 쵸걜은 자리에서 일어나 스카프와 공양물을 들고 가서 아포 린포체를 은둔 수행 전통의 금강스승^{Vajra Master}으로 지명하였다.

키푹이라는 이름의 뜻은 '행복한 동굴'이며, 둑빠 까규 법맥을 최초로 만든 제1대 둑첸 환생자 창빠 갸레가 그렇게 이름을 붙였다. 차리^{Tsari}로부터 돌아오기 전날 저녁에 순례 루트로서 거룩한 땅과 힘 있는 장소를 발견하여 사원을 만든 후 그는 이렇게 말했다. "나는 여기서 아주 행복한 순간을 맞았다." 낮은 곳에 있는 키푹의 동굴들은 사원으로 알려졌고 후에 그곳에 비구니 수행처도 포함되었다. 반면에 높은 곳의 키푹은 샤캬 쉬리의 거처였다. 그가 돌아가시기 전인 1919년에 샤캬 쉬리는 그의 제자들에게 돌이나 나무로 만든 집은 짓지 말라고 하여 경치가 보전될 수 있었다. 반면 그의 제자들은 작은 지하 동굴 방을 팠으며 저녁 식사 준비를 할 때면 멀리서 깜박이는 불빛을 볼 수 있었다. 한번은 그가 밀교 공양 축제인 가나푸자(가나차크라)를 주재하기 위하여 초대받은 적이 있었다. 빼마 쵸걜이 후원하는 탁체 사원과 상 응악 쵤링의 갸초 다창이 아미타불 염불 천만 회를 마치고 그를 초대한 것이다. 그 때 특별한 징조가 나타났다. 하늘은 무지개로 물들고 성스러운 영약이 많이 나왔다.

이 시기에 키푹에 있던 원래의 명상센터로 부터 서쪽에 8개의 무문관 센터를 건립하는 일이 시작되었다. 아포 린포체의 숙모인 틴 레는 원래 제10대 둑첸 린포체의 부인이었는데, 그녀가 이 프로젝트에 재정 지원을 했다. 동쪽과 서쪽의 명상센터에 있는 오래되었거나 새로 지은 16개의 은둔처에는 8명의 승려가 은둔 수행을 하고 있었다. 그들의 제일 안쪽 문은 진흙으로 봉해 버렸다. 이들은 내부 수행자들이었다. 외부 수행자들도 6개월 동안 차례로 교대하며 3년 동안에 은둔 수행을 완성했다. 겨울 6개월 동안에는 이들 외부 수행자들에게는 엄격한 도덕적 계율이 적용되었고 여름 기간에는 약간 풀어 주었다. 그렇지만 그들도 수행은 계속해야 했다. 그들의 일과는 새벽에 각자의 토굴에서 수행의 시작을 알리는 아포 린포체의 깔링 나팔 소리에 맞춰 시작되었다. 외부 수행자들은 그들의 정신적 친구들과는 달리 하루에 네 번, 낮에 두 번 밤에 두 번의 시간은 은둔처에 들어가는 것이 금지되었다. 이러한 요가 수행의 규칙적인 일상을 통하여 1950년 중국이 점령할 때까지 둑빠 까규의 찬란한 정신적 전통이 크게 번성하였다. 은둔 수행자들을 감독하는 것은 물론이고 아포 린포체는 샤캬 쉬리의 전통을 따르는 많은 추종자들에게 지속적으로 마하무드라와 족첸의 실수행을 가르쳤다.

위대한 법맥 소유자인 샤캬 쉬리의 다섯째 아들 팍촉 도르제가 캄에 있는 솔데르 은둔 수행처에서 입적하면서 유지를 남겨서 구루 낭시 질론Guru Nangsi Zilnon의 조각상을 만들라고 했다. 이를 위한 재정을 충당하기 위하여 그는 자기의 모든 소유물을 솔데르와 낙추 그리고 키푹에 남겼다. 재무담당 로되와 비구승 팍촉이 필요한 재원을 가지고 키푹에 도착했을 때, 그 해는 랍중으로 불-개의 해인 1946년으로 제 14대 달라이라마를 박해하는 해였기에 모든 건축이 금지되었다. 불-돼지의 해인 1947년 1월에 그들의 건축 계획은 티베트의 섭정을 반대하는 폭동으로 좌절되었다. 아포 린포체는 추르푸Tsurphu 사원으로 피신하여 머물 수 있었으며, 거기서 제6대 걀와 까르마파Gyalwa Karmapa를 만나 몸과 말과 마음의 유물을 볼 수 있었다. 그런 다음 그는 아주 건강한 몸으로 라싸에서 가까운 추술로 여행하였으며, 거기서 낭시 질론의 조각상을 완성하여 3층 건물 높이에 왕관까지 만들었다.

그 후에 아포 린포체는 자율, 타시 통뮌, 퇴리 데첸, 두게 지역에 나로육법 수행을 위한 종교시설 8개를 신축하는데 초대 받았다. 거기서 추종자들에게 관정을 주고 구전 전승을 해주었다. 그 지역에서는 수행자에게 결혼은 관례적인 것이었지만, 제자들이 종교 모임에서 술을 마시는 것은 엄격히 금지시켰다.

둑빠 까규의 의식 수행을 필요로 하는 사람들에게 중요한 법본을 다시 인쇄해 주기를 바라는 마음이 일어나서 아포 린포체는 불-돼지 해에 겔룽 카르메 렉세와 게겐 켄체 갸초를 니에모 사그람으로 보냈다. 카르메 렉세가 인쇄와 자금을 맡는 동안 목판 서각 전문가인 게겐 켄체는 이 법본들을 목판으로 만들었다. 키푹에 보관되어 있는 소장본에 포함되어 있는 것은 '마하무드라 예비수행을 위한 위대한 기록the Great Note on the Preliminary Practices of Mahamudra'인 마하무드라 예비수행, 캄툴 응아왕 쿤가 텐진에 의해 저술된 '기원할 가치가 있는 모든 것들All Those Worthy of Supplication', 툴식 빼마 쵸걀의 '예비수행의 뿌리Root of Preliminary Practices', 쿤켄 피카르의 '마하무드라에 대한 기록과 동질성의 무더기A Note on Mahamudra and the Mound of Equal Taste', 케왕 상게 도르제의 '핵심에 대한 대답Answers to the Key Points', 첼레 나총 랑돌의 마하무드라의 가르침과 마하무드라의 꺼지지 않는 등불인 '태양의 정수Essence of the Sun' 등이다.

티베트력으로 땅-쥐의 해인 1948년 2월에 소남 상뽀 스승이 두 명의 시자와 함께 부탄에서 키푹으로 와서 새로 지은 키푹의 축라캉에 금으로 된 돔 지붕을 해주었다. 법당에서 제일 중요한 위치에 있는 조형물인 3층 높이의 구루 낭시 질논의 조각상에다 그는 스승의 이미지로 채운 50개의 박스를 바쳤다. 거기에는 금과 은으로 쓰인 대·중·소 반야심경 불경 세트와 쿤켄 롱첸이 저술한 '일곱 개의 위대한 보물(칠보장)'과 많은 다른 교본들이 들어갔다. 그 뿐 아니라 돌아가신 스승의 옷과 모자, 그리고 성스러운 소유물들도 선물했다. 소남 상뽀는 그 조각상의 얼굴에 금으로 개금하는 일까지 자기가 맡았다. 1949년 땅-소의 해에 키푹의 축라캉과 우아한 조각상의 장식이 완성되고 건물이 준공되었다. 그러고 나서 소남 상뽀는 주변 지역에서 몰려든 수많은 군중들에게 차크라삼바라 관정을 내려 주었다.

티베트력으로 땅-소의 해 10월부터 아포 린포체는 힘을 다하여 중부 티베트의 주요한 사원들을 순례하였다. 그가 치브리에 도착하려고 할 때, 툴식 린포체는 그의 시자들에게 그를 맞이할 필요한 준비를 하라고 했다. 시자들이 알고 보니 그 지시는 스승의 신통력에 기인한 것이었다. 치브리에서 아포 린포체는 툴식 린포체에게 그들이 네팔로 가려는 순례 계획을 이야기했다. 그 말을 듣고 스승이 말했다. "너의 전생이 네팔 순례를 마치고 돌아오다가 죽었다. 가는 길에 장애가 있을 것이다. 그래서 순례를 가지 않는 것이 좋겠다." 이런 충고를 받고는 아포 린포체는 네팔 여행을 취소했다. 한편 오기엔 최돈, 그녀의 수행원 상게 최돈, 한 사람의 여승과 카르포 사르메 라마의 딸, 게 왕걀과 우메 로되, 게겐 켄체의 친척 한 명은 이미 네팔 순례를 떠나버렸었다.

1950년 5월에 아포 린포체와 그의 수행단은 드랑귈 통로^{Drangyul Pass}를 지나 키푹으로 돌아가는 여행 중이었다. 사람들이 거기를 출발한 다음 날 엄청난 지진이 일어나 집이 무너지고 사람과 동물이 바위와 잔해들에 깔려 죽고 있었다. 키푹에 있는 새로 지은 축라캉과 아포 린포체의 거처는 아무런 피해를 입지 않았다. 그 지역에서 지진을 당한 사람들은 하늘로부터의 굉음을 듣고 아마도 중국군이 아주 가까운 곳에서 대포를 쏜 것이 아닌가 하고 믿었다. 그 지진은 인도 아쌈 지방과 티베트의 콩포 그리고 자율의 진앙에서 일어나 약 1주일간 계속 되었다. 티베트 사람들에게 이것은 침략군인 인민해방군의 도착을 상징하는 고통스러운 징조였다.

한편 치브리에서는 툴식 린포체가 아포 린포체의 마하무드라와 족첸의 직접적인 이해를 시험하고 나서 감탄하여 말했다. "네가 12일 동안 명상하여 얻은 가르침에 대한 실험적 지식은 내가 12년 간 명상한 것 보다 훨씬 더 큰 경험이다. 그대가 얻을 수 있는 위대한 경험과 깨달음은 자연적으로 태어난 어떤 선지식도 필적할 수 없는 쿤켄 직메 링빠의 그것과 비슷하다." 그리하여 그는 스승으로부터 많은 구전 전승의 심원한 가르침을 받았다. 스승과 제자 간에 친근한 관계의 표시로 툴식 린포체와 아포 린포체는 항상 부엌을 같이 사용하고 공양도 같이 했다.

툴식 린포체로부터 명을 받은 대로 아포 린포체는 '전능의 마차─양질의 보장에 관한 주석^{the Chariot of Omniscience, an auto-commentary to the Treasury of Qualities}' 등 많은 가르침과 구전전승을 캅제 셍드락 린포체와 롱곤 라마 잠양 드락빠를 비롯한 많은 사람들에게 주었다. 그 때 머무는 동안에 아포 린포체는 다른 관점의 가르침에 대한 명상을 위하여 7일 동안 고창과 콕탕의 동굴로 갔다. 1950년 철─호랑이 해의 1월 초에 치브리로 돌아오는 순례길에서 어느 정도 명상을 하다가 깨달음의 징표를 얻었다. 그 이후 아포 린포체는 마하무드라와 관계되는 예비수행과 본수행들에 대한 가르침을 페카르 사원에서 온 수도승들을 포함한 수많은 제자들에게 알려주었다. 그렇게 하고 나서 그는 그 해 겨울에 엄격한 은둔 수행에 들어갔다.

1952년 철-토끼 해에 네 명의 숙련된 화가를 불러 축라캉의 법당 벽면에 스승인 낭시 질논의 모습을 그리는 벽화를 그리게 했다. 그 법당은 키푹의 동쪽과 북쪽 무문관 토굴 사이에 있었다. 그 화가들은 그들의 일에 대한 임금보다 더 큰 이익이 되는 행운을 잡아 아포 린포체로부터 많은 가르침과 구전 전승을 받았다. 예전에 티베트에서는 대장장이나 백정은 낮은 계급으로 취급되었으며 그래서 그들은 정신적 행사나 세속적인 사회적 행사를 접할 기회가 거의 없었다. 그런 상황에서 이런 부정적 사회 관습을 완전히 무시하고 아포 린포체는 대장장이들에게 특별한 기회를 주었다. 아포 린포체의 자서전적 측면에서 보면 이것은 성취자가 낮은 계급의 사람들을 친절로 보살피는 진정한 보살행이라 할 수 있다.

물-용의 해인 1952년 1월에 아포 린포체는 형인 아포 직메 린포체의 초대로 1950년에 지진으로 폐허가 된 장소를 둘러보기 위해 콩포를 방문하였다. 대부분의 사원들이 심하게 피해를 당하여 복구할 희망도 없었다. 차곤의 은둔 수행처가 심하게 파괴된 것을 보고는 거기에 있던 구루 린포체상을 복원하기 위하여 힘든 일과 씨름을 하고 있었다. 그런 후에 아포 린포체와 형은 키푹으로 돌아와 가르침과 전승을 주고받았다. 그 다음에 아포 린포체는 자율Jayul에 있는 타시 통뮌 사원을 방문하였다. 트레통 로로Trethong Loro에서는 사원의 구루 린포체 상을 세운 후 4개월간의 엄격한 은둔 수행에 들어갔다.

1953년 물-뱀의 해 2월에 아포 린포체는 순례를 떠나 레충빠의 명상 토굴과 그의 사원인 목파 체공^{Mogpa Tsegong}을 방문했다. 순례를 마치고 다시 키푹으로 돌아와서 움쩨 세랍, 겐 예세 걀첸과 최근에 자르퇴 참 은둔 수행처에 입소한 사람들의 요청을 받고 그들을 가르쳤다. 그런 다음에 그는 겨울 동안 엄격한 은둔 수행에 들어갔다. 1954년 나무-말 해에 아포 린포체는 키푹에 사람 크기의 금강살타 불상과 어머니의 탄생 본존, 구루 린포체 빠드마삼바바의 8화신상을 만드는 일에 착수했다.

그해 5월 14일에 아포 린포체는 게겐 켄체, 빼마와 함께 치브리에 있는 티폰 빼마 쵸갤을 만나러 걍체^{Gyantse}로 여행하였다. 다음날 아침 빙하가 녹아 만들어진 호수가 붕괴되어 역사적인 '창 대홍수^{Great Flood of Tsang}'를 유발하여 수많은 티베트인들과 동물들이 죽었다. 창의 주민들은 그 홍수가 있기 전에 호수 주변에 지옥계의 존재들이 텐트를 치고 살고 있는 종교적 환영을 보았었다. 이것은 임박한 위험에 대한 부정적인 징조로 풀이 되었다. 아포 린포체와 그의 수행자들은 여기저기에 온통 동물과 사람의 시체로 뒤덮인 것을 목격했다. 만약 그들도 걍체에서 멀리 떨어진 잘못된 길로 접어들었다면 아마 홍수에 휩쓸려 가버렸을 것이다. 그래서 그들은 그 재앙으로부터 떨어진 안전한 거리에서 밤을 샐 수밖에 없었다.

그 달의 17일까지 심각하게 파손된 길이 그들을 드롱체에 남아있게 하였으며, 그 기간 동안 아포 린포체는 홍수로 죽은 사람들을 위하여 가슴 깊숙한 곳에서 우러나는 기도를 하였다. 그런 후에 그들은 여행을 계속하여 타실 훈포, 나르탕, 트로푸, 사캬의 사원들로 나아갔다. 여러 사원에서 예불을 한 후 치브리에 도착하니 그 날이 큰 종교의식이 있는 날이었다. 툴식 린포체는 그 우연의 일치에 기뻐하면서, 그것은 아주 좋은 징조라고 말했다. 그리고 자기의 제자들에게 많은 가르침과 관정을 줄 것을 아포 린포체에게 요청하였다.

어느 날 툴식 린포체의 거처에서 8명의 명상 수행자들이 영약을 만드는 의식을 하고 있었다. 그날 밤 아포 린포체는 꿈에 자신이 오른손에 든 금강완도로 사람의 시체를 잘라서 만들고 있는 알약에 섞어 넣는 것을 보았다. 그가 그 꿈을 툴식 린포체에게 이야기하자 스승과 그 제자들은 그 꿈이 좋은 징조이고 큰 축복이라고 해몽을 했다. 치브리 주변의 모든 성스러운 장소에 대한 순례를 마치고 아포 린포체가 떠나려고 할 때, 그것이 스승과 제자간의 마지막 만남이 될 것임을 알고 툴식 린포체는 슬픔의 눈물을 흘렸다. 키푹으로 돌아오는 길에 동행한 사람들은 아름다운 도시 걌체와 주변 경관이 홍수 때문에 돌무더기와 자갈밭으로 변한 것을 보았다.

1955년 나무–양의 해 3월에 아포 린포체는 창 캄드락 뚤꾸와 많은 군중들에게 나로육법과 마하무드라와 같은 심원한 가르침을 주었다. 그해 6월에 그가 영약을 만드는 의식을 진행하는 동안에 많은 기적이 일어났다. 그 후에 그는 니알 차르와 닥포로부터 온 4천 명이 넘는 군중들에게 가르침과 관정을 주었다. 그 가르침을 끝낸 후 그는 콩포에서 결혼해 살고 있는 여동생 아양, 누나 라모를 만나 함께 오래 머물기 위하여 중국 트럭을 타고 콩포로 떠났다. 아양의 가족들을 위하여 땅을 사서 법당과 사원을 짓는 의식을 거행하고 나서 꽃병을 숨기는 의식을 통하여 평화롭고 증장되고 친근해지며 예속되는 의식이 뒤따랐다. 스승과 본존불과 호법신 '삼근 Three Roots'을 부르는 기도를 백만 번 이상 암송하면서 '불 공양 의식 fire offering ritual'도 행하였다.

그해 가을에 아포 린포체는 라싸를 방문하여 도반인 11대 둑첸 라사 걀찬, 초갤 티첸과 함께 잠양 켄체 최키 로되(1893-1951)로부터 관정을 받고 가르침을 전수 받았다. 켄체 최키 로되의 제자들은 족첸 빼마 릭진, 펜포 날린다 사원의 쵸갤 티첸, 폼다 켄포와 트로가 린포체 등이 있었다. 어떤 때는 둑첸 린포체가 기도실에 들어가는 것을 지각하면 켄체 최키 로되와 아포 린포체는 기다리면서 핵심 교육에 대해 토의하고 있었다. 한번은 위대한 켄체가 철학적 담론을 하는 중에, 아포 린포체는 샤캬 쉬리의 명상과 밀교 가르침을 높이 세우는 모든 상서로운 표시를 다 갖고 있다고 말했다. 이 관정에 참가한 성취자인 족첸 켄포 곤리로부터 아포 린포체는 '보장 발견자 직메 링빠의 지혜의 스승Terton Jigme Lingpa's Wisdom Guru'에 대해 전승을 받았다. 높은 산을 지나 돌아오는 험난한 여행을 마치고 그는 소포 데첸 걀포와 다른 사람들에게 족첸과 관련한 몸, 말, 마음의 가르침을 주고 그들을 산속 은둔 수행처로 보내어 수행하게 했다. 그들은 저녁에 돌아와서 수행 중 의문 나는 것을 묻고 해결하였다.

1956년 불-원숭이 해 7월에 아포 린포체는 제 14대 달라이라마 성하에게 바치는 장수를 기원하는 기도문을 작성하여 키푹에서 대규모 대중법회를 열었다. 1957년 불-새 해에는 티베트 저항세력이 중국군에 항거하면서 전투를 벌여 아주 불안정한 시기였다. 필요하면 부탄으로 피신하는 준비를 해야겠다고 생각하고, 아포 린포체와 이미 둡텐 그리고 다른 많은 사람들이 티베트와 부탄의 국경에 있는 베율 켄파 종Beyul Khenpa Jong에 살고 있는 라마 소남 상뽀에게 갔다. 먼 여행 중 사원들에 머물 때마다 가르침과 구전을 해달라는 많은 요청을 받았고, 동시에 동굴에서 수행하는 그의 문중 수행자들로부터 가르침을 전수받기도 했다. 부탄 국경 인근에서 그는 뒤좀 린포체의 아들인 틴레이 노르부와 소남 상뽀의 딸인 그의 부인을 만났다.

그들은 대나무 오두막에서 살고 있었다. 법본을 갖고 있지 않았기 때문에 틴레이 노르부가 요청한 '위대한 축복의 스승 Guru of Great Bliss'과 샤캬 쉬리의 '심보장' 관정을 줄 수가 없었다. 베율 켄파 종의 높은 곳의 지형이 너무 험난하여 짐을 실은 동물들이 움직일 수 없었다. 그래서 걸어서 소남 상뽀에게로 가는 여행을 마쳤다.

그 시절에 소남 상뽀 문하에는 백 명이 넘는 수행자들이 있었다. 어떤 사람들은 성직자이고 어떤 사람들은 평신도였는데, 이것은 키 풋에 있을 때 샤캬 쉬리의 수행 전통이다. 높이 깨달은 스승이지만, 소남 상뽀는 겉모습이 평신도처럼 보였으며 주변에는 주로 평신도 제자들을 데리고 있었다. 그래서 부탄 정부와 일반 국민들은 이 위대한 스승을 몰라보고 별로 존경하지 않았다. 그럼에도 불구하고 그는 생의 후반기에 수도 팀푸로 가서 왕이 죽었을 때 사리탑을 세우고 장례를 집전하자 아주 유명한 스승이 되었다. 소남 상뽀와 아포 린포체는 스승과 제자 사이이며, 아포 린포체는 다른 제자들과 함께 스승으로부터 가르침과 구전 전승과 관정을 받는 그런 관계였다. 그러나 아포 린포체가 소남 상뽀에게 아포 탁촉이 만든 샤캬 쉬리의 구루요가 관정을 주기도 했다. 그래서 스승과 제자의 관계는 어떤 의심이나 결점도 없이 자유로웠다.

일주일 동안 머무는 동안 소남 상뽀는 아포 린포체에게 요청하여 그의 제자들에게 구루린포체(빠드마삼바바), 관세음보살, 아미타불, 찬달리와 샤캬 쉬리의 심보장 등 많은 가르침을 받게 했다. 그는 또 새로 불상을 만들어 그 앞에 촉tsog 공양을 올렸다. 베율 켄파 종이 수행하기 좋은 장소임을 알고 그는 열심히 명상수행을 할 수 있었다. 아포 린포체가 힘들게 방문 목적을 설명하자, 소남 상뽀는 만약 그들이 티베트를 탈출하여 거기로 온다면 모든 지원과 호의를 베풀겠다고 약속했다.

키푹으로 돌아오는 길에 아포 린포체와 그 수행자들은 하늘색 물속에서 빠드마삼바바의 커다란 흰 손자국이 보이는 네 개의 큰 호수 중 하나인 둡초 빼마 링을 방문했다. 그들은 호수 주변에 있는 동굴도 둘러보았다. 거기는 창빠 갸레와 구루 초왕이 명상수행을 했던 곳이다. 도르제 링에서 아포 린포체는 용첸 예세의 수행 토굴을 수리했다. 그들이 키푹에 도착할 무렵에 제10대 둑첸 린포체와 샤카 쉬리의 넷째 딸 폴라의 아들인 툭세 린포체가 캄 찌가르 사원으로부터 상 응악 촐링에 도착해 있었다. 그래서 아포 린포체는 툭세 린포체에게 빨리 안전한 곳으로 피신하라고 충고했다. "이렇게 즐겁고 평화로운 시기에 다른 곳으로 옮기는 것은 지혜롭지 못한 것이다." 이것이 툭세 린포체의 대답이었다.

이런 결정 때문에 아포 린포체는 중국의 침략으로부터 피해 부탄으로 갈 수 없었다. 심지어 이 시기에 다른 사람들이 탈출하려고 준비를 하는데도 아포 린포체와 툭세 린포체는 공부하는 장소인 상 응악 셸링 쉐드라를 버리기 힘들었다. 툭세 린포체는 기억에 남을 선언을 했다. "존재의 삼신이 다 두려움에 떤다고 해도 나는 두렵지 않다." 그렇지만 하루하루 높아져 오는 위험 때문에 결국은 피신할 수밖에 없었다. 캄의 영웅적 전사인 추시 강둑과 함께 저항군들이 키푹에 도착했을 때, 아포 린포체는 그들에게 성스러운 보호 부적을 주고 죽은 자들을 위해 장시간 기도했다. 그 해 12월에 둡텐 갸초와 돌라는 버터와 치즈를 팔러 키푹을 떠나 라싸로 갔다. 그들을 통하여 지방 장관이 망명의 필요성을 강조하는 편지를 보내왔다. 그제야 아포 린포체와 그의 수행원들은 더딘 준비를 하고 키푹을 떠나 클룽으로 향했다.

1958년 땅-개의 해 1월 23일에 툴식 티폰 빼마 쵸갤이 입적하자, 중국의 침략으로 혼돈의 상태였지만 필요한 장례의식을 거행했다. 아포 린포체의 부인 오기엔 최된, 정신적 스승인 왕걀과 응아왕 린첸이 함께 동행하여 클룽에서 약 20일을 머물렀다. 부처님의 신·구·의를 대표하는 값진 물건들을 상 응악 쵤링과 키푹으로부터 운반해 와서 이 계곡의 동굴에 쌓아 두었다. 어떤 값진 물건들은 계속 도둑을 맞았다. 거기로부터 탈출하는 사람들은 북인도의 국경을 넘을 수 있었다. 그러나 여기 탁싱에서 아포 린포체는 심각한 열병을 앓고, 물 문제와 친숙하지 못한 환경 때문에 건강이 악화된 상태였다. 그의 부인도 쇠약해지는 열병에 걸려, 그들은 두 달 동안 아쌈주에 있는 레와탕으로부터 앞으로 나갈 수가 없었다.

젊은 11대 둑첸은 탁싱을 거쳐서 탈출하는데 천 년 된 나로빠의 6개 장신구를 포함하여 그의 법맥의 정신적 보물들을 옮기는데 큰 장애가 발생했다. 그래서 아포 린포체는 상 응악 쵤링의 집사와 귀족들에게 권하여 말했다. "지금까지 당신들은 둑 라브랑Drug labrang을 위해 헌신했고 또한 거기에 의지했다. 지금 이 중대한 시점에 당신들만 생각하지 말고, 모두 자발적으로 이 종교적 물품들을 인도까지 옮겨야 한다." 긍정적인 반응 때문에 문중의 보물들은 12대 둑첸 린포체와 함께 다르질링에 있는 상 응악 쵤링의 소유로 남게 되었다.

아포 린포체가 레와탕에서 심하게 앓자, 시자인 이미 둡텐이 손짓 발짓으로 그 상황을 인도 당국자에게 설명하여 아포 린포체와 병든 아내를 헬리콥터로 닥포리추까지 이송 할 수 있게 되었다. 11대 둑첸을 비롯한 다른 수행자들은 걸어서 닥포리추까지 가는데 17일이 걸렸다. 아포 린포체는 그곳에 인도 정부가 접견 센터로 지은 대나무 집에서 머물고 있었다. 여기서 그는 다시 폼다 켄포와 만나 저녁 늦게까지 모닥불에 둘러앉아 다른 친구들과 함께 철학적 관점에 대해서 토론하고 여러 방면의 부처님법에 대해 토론했다. 늦게 법주 스승 세랍은, 폼다 켄포가 말하기를 지금까지 티베트에서 수많은 라마승들과 켄포[180] 들을 만나 보았지만, 아포 린포체 만큼 지식이 있는 사람은 보지 못했다고 한 말을 회상하였다. 그 후에 도반들은 칼림퐁에서 함께 뒤좀 린포체 성하의 가르침을 받을 수 있었다.

닥포리추에서 아포 린포체가 머물고 있던 시기에 꿈에 구루 린포체가 나타나 만약 그가 서인도 지역을 방문한다면, 부처님법과 일체중생에게 이익이 될 것이라고 말했다. 그래서 그는 수행단을 보내어 지명된 그 지역을 방문하게 했다. 그러나 자기는 병이 위중하여 살아남을 희망이 거의 없다고 그들에게 상기시켰다. 육체적으로 연약한 티베트인들은 인도 정부의 지원을 통하여 아쌈주의 미사마리 난민촌으로 항공 이송 되었다. 미사마리에서 아포 린포체는 시킴의 장관에게 편지를 써서 히말라야 불교 왕국에 다시 자리 잡는 것을 지원해 달라고 요청했다. 그 장관의 두 딸이 툴식 린포체에게 출가하여 여승이 되었기 때문에, 아포 린포체와 그의 부인 및 수행단은 1960년 철-쥐의 해 1월에 강톡에 도착할 수 있었다. 거기서 그들은 탁체 은둔 수행처에서 머물도록 초대받았다. 그곳은 샤캬 쉬리의 가까운 제자들인 요가 수행자 최닥 갸초와 링톡이 최근에 지은 은둔 수행처였다.

그 당시 부쿠사(서 뱅갈주에 있는 마을)에 있는 라마승 난민촌에 배정되어 있던 11대 둑첸이 염려되어서 아포 린포체는 그를 시킴으로 옮기려고 시도했다. 그러나 그 젊은 환생자는 건강 악화와 인도 날씨에 적응하지 못해 세상을 등지고 말았다. 아포 린포체가 부쿠사에 도착했을 때, 이미 다비식을 한 상태였다. 그러나 그는 툭세 린포체와 함께 그의 환생자를 찾을 수 있을 것이라고 의논했다. 그런 연후에 상 응악 최링의 집사와 다른 사무원들이 그 11대 보좌를 가진 분의 모든 재산을 아포 린포체가 책임질 것을 요구하였다.

1961년 12월 5일 아침에 세이 린포체 응아왕 겔렉 남걀이 아포 린포체와 오기엔 최된 사이에서 태어났다. 그곳은 시킴의 탁체 은둔처에 있는 그들의 새로운 집이었다. 툭세 린포체와 켄첸 노리앙이 다르질링으로부터 방문하였고, 아포 린포체는 툭세 린포체에게 귀의대배와 성직자에 대한 절을 새로 태어난 아이에게 하라고 하면서 어떤 장애도 떨쳐버리기 위해 아이에게 번뇌 자르기 수행인 쬐chod 수행 관정을 주라고 요청했다.

그 후 아포 린포체와 수행원들은 다르질링에 망명 중인 상 응악 최링 사원으로 여행했다. 그곳에서 그들은 사원의 시종들과 만났고 고인이 된 11대 둑첸에게 공양을 올리기 위해 순례를 떠났다. 바라나시와 보드가야의 부처님 성지와 암리차르에 있는 시크 골든 사원을 방문한 후 그들은 초 빼마에 도착했다. 초 빼마는 구루 린포체가 만다라바 공주와 함께 명상을 한 성스러운 장소다. 거기서 아포 린포체는 리고 자델과 그의 부인 타르퉁 뚤꾸를 만났으며, 대중들을 위한 '구루 사다나Guru Sadhana' 수행인 '공양의 귀중한 연합Precious Union of Offering'이라는 밀교 성례 입문식을 집전했다. 그 후 그들은 다시 보드가야를 방문했으며, 몬람에서 열린 '위대한 기도자의 축제Great Prayer Festival' 기간 동안 그들은 '대자유를 위한 공성의 공양Offering of Emptiness for the Greater Liberation'을 실행하였고, 상 응악 최링의 승려들과 협조하여 대중들에게 구호품을 나눠 주었다. 그리고 둑첸 린포체가 지고하게 현현하는 빠른 환생을 위해 헌신의 기도를 했다.

---

180) 닝마, 까규, 샤캬 전통에서 모든 불교과정을 마치고 시험에 합격한 사람을 켄포라고 한다. 겔룩파에서 이와 유사한 호칭은 게쉐(Geshe)라고 한다.

시킴의 탁체로 돌아와 아포 린포체는 신실한 헌신자들에게 마하무드라 예비수행과 본수행을 가르쳤다. 그 다음에 샤데우 툴식 린포체가 후원한 칼림퐁에 있는 뒤좀 린포체에 의해 주어진 '닝마 카르마 관정Nyingma Karma Empowerment'과 교육에 참석하였다. 그는 속체 린포체, 카규르 린포체, 폴로 켄포와 토르가 린포체와 함께 전체 가르침을 받았다. 그런 다음 다시 그는 탁체의 은둔 수행처로 돌아갔다. 샤캬 쉬리의 직제자로 카르당 사원의 원장인 라마 쿤가 템파 걀첸이 아포 린포체에게 갈샤(히마찰 프레데시 주의 라호울족 자치구)를 방문해 달라고 여러 차례 요청했었다. 그는 1962년 물-호랑이 해에 갈샤에 도착하여 티베트력으로 6월 15일에 거대한 리셉션에서 환영을 받았다. 그 다음 달에 그는 탁나 린포체의 초대로 타율둑빠사원을 방문했다. 거기서 그는 영약을 만드는 수행을 하였고, 그 수행의 관정을 주었다.

그가 강톡을 떠날 때에 아포 린포체는 원래 그 해 겨울에 시킴으로 돌아올 계획이었다. 그래서 세이 린포체와 그의 어머니는 강톡에 남아 있었다. 그러나 갈샤의 불자들이 강력하게 원하고 요청함에 따라 그는 그곳에 영구적으로 남기로 결심했다. 그래서 7월 말에 이미 둡텐과 가르샤 시치를 보내어 그의 부인과 아들 그리고 정신적 스승인 남걀을 그들의 새 집으로 모셔 오도록 했다. 한 달 후에 실리구리 철도역에서 딜고 켄체 린포체와 그 수행원들을 만났다. 세이 린포체가 건강이 좋지 않다는 말을 듣고 딜고 켄체는 그의 허리띠에서 줄을 하나 잘라내어 그 아기를 보호하는 줄이 되게 했다.

그 사람들은 물-호랑이 해의 8월에 라호울(갈샤)에 도착하였으며, 9월에는 그들이 5년간 머물 카당 사원으로 옮겨갔다. 그곳은 샤캬 쉬리의 가까운 제자인 라마 노르부가 자리 잡고 있는 곳이었다.

그 시기에 기억할만한 두 가지 사건은 라호울을 방문한 달라이라마 성하를 잠시 만난 것과 족첸 켄포 다세르로 부터 미팜 린포체의 가르침인 '자세한 지식의 등불Lamp of the Precise Knowledge'을 배운 것이었다.

1963년 물-토끼의 해에 아포 린포체는 라다크와 잔스카르로부터 온 많은 제자들에게 나로육법을 가르쳤다. 그들은 이전에 툴식 빼마 쵸갤로부터 수행 입문을 받기 위해 티베트를 방문하였으나, 티폰 린포체가 나이가 많아 그것을 전수하지 못했었다. 아포 린포체는 또한 매년 겨울마다 그 문중의 '젖은 옷 입기'의 '내부 열 수행' 뚬모를 시작했으며 오늘날까지 그 수행은 계속되고 있다. 이 시기에 카르당에서 두 딸이 태어났다. 첫째 딸 데첸 왕모는 그녀의 혀에 '아'자가 새겨져 있었다. 그러나 슬프게도 이 특별한 아이는 그들이 빵기로 옮겨갈 때 세상을 떠났다. 강가에 그녀가 묻힌 자리 옆에서 물이 샘솟아 계속 흘러내리고 있다. 그의 둘째 딸인 세이모 틴레 최된은 1965년 나무-뱀 해에 태어났다. 대규모 수행원들과 아이들이 태어남에 따른 문제가 생김에 따라, 아포 린포체는 좀 더 안정된 상황을 찾았다. 점을 쳐 보니 가까운 곳에 있는 빵기 지역이 가장 좋은 장소로 나왔다. 거기는 그가 이미 몇 번을 초대받아 갔던 곳이다. 잔스카르로부터 온 두 명의 제자를 그곳에 보내어 상황을 점검해 보라고 했더니 바로 긍정적인 보고가 왔다.

그래서 1966년 불-말의 해 5월에 아포 린포체가 그의 수행원들과 함께 빵기로 떠날 때, 그는 대중들과 갈샤의 지도자들에게 그 때 옮겨가는 것은 일시적인 것으로 곧 돌아오겠다고 말했다. 빵기에서는 지역 공동체가 그에게 수랄, 긴나르, 호나르 사원을 제공하였으며 그는 이 사원들을 돌볼 책임자를 임명했다. 수랄 사원을 수리한 후 그는 제자 출팀과 라다크인 암치 릭진에게 6요가와 나로육법을 가르쳤다.

1967년 12월 15일에 그의 둘째 아들인 잠뻴 도르제가 태어났다. 그 때 뼈로 만든 나팔인 본 트럼펫이 울려 명상 안거의 해제를 알렸다. 그리하여 아포 린포체는 수랄 사원에 30피트 높이의 석가모니상을 만들었고, 동시에 구루 린포체와 악쇼비야 상도 사람 크기로 만들었다. 마날리로 옮겨온 후에 그는 수랄사원의 벽화를 그려 그 사원에 주었다. 이 시기에 지역공동체는 세이 린포체에게 힐루투안 사원을 제공했다.

라다크의 세습 왕인 쿤상 남걀, 헤미스와 체데 사원의 집사인 응아왕 왕 노르부, 그리고 탁나 린포체로부터 초대를 받고 아포 린포체는 라다크로 갔다. 라다크 사람으로서 툴식 빼마 쵸갤은 그곳에서 나로육법과 비밀 구전 법맥의 가르침들이 전수되어야 한다는 희망을 갖고 있었다. 그의 특별한 제자가 온 것은 그의 소원을 성취한 것이었다. 아포 린포체와 가족들 그리고 수행원들은 헤미스에서 이틀을 보낸 후 고창 은둔 수행처로 가서 마날리로 돌아올 때까지 거기서 계속 3년을 머물렀다. 은둔 수행처 옆에는 고창빠가 명상수행했던 동굴이 있으며 그곳은 수행의 걸출한 역사를 갖고 있다. 그러나 아포 린포체가 그곳을 방문했을 때는 겨우 관리인 한 명만 있었다. 비슷하게 카스팡 은둔 수행처도 기도를 위해 노인들만 방문하는 곳이 되어버렸다.

그의 강렬한 열정과 함께 백 명 정도의 스님과 비구니들이 그의 문하에서 공부하기 위해 몰려들었고, 일반 신도들도 가르침을 받기 위해 모였다. 3년간의 나로육법 수행을 위한 은둔처가 세워져 오늘날까지 이어지고 있다. 카스팡 사원에는 밀라레빠, 마르빠와 감뽀빠 상을 제작하였고 고창의 높은 곳에 있는 성소에는 툴식 빼마 쵸갤의 입상이 새겨졌다. 가장 혁신적인 방법으로 그는 사원들에게 약간의 땅을 기부하라고 요청하여, 그의 큰스님들과 비구, 비구니, 은둔 수행자 들이 먹고 살 수 있게 작물을 경작하게 하였다. 라다크에서는 오늘날까지 은둔 수행처에서 수행이 유지되고 있다.

그가 구루 린포체의 현몽에 따라 라다크에서 불법과 일체 중생을 위한 봉사를 해 왔지만, 그의 건강 악화와 매서운 추위 때문에 그는 남쪽의 마날리로 옮겨갔다. 거처를 옮기기 전인 1970년 9월에 라다크의 사원 관리자들에게 툭세 린포체를 초대하여 다시 살아난 불법 수행을 계속하라고 당부했다. 결과적으로 툭세 린포체는 제12대 둑첸인 직메 빼마 왕첸과 함께 그곳을 방문하였으며, 그것은 불교를 믿는 북서 히말라야 지역에 둑빠 까규 전통을 새롭게 번창시키고 전파하는 시발점이 되었다.

1971년에 딜고 켄체 린포체 성하가 따시종의 캄파갈 사원에 있는 제8대 캄툴 린포체로부터 초대를 받아 8권의 책에 들어있는 '고귀한 가르침의 보장Treasury of Precious Instructions'을 전수해 주었다. 아포 린포체와 세이 린포체도 저명한 큰스님들인 탁룽 체툴, 뇨술 켄포, 종사르 켄체, 도종 두구 최걀, 상게 니엔파 린포체 등 수많은 대중들과 함께 참석하였다. 거기서 아포 린포체는 딜고 켄체 린포체의 요청으로 '다키니의 비밀 모임Secret Assembly of Dakinis' 가르침을 전수해 주었다. 이 법회 기간 동안에 부처님법과 관련한 심원한 주제에 대해 토론이 자주 있었다. 그 후에 딜고 켄체는 그의 제자 약간을 마날리로 보내 아포 린포체로부터 마하무드라를 배우게 했다. 네텐 초클링의 아들인 우기옌 톱걀 린포체는 딜고 켄체가 어느 날 이렇게 말했다고 회상한다. "모든 지고의 깨달음을 가진 사람이 아포 린포체다."

마날리에 머무는 동안에 라다크, 라호울, 빵기, 부탄과 시킴으로부터 끊임없이 흘러 들어오는 제자들은 아포 린포체의 접견을 희망하면서 마날리에 도착하였다. 심지어 불법을 공부하는 저명한 학인들이 아르헨티나, 미국, 영국, 이태리, 스웨덴으로부터 와서 아포 린포체를 그들의 정신적 안내자로 삼았다. 그들은 불교에 헌신적으로 귀의하였다. 티베트 작품기록도서관장인 갸초 체링과 케춘 상포가 마날리를 방문하여 린포체에게 그들의 연구소를 방문해달라고 요청했다. 그러나 쇠약해진 건강 때문에 갈 수가 없었다. 1971년 갈샤에 마지막 방문을 했을 때, 아포 린포체는 말했었다. "나의 여생은 3년밖에 남지 않았다." 그런 다음 그는 중요한 문서들을 그의 아내나 아들 명의로 바꾸었다. 그 마지막 갈샤 방문 시에 그는 세속적으로 윤회하는 존재들은 어떤 열매도 맺을 수 없으므로 모든 사람은 그들의 삶을 불법 수행에 초점을 맞추고 노력해야한다고 충고했다.

겨우 몇 달 밖에 살 수 없음을 알고 1974년 티베트력 1월에 아포 린포체는 툭세 린포체에게 요청하여 미래의 법맥 보유자인 세이 린포체을 다르질링으로 데리고 가서 상 응악 촐링 사원에서 전통적 방식의 훈육과 교육을 받게 하라고 했다. 마지막 몇 주 동안 그의 시자들은 간청하여 마날리로 가서 더 나은 치료를 받으라고 했다. 이 말을 듣고 아포 린포체는 밀라레빠가 한 말을 들려주었다.

> 외딴 곳에서 죽는 것,
> 내가 아플 때 아무도 아는 사람이 없는 곳에서
> 나의 죽음에 울어줄 사람 한 명 없으면
> 나 요가수행자의 소원은 성취된 것이네.

특별한 티베트 밀교 요가수행자의 말을 인용한 후, 아포 린포체는 다른 곳으로 여행하여 그의 시자들에게 부담을 지우는 것 보다는 그냥 그 은둔 수행처에 평화롭게 머물기를 희망했다. 입적하기 전날에도 피곤함이나 불편함을 드러내지 않고 아포 린포체는 제자들이 거론한 핵심적이고 심원한 수행에서의 제일 중요한 점이 무엇인가에 대한 물음에 답했다. 그는 그가 입적하기 전까지 제자들이 명확하게 이해하지 못한 중요한 의미에 대해 명확한 가르침을 주었다.

이 인간계에서 모든 일을 다 마치고, '핵심적 구전Essential Transmission'의 가르침을 조명했던 위대한 존재인 아포 린포체는 다른 존재계에 머물고 있는 한량없는 중생들의 이익을 위하여 1974년 7월 16일 티베트력으로는 나무−호랑이 해 5월 26일 오후 3시에 세수 53세의 나이로 열반하였다. 그는 가부좌를 하고 앉아 몸을 바로 세우고 손을 편하게 한 채로 열반하였다. 그는 죽음 후의 명상 수행인 툭담thugdam을 유지한 상태로 6일간을 숨을 쉬지 않고도 몸의 열을 잃지 않았다. 장마철인데도 불구하고 햇볕이 자주 내리쬐면서 무지개가 뜨고 6일 내내 완전히 청명한 날씨였다. '정광명 수행clear light meditation'이 끝나갈 무렵, 땅이 진동하는 것과 같은 많은 놀라운 징조가 있었다. 그 다음 그의 시신은 소금으로 염을 하여 보신불의 장신구에 옷을 입혀 방에서 7일을 더 보냈다. 13일 동안 그의 육신이 남아 있었지만, 덥고 습기 찬 날씨에도 불구하고 달콤한 향기를 풍겼다. 더욱 더 손과 발은 굳지 않고 유연하여 어떤 자세로든 자유롭게 움직일 수 있었다.

7월 27일 티베트력으로 6월 10일은 아주 길상한 날이었다. 툭세 린포체와 켄첸 노리앙이 아포 린포체의 시신 동쪽에 앉아 승락금강 진언에 따라 불 공양 의식인 다비식을 진행하였다. 아찐 린포체는 남쪽에 앉아 금강살타 수행에 따라 의식을 수행하였다. 서쪽에는 켄포 툽텐이 앉아 악쇼비아^Akshobhya(아촉여래)와 관련된 수행으로 의식을 진행했다. 북쪽에는 뒤궁 둡첸 쿤가 린포체가 앉아 평화와 분노의 본존들과 연관된 뒤궁 법맥의 수행에 따라 다비식을 진행했다. 화장을 하는 동안에 날씨는 맑았으며 무지개가 뜨고 축복의 비가 잠시 내렸다.

화장 사리탑 문을 닫는 동안에 그의 머리는 똑바로 서있었고 두개골이 타지 않았다. 삼일 후에 그 사리탑을 열어 보니 뼈 몇 개가 타지 않고 남아 있어 자세히 보니 그것들은 바즈라킬라야(지혜와 방편의 분노존)와 밀라레빠의 모습을 하고 있었다. 새하얀 이 하나와 심장, 혀 그리고 눈은 일체 중생이 이익을 쌓는데 의지하도록 남아 있었다.

이 훌륭한 전기는 측근 제자인 게겐 켄체 갸초가 기록한 바다와 같이 거대한 아포 린포체의 인생 결산서를 편찬한 것이다. 후에 케춘 상포에 의해 편집되어 전기의 기초가 되었다. 거기에다 린포체의 평생 친구이자 집사였던 이미 둡텐 갸초가 모은 자료를 중복되는 것 없이 더하여 만들었다. 이 전기는 티베트력으로 17랍중 물-용의 해 사가 다와^Saga Dawa(4월에 열리는 부처님오신날 축제) 15일에 완성되었다.

이미 둡텐 가쵸 지음

세이 린포체 전기

티베트 수행자의
삶과 해탈에 관한 이야기

S
e
y

R
i
n
p
o
c
h
e

응아왕 겔렉 남걀 린포체는 걀와 고창빠의 환생자로 알려진 툴식 응아왕 빼마 쵸걀 의 환생자로 1961년 12월 5일 티베트력으로는 16랍중 철-소의 해 7월 7일에 시킴의 탁체^{Taktse} 은둔처에서 태어났다. 그는 법맥을 지니고 있는 고귀한 독덴 샤캬 쉬리의 손자인 둡세 아포 린포체 응아왕 예세 랑돌과 부인 오기엔 최된 사이에서 태어났다. 태어난 지 7일 후에 그의 삼촌인 둥세 툭세 린포체와 켄첸 노리앙이 다르질링(인도 서 벵갈 주에 있는 작은 도시)에 있는 상응악 쵤링 사원으로부터 와서 탁체의 은둔처에 도착하였다. 아이의 아버지인 아포 린포체의 요청에 따라 툭세 린포체는 장애를 예방하고 막기 위하여 어린 환생자에게 피난처를 주고 귀의대배와 서품 서약을 하면서 함께 쬐^{chod}라는 번뇌 자르기 관정을 주고 이름을 응아왕 겔렉 남걀이라 했다.

1967년에 어린 환생자는 아버지와 가족들과 함께 달하우시를 방문하여 거기서 3개월 동안 살았다. 그 기간 동안에 그의 전생인 빼마 쵸걀의 제자들과 동료들은 물론이고 빼마 쵸걀의 최측근 제자였던 라다크에서 온 탁나 린포체 등이 돌아가신 티폰 린포체의 위대한 환생자는 그 탄생지가 어디인지 자세히 알려달라고 캅제 뒤좀 린포체에게 요청했다. 뒤좀 린포체는 신통력으로 바라보면서 아포 린포체의 첫 번째 아들이 틀림없는 환생자로 확정되어야 한다고 선언했다. 그리고 만약 스승과 본존과 호법 세 뿌리(三根)에게 큰 공양을 올리고 예경하면 그 아이는 부처님법과 일체중생에게 위대한 은혜를 베푸는 사람으로 꼭 나타날 것이라고 했다. 그는 대중들에게 이를 꼭 명심하라고 충고했다.

티폰 린포체의 핵심적인 시자였던 최덴도 이 아이를 살펴보기 위해서 네팔의 샤쿰부로부터 달하우시로 달려왔다. 정신적 제자였던 그는 자유스럽게 아이와 함께 놀면서 전생에 갖고 있었던 여러 가지 물건들인 기도문, 소고와 요령, 수미산과 사주(수미산을 중심으로 있는 네 개의 큰 대륙으로 동승신주, 서우하주, 남섬부주, 북구로주를 말함) 및 천상계를 그린 그림을 보여주었다. 그 그림은 전생 스승의 기술에 따라 그려진 것이었다. 그 그림을 붙잡고 어린 환생자는 소리쳤다. "이건 내꺼야. 이걸 어디서 구했어요? 이제 돌려주지 않을래요. 내 것을 다시 내가 가져야겠어요." 이 말을 듣고 최덴은 너무나 기쁘고 또 서러워서 그의 마음 속 깊은 곳에서는 이 아이가 틀림없다는 확신을 갖게 되었다.

그 시기에 티베트의 비극적인 정치적 상황 때문에 전생의 제자들과 동료들은 뿔뿔이 흩어져 샤쿰부를 포함한 많은 지역에서 피난민처럼 살고 있었다. 이런 장애에도 불구하고 시자 최덴은 치브리 추상 뚤꾸, 셍닥 린포체, 롱곤의 라마 잠양 닥파, 셸카르 링파, 칼상 남걀과 다른 여러 전생의 제자들과 믿을 만한 동료들에게 다음과 같은 사실을 알렸다. 로폰 강그리가 제16대 걀와 캄파 성하에게 요청하고, 동시에 라다크 탁나 린포체가 뒤좀 린포체에게 요청하여 그 어린 아이가 의심할 여지없이 티폰 빼마 쵸갤의 환생자라고 확인했으며, 최덴 자신도 모든 직접 간접의 조사를 했다고 알렸던 것이다.

불안정한 정치적 상황 때문에 그 시기에는 그 틀림없는 환생자를 네팔로 초대하는 것이 어렵게 되었다. 그래서 치브리 추상 뚤꾸를 비롯한 그의 전생에 측근이었던 제자들이 함께 문서로 아포 린포체에게 간청하여 당분간 그 어린 환생자의 교육과 다른 필요한 사항들에 대하여 의무를 다해 달라고 요청하였다. 여기에 부응하여 여섯 살 배기 환생자는 전통의식에 따라 대관식을 하였다. 그때는 그것이 가능한 상황이었다. 그날은 1967년 10월 7일로 티베트력으로는 16랍중 여성 양의 해 8월 11일로 아주 길상한 날이었다. 대관식을 한 장소는 인도 북서부에 있는 히마찰 프레데시 주의 달하우시였다. 그 의식에는 존경받는 아버지 아포 린포체가 입회하였으며 딩리로부터 온 삼둡 고망 샤캬 문중의 많은 사람들과 툴식 빼마 쵸갤의 가까운 제자들, 웅아리 캉사르 문중의 사람들과 그 당시 남부 티베트에서 살고 있던 차르 주의 상 웅악 쵤링으로부터 온 롱최 캉사르 문중의 사람들이 참석했다.

1970년 11월, 티베트력으로 철-개의 해 9월에 마날리의 치메 둡 빼 가찰 사원이 거의 준공될 시점에 그는 아버지 아포 린포체와 가족들과 함께 마날리 시내 위쪽에 있는 그곳에서 정착하기 위해 이주했다. 철-돼지 해인 1971년에 많은 캄족 티베트인들과 독덴들이 제8대 캄툴 린포체 주변에 모여 사는 따시종의 캄파갈 사원에서 캄제 딜고 켄체 린포체가 '수행 법맥 8개 마차의 핵심적 가르침에 대한 보장Treasury of Quintessential Instructions of the Eight Chariots of the Practice Lineage'의 관정을 주고 전승할 때 그는 아버지와 함께 그 고귀한 가르침을 받았다. 마날리에 있는 집에 있을 동안에는 그의 아버지가 멀고 가까운 곳에서 몰려든 제자들에게 그 어떤 것을 가르치더라도 그가 함께 참가하여 하나도 빠짐없이 열심히 들었다.

1974년 티베트력으로 물-호랑이 해 1월에 툭세 린포체가 켄첸 노리앙과 함께 라다크로부터 마날리에 와서 7일간 쉬면서 머물고 있었다. 툭세 린포체가 다르질링으로 막 돌아가려고 할 때, 아포 린포체가 그에게 털어놓았다. "이제 나의 건강이 좋지 않다. 얼마나 더 오래 살지 모르겠다. 그래서 아들을 너에게 맡겨야겠다. 너는 삼촌이므로 자연스럽게 그 애는 네 아들과 같다. 부디 그 애가 내적으로나 외적으로 좋은 자질을 갖추는 것을 볼수 있도록 해라." 이렇게 부탁하면서 아포 린포체는 아들 세이 린포체를 툭세 린포체에게 맡겼다.

그해 1월 27일에 세이 린포체는 라다크로부터 온 시자인 의사 암치 릭진과 함께 툭세 린포체를 따라 서벵갈주West Bengal에 있는 상 응악 촐링 사원으로 갔다. 그것이 13세의 환생자가 그의 아버지를 마지막으로 본 것이 되어버렸다. 그 다음 달에 그는 둑빠 까규 법맥의 본찰인 상 응악 촐링에 들어가서 수도승 공부를 시작했다. 그해 5월에 아버지가 돌아가셨다. 마지막 가는 의식을 행하기 위해서 툭세 린포체, 켄첸 노리앙과 함께 환생자는 다르질링에서 마날리로 향했다. 세이 린포체는 깊은 비탄에 잠겨 울었으며 외롭고 슬펐다. 그는 돌아가신 아버지의 성스러운 시신 앞에서 매일 기도했고, 그 상황에서 완벽하게 다비식을 거행하였다.

티베트력으로 8월 초에 그는 동생 잠펠 도르제와 함께 다르질링으로 돌아와 툭세 린포체의 지도하에 2년간을 거기서 공부했다. 그런 다음 1976년 티베트력으로 불-용의 해 8월에 그는 딜고 켄체 린포체로부터 부탄으로 초대한다는 편지를 받았다. 그 달에 젊은 환생자는 아버지의 시자 집사인 이미 둡텐 갸초와 동생 잠펠 도르제와 함께 집을 떠났다. 푼촉링 국경에서 딜고 켄체 린포체를 만난 후, 그들은 차를 몰아 아시 케상 여왕이 아낌없는 지원과 시설을 제공하는 부탄의 수도인 팀푸로 갔다. 그 다음에 그는 딜고 켄체 린포체와 함께 파로에 가서 위대한 닝마 스승으로부터 관정을 받고 핵심적인 가르침을 받았다.

그 후 그는 당시 부탄의 롱초에 살고 있던 샤캬 쉬리의 직제자 소남 상뽀(1888-1984)를 찾아갔다. 세이 린포체는 소남 상뽀를 접견하는 동안 그가 가지고 있는 모든 것을 한 자도 빠짐없이 다 가르쳐 달라고 간청했다. 자기 스승의 후예인 소중한 두 젊은이들에게 강렬한 관심이 생겨, 소남 상뽀는 상서로운 날에 세이 린포체와 잠펠 도르제에게 그들 법맥의 정신적 가르침을 주기 시작했다. 샤캬 쉬리 법맥의 정신적 가르침을 전하는 동시에 스승은 그에게 마하무드라의 중요한 장과 그 세부 항목에 대해 내용과 함께 묻고 시험했다.

그 다음에 그는 나로빠의 독특한 가르침인 나로육법을 교육받았다. '내부 열 수행Inner Heat Practice' (배꼽불 수행 또는 뚬모라고 함)의 완전한 요가 자세는 갈첸 뚤꾸 린포체가 시범을 보였다. 그 시점에 종사르 켄체 린포체와 잠펠 도르제가 그와 함께하고 있었다. 그는 종사르 켄체 린포체와 함께 심지어 얼어붙은 높은 산에서 젖은 얇은 흰옷 하나만 걸치고 내부 열 수행을 했다. 그는 또한 소남 상뽀로부터 '마하무드라의 확장된 예비교육Extended Preliminary Teachings of Mahamudra'을 읽어서 전수받는 가르침을 받았다. 그것은 제10대 둑첸 린포체가 소남 상뽀에게 독단으로 가르쳐준 것이라고 했다.

이 뿐만 아니라 소남 상뽀는 그에게 아주 자세하게 샤캬 쉬리의 구전 6수행법 모두를 전해 주었다. 그것은 위대한 수행자 샤캬 쉬리의 최측근 제자인 로폰 몬람 랍상이 정리한 것이다. 그리고 문자 전승도 가르쳐 주었다. 중간 중간 짬을 내어 그는 샤캬 쉬리의 심보장mind treasures인 법신 다르마까야, 보신 삼보가까야, 화신 니르마나까야와 챤달리(이상적인 여성 파트너를 가리키는 말로 성 에너지를 말함) 수행 관정을 받았다. 그는 또한 뗄뙨(숨겨놓은 경전인 보장 발견자) 초클링의 보장 가르침 관정도 받았다. 그것에 더하여 '정광명Clear Light'과 구전법맥의 완전하고 간결한 교본인 '기술적 방편의 통로Path of Skillful Means'에 대한 가르침을 받았다.

1977년 티베트력으로 불-용의 해 7월에 그는 파로에 있는 키추 사원을 방문했다. 거기서 그는 딜고 켄체 린포체로부터 닝마파의 35권으로 된 '10만 밀교대장경Hundred Thousand Tantras'과 다른 불경들의 광범위한 해석학적 가르침을 전수받았다. 부탄의 수도 팀푸를 방문했을 때, 그는 그 당시 인근에 머물고 있었던 켄체 최키 로되의 제자인 리고 자델로부터 약 10일 동안에 둑첸 탕통 걀포의 비밀 구전 4권을 전수 받고 수행 입문을 하였다. 스승 샤캬 쉬리의 발자취를 따라 소남 상뽀는 젊은 제자들을 엄격하게 가르쳤다. 세이 린포체와 약 80명의 학인들이 나로육법과 쬐capitol수행(번뇌 자르기 수행)을 하고 있었는데, 비가 새는 텐트와 숲속까지도 너무 편안한 곳이라고 결론내리고, 소남 상뽀는 그들을 왕디포당에 있는 외딴 곳으로 데리고 갔다. 거기서 그들은 수행하고 잠잘 거처를 동굴이나 돌출한 바위 아래서 찾아야 했다.

그곳에서 강도 높은 수행을 하고 나서, 세이 린포체에게 이제 자기가 갖고 있는 모두를 다 전해주었다고 하면서, 남들이 갖고 있지 않는 기공수행법까지 전해주었다. 세이 린포체는 이 시기가 가장 값진 때였다고 회상한다. "라마 소남 상뽀는 우리에게 벌을 주었거나 고문을 한 것이 아니었다. 우리에게 현혹되기 쉬운 세속적인 안락에 집착하지 말라는 가르침을 주었다." 부탄의 제이 켄포와 켄수르 니세르 뚤꾸 문하에서 샤꺄 린첸의 예비수행에 입문하고 가르침을 받았으며, 도르둡 린포체가 쓴 '동시대 사람들의 연대기^{Chronicle of the Generation Stage}'를 배웠다. 부탄의 롱초르에서 캄뚤 린포체로부터 켄포 셍가의 밀교경전인 '비밀의 정수에 대한 주석서^{Annotated Commentary of the Essence of Secrets}'를 배우고 전수받았으며, 용진 잠펠 파우오의 예비수행과 '다섯 종류의 가르침^{Five Types of Instructions}'을 전수받았다. 그는 또한 캄뚤의 독자적 가르침인 '금강살타 의식^{Rituals of Vajrasattva}'의 관정과 전수를 받았다.

부탄에서 15개월간 살면서 마하무드라와 족첸의 정신적 가르침을 받는 동안 마치 한 꽃병에서 다른 꽃병으로 물을 옮겨 채우듯이 1977년에 그는 다르질링으로부터 한 통의 편지를 받았다. 급히 돌아와 상 응악 췰링에서 툭세 린포체가 주는 관정과 구전을 받을 것을 요청하는 내용이었다. 그래서 그는 티베트력으로 불-뱀의 해 11월에 다르질링으로 돌아왔다. 그는 툭세 린포체로부터 28개의 '금강 꽃다발^{Vajra Garland}'에 대한 위대한 관정을 받았다. 그리고 보드 케파의 강렬한 가르침을 통하여 비로자나불의 화신인 마하카라도 입문했으며 '내부 열 수행'도 입문했다. 켄첸 노리앙으로부터는 '13 차크라삼바라(승락금강)^{Thirteen Chakrasamvara}'와 쿤켄 페가르의 '3대 서원의 장신구^{Ornament of the Three Vows}'를 배웠다. 그와 함께 그 가르침에 참석한 주요 제자를 보면 12대 둑첸 린포체, 코르죄 뚤꾸 오기엔 텍촉, 8대 용진 계파 그리고 셍닥 린포체가 있었다.

1979년 땅-양의 해에 그가 18세가 되었을 때 데라둔에 있는 민돌링 닝마 사원의 딜고 켄체 린포체가 가르치기로 되어 있는 '보석의 보장Treasury of Jewel' 가르침에 참석하라는 초대장을 받았다. 거기에 부응하여 그는 민돌링에 있는 캅제 린포체를 방문하여 그 가르침을 받고 완벽하게 입문하였다. 그 사원에 3개월 간 머무는 동안 최곤 린포체와 가 린포체Ga Rinpoche가 친절한 지원을 해주었다.

세이 린포체는 점차 불교철학 논문 공부에 강한 열망을 느껴 다람살라로 갔다. 그는 '불교담론연구소Institute of Buddhist Dialectics'에 들어가서 3년 간 머물면서 그곳의 학장인 게쉐 롭상 갸초와 게쉐 담최 및 다른 정신적 스승들 아래서 공부했다. 그 연구소 학장은 세이 린포체의 뛰어난 지적 수준에 대해 달라이라마 성하께 보고하여 결국 그들이 만날 때마다 달라이라마 성하는 세이 린포체에게 철학적 교재를 큰 주의력을 갖고 진지하게 공부할 것을 강력히 권고하였다.

그가 스물네 살 때였던 1984년 티베트력으로 나무-소의 해 6월 26일에 사랑하는 어머니가 돌아가셨다. 그래서 그는 갑자기 다람살라에 있는 불교담론연구소를 사직해야 했다. 1986년에 걸출한 가문의 대를 잇기 위하여 그는 영혼의 반려자로 갈샤의 노르진 팔모를 택하여 부인으로 삼았다. 그해에 그는 그의 사원에 대중법회 장소를 건설하기 시작했다. 1988년 27세 때에 캄파갈에서 3개월 이상 있으면서 낭첸 캄으로부터 온 아티라는 수행자로부터 최곤 투톱 최키 갸초가 만든 영광스러운 둑빠 전통의 5성취법을 배웠다. 그리고 4핵심수행인 마하카라(비로자나불의 분노존)의 위대한 입문과 하바그리바, 바즈라파니, 가루다 3가지에 대한 입문, '금강 꽃다발Vajra Garland'에 대한 완벽한 가르침과 입문, '완전한 백 가지 성취법entire hundred Sadhanas'과 80성취자들의 관정, 그리고 '백색 마하카라와 황색 마하카라^{White and Yellow Mahakala'} 가르침에 입문했다.

그 때부터 그는 라다크, 잔스카르, 갈샤(라호울), 쿠누(킨나우르)로부터 계속 몰려드는 제자들과 다르질링에 있는 상 응악 췰링 수행처와 키테르 리, 기타 다른 히말라야 지역에서 이 가르침을 받기 위해 마날리로 오는 많은 사람들에게 나로육법의 모든 요가 자세를 가르쳤다. 그는 또한 캅제 셍닥 린포체에게 비밀 법맥의 완전한 요가자세를 가르쳤다. 더 나아가 그는 라다크 카르죄 뚤꾸는 물론이고 킨나우르, 라다크, 라호울, 빵기와 부탄에서 온 다른 많은 제자들에게 마하무드라 예비수행과 본수행을 가르쳐 왔다. 그와는 별도로 그는 이 구전 법맥의 숭고한 가르침에 귀의하는 많은 사람들에게 친절하게 가르침의 감로를 베풀었다. 이들은 프랑스, 스페인, 말레이시아, 싱가포르, 타이완, 미국, 아르헨티나, 뉴질랜드, 이태리, 벨기에 등 세계 곳곳으로부터 온 수행자들이다.

임종시에 하는 의식인 의식전이(포와)에 대한 성취자라는 그의 명성 때문에 많은 신도들이 몰려들었다. 어떤 때는 백 명에서부터 최소 열 명 정도가 몰려와 그들의 죽은 가족들을 위한 의식전이 의식을 해달라고 요청했다. 어떤 사람을 위해 그것을 행하더라도 그것이 성공하면 죽은 자의 정수리를 길상초^{kusha grass}로 뚫은 구멍에서 피나 혈청이 몇 방을 나온다. 추가적으로 많은 물리적 현상들이 일어나고 모두가 이것을 볼 수 있다. 수많은 경우에 그는 차크라삼바라(승락금강), 바라히(비쉬누신의 화신으로 멧돼지의 얼굴을 하고 있는 지혜의 여신), 구루 쑤카(빠드마삼바바) 관정과 내부열 수행 관정을 많은 지역으로부터 모인 제자들에게 내려주었다. 그는 또한 샤카 쉬리의 심보장인 관세음보살, 아미타불, 찬달리, 구루 차크라삼바라, 빠드마 반짜 수행을 통하여 신성한 영약을 만들어 나누어 주었다. 그리하여 라다크, 라호울, 빵기 기타 지역으로부터 온 제자들에 의하여 경이로운 현상들이 목격되었다.

한편 그 영약을 만든 후에 지역민들에게 장수 관정을 주는 전통을 세웠다. 그는 빵기 지역에 있는 빵기 긴나르, 호나르, 수랄 사원 등 사원들의 법당과 내부 성소들을 수리하거나 건설하는 의무를 맡고 있었으며 젊은 승려들에게 음식물 공급은 물론이고, 티베트학을 가르쳤다. 철자법을 가르치고 '보리도등론Guide to Bodhisattva's Way of Life'과 같은 철학 논문들과 '장점을 모으고 결점을 정화시키는 예비수행Preliminary Training of Amassing Merits and Purifying Demerits', 샤카 쉬리의 '심보장Mind Treasures'은 물론 종교적 의식과 절차를 가르쳤다.

그는 지금 즐거운 삶을 영위하고 있다. 아포 린포체가 살던 치메 둡빼 가찰에서 전해오는 법맥의 부처님법을 신장하면서 부인 노르진 팔모와 훗날 샤카 쉬리 법맥 소유자들이 될 아이들과 함께 살고 있다. 큰 아들 응아왕 타시는 1988년에 태어났고, 딸 타시 최된은 1992년에 태어났다. 1996년에 태어난 작은 아들 소남 린첸은 캅제 툴식 린포체에 의하여 닝마파의 켄첸 로되 드리메이의 환생자로 공식 인정을 받았다. 그는 성장해온 과정을 뒤돌아보면서, 특별한 분들인 소남 상뽀, 딜고 켄체 성하, 제8대 캄툴 린포체, 게겐 켄체 린포체와 특히 그의 아버지 아포 린포체를 만나 가르침을 받은 것은 특별한 은혜를 받은 것이었다고 만족해 한다.

이것이 세이 린포체가 태어나서부터 50세까지의 간략한 전기다.

이미 둡텐 갸초 지음

끝맺는 말

단 한 번의 인생에서 끝없는 연민으로 축복받은 존귀한 스승님은, 궁극적 가르침의 실천이라는 승리의 깃발을 높이 세웠고 수많은 제자들을 성숙과 해탈로 이끌었다. 태양의 빛을 구현한 그는 이 타락한 시대에 가려진 가르침의 가장 내밀한 정수를 성취한 소중한 법맥을 밝혀냈다.

나는 여기서 샤캬 쉬리의 진정한 본모습을 묘사했다. 그의 삶은 타의 추종을 불허하는 업적과 경이로운 사건들 때문에 아주 탁월했다. 이 전기에서 그의 삶은 격식에 얽매이지 않는 문체와 중간 정도의 길로, 이해하는데 어렵지 않게 묘사되었다.

스승의 생애 이야기가

독자들 마음의 호수 속으로 흘러내려

최고의 케타카 보석(물을 정화하는 보석)처럼

불신의 늪을 정화할 것이며

존재들이 그의 아름다운 모습을 볼 수 있도록 할 것이네.

이 꽃다발은 성인의 보석 같은 깨달음

궁극의 정수로 가득 찬

꽃들은 좋은 말 한 가닥을 장식하고

나는 숭고한 장식품으로 신도들에게 공양 올리노라.

가을 달빛처럼 가치 있기를 바라며

열정과 업보의 고통스러운 열기를 진정시켜

진정한 길을 밝히며

해탈의 재스민 정원을 드러내게 될 것이라.

부처님의 교리라는 거대한 하늘의 중심에서

당신은 가르침과 수행의 백만 개 눈부신 광채로 빛나는 태양

그것은 빛나는 선명함의 본질적 전통인

햇빛을 가져왔으니

당신의 미덕과 공로의 햇살이

우주를 밝힐 것이네.

이 빛의 힘에 의해

우주에 가득한 모든 존재들이

무명의 어둠에서 자연스럽게 벗어나

지혜와 깨달음의 등불이 되어

자연스럽고 순수하며 완전한 존재로

불타오를 것이네.

세 번째 부처이자 싯다의 제왕인 샤캬 쉬리의 축복을 받은 아들
쿤장 팍촉 최잉 도르제와 스승의 제자들은 모두 나에게 스승의 일

대기를 써달라고 끈질기게 요청해 왔다. 실존하는 부처라고 할 수 있는 인물인 켄체 왕포와 다른 스승들의 뜻에 따라야 했고, 또한 그렇게 중요한 요청을 거절할 수 없었다. 그래서 영적 스승으로서의 겉모습만 갖추고 있는 나 시투 최키 갸초는 티베트 불교 4개 종파(샤캬, 겔룩, 까규, 닝마)의 가르침을 배운 자들이 점차 사라져 가고 있는 시기에 이 전기를 집필했다.

이 전기가 세상에서 선함과 미덕의 원천이 되기를 바라며, 중생의 바다에서 위대한 성취자의 축복을 만나게 하는 씨앗이 되길 바란다. 모든 분들의 행운을 빈다.

샤캬 쉬리의
둑빠 까규 법맥

샤캬 쉬리(1853-1919)는 동티베트에 있는 둑빠 까규 사원인 두
구 사원에 들어가서 최초로 요가 수행자의 생활을 시작했다. 두구
사원은 두구 지역에 있다. 이 지역은 동티베트의 트라얍, 참도, 라
톡, 데르게 주에 의해 둘러싸여 있으며 자연적으로 숨겨져 있는 환
경이다. 이 사원은 제2대 최걀인 쿤가 갸초 린포체가 건립한 것이
다. 그는 라톡의 왕이 챠크라삼바라 관정을 받고 나서 두구의 땅
을 기부하여 사원을 지을 때까지는 동굴에서 살았다. 그 사원을
건립한 이후 두구 지역은 마치 한 부족의 작은 독립국가처럼 되었
다. 그들은 참도나 라톡 어느 주에도 세금을 내는 일이 없었다.

한 세기 동안 이 지역에서는 수많은 남녀 요가 수행 성취자를 배
출했다. 원래 데첸 삼텐 외살 링이라고 불리던 절이었던 솔데르 은
둔 수행처 바로 아래에 아주 작은 수행처를 건립하여 주로 요기와
요기니들의 은둔 수행에 초점을 맞추었다. 제3대 두구 최걀 린포
체가 두구산 끝자락의 새로운 장소에 다시 사원을 지었다. 두구라
는 말은 자아낸 실뭉치란 뜻이다. 그곳에 살았던 뵌포라는 사람의
전설에 의하면 하늘에서 세 개의 운석이 떨어져서 두구에 세 개의

구덩이를 만들었다고 한다.

티베트 불교 종파 중에서 둑빠 까규는 수행법과 교리 그리고 가르침의 깊이가 원시 닝마 전통에 가장 가깝다. 여기서 둑빠 까규의 간단한 역사를 기술하고자 한다. 샤캬 쉬리 전기에서 언급되고 있는 인물들의 배경 이야기를 이해하기 위해서다.

둑빠 까규는 제1대 둑첸 린포체로 일려진 창빠 갸레(1161-1211)가 창립한 까규파의 한 분파다. 이 종파 성취자들의 법맥은 근본 부처인 바즈라다라에서 시작하여 인도의 대성취자 띨로빠(928-1009)와 대학자이자 성인인 나로빠(956-1040)를 거쳐, 역경사 마르빠(1012-1079), 요가 수행자이자 시인인 밀라레빠(1052-1135), 감뽀빠(1079-1153), 팍모 두빠(1110-1170)를 거쳐 창빠 갸레의 스승인 링첸 레빠(1128-1188)로 이어져 왔다.

창빠 갸레는 서티베트의 창^{Tsang} 지방에서 태어났다. 그가 태어날 때 엄청나게 불길한 징조가 나타나 부모들이 두려워서 그를 버리자 지혜의 다키니가 화신으로 현현한 독수리가 그를 키웠다고 전해온다. 그는 링첸 레빠의 제자가 되어 마하무드라와 나로육법을 마스터하였다.

무명옷을 입은 수행자로 살면서 그는 티베트의 높은 산맥 속에 있는 외딴곳에서 여러 해를 보냈다. 그는 창 지방에서 라룽 사원을 건립하였고 이후 다른 사원을 건립하기 위하여 중부 티베트로 옮겼다. 그는 남 푹^{Nam Phug}에 도착하자 아홉 마리의 용(인도의 밀교 성취자 9인을 상징)이 땅에서 나와 천둥소리를 내면서 꽃비가 내리는 하늘로 올라갔다. 이 사건이 있은 후에 창빠 갸레는 종파 이름을 '용의 구전 전통 Oral Transmission of the Dragon tradition'이라는 뜻인 둑빠 Drugpa 까규라고 했다. 1205년에 용이 나타난 곳에 그가 둑 세와 창춥링 Drug Sewa Changchubling 사원을 세웠고 이것이 둑빠 까규의 본찰이 되었다.

성스러운 순례의 장소이자 힘 있는 명당인 차리 Tsari를 발견한 사람이 창빠 갸레다. 그곳은 밀교 본존인 차크라삼바라와 관련이 있는 곳으로 기억해야 한다. 차크라삼바라는 티베트 불교 신밀에서 잘 알려진 어머니 탄트라의 밀교 주본존이다. 51세에 창빠 갸레가 입적할 때 깨달음의 징표가 나타났다. 화장을 하니 심장과 혀와 눈이 타지 않고 남았으며, 두개골에는 관세음보살, 문수보살, 바즈라파니(금강역사)의 형상이 나타났고 21개의 척추뼈에는 관세음보살의 모습이 찍혀 있었다.

창빠 갸레는 수많은 제자를 둔 것으로 유명하다. 그중에는 높은 경지의 깨달음을 성취한 후 티베트와 인도, 중국, 몽골, 라다크 등지에 둑빠 까규의 가르침을 전파한 제자들이 많다. 창빠 갸레가 예언한 대로 팍촉 도괸 섹파(1208-1276)는 부탄으로 가서 최초의 둑빠 까규 사원인 팍촉 텡 사원과 타고 사원을 건립하였다. 그리하여 둑빠 까규 가르침의 길을 열어 그것이 부탄의 국교가 되게 하였다.

쿤가 팔조르(1426-1476)는 창빠 갸레의 환생자로 제2대 걀왕 둑첸이었다. 그의 뛰어난 제자들 중에는 세 명의 괴짜 성자와 요가 수행자 겸 다리를 건설하는 사람인 탕통 걀포가 있었다. 둑빠 쿤렉(1455-1520)은 세 명의 기인奇人 성자 중 한 명이며 그의 방랑자적 생활과 기이한 행적은 실로 위선과 파벌주의 너머의 깊은 핵심을 가르쳤다. 그의 노래와 여행은 마치 민요처럼 세속적인 것들로 가득 차 있고 자유로운 영혼과 행동으로 연결시키려는 사람들에게 지금도 회자되고 있다.

제3대 둑첸은 잠양 최닥(1478-1523)으로 알려진 분이다. 제4대 둑첸 린포체는 유명한 빼마 까르포(1527-1692) 성취자이며 그는 학자로서 쿤켄 혹은 변지omniscient라는 칭호가 주어졌다. 그가 소장한 장서 중에는 티베트에서 만들어진 것 중에서 제일 귀중한 불경들이 있다. 남티베트에 있는 차르에서 빼마 까르포는 또 다른 사원을 건립하였는데 그것은 둑 상 응악 최링이다.

그의 중요한 제자 중에 용진 응아왕 장뽀는 스승의 명상 법맥을 지닌 분이고, 케왕 상게 도르제는 교학의 법맥을 지닌 분이다. 용진 응아왕 장뽀는 많은 제자가 있었으며 그중 아홉 명의 가장 뛰어난 제자들은 명상이 필요 없는 단계인 마하무드라 깨달음의 최고봉까지 간 분들이다. 그 아홉 명 중 세 명이 용진의 핵심 법맥 소유자가 되었는데, 제1대 캄툴 린포체인 까르마 텐펠(1548-1627)과 제1대 탁창 레빠(1574-1651), 그리고 제1대 도종 린포체인 퀸촉 걀뽀가 이들이다.

스승은 이런 걸출한 세 명의 제자를 각각 다른 곳으로 보냈다. 그는 탁창 레빠를 라다크로 보내어 사원을 건립하고 라다크인들을 위해 일하게 했다. 퀸촉 걀뽀는 그의 업연을 감지하고 중국으로 보내어 그곳에서 수많은 사람들의 정신적 풍요를 효과적으로 이루어내게 하였다. 마지막으로 까르마 텐펠은 티베트 동부지역으로 보내어 수많은 사람들을 가르침의 큰길로 인도하여 깨달음을 이루게했다. 탁창 레빠는 라다크에서 유명한 헤미스 사원을 건립하여 둑빠 까규 가르침을 전파하였고, 이는 그 지역에 엄청난 영향을 미쳤으며 오늘날까지도 주요 불교 학교들에 그대로 남아 있다.

퀸축 걀뽀는 중국으로 가고 있었는데 도중에 강도들이 그를 죽이려고 공격했다. 강도들이 그를 칼로 찔렀으나 그의 몸이 투명하게 변하여 해칠 수가 없었다. 강도들은 놀라 그를 절벽에서 강으로 던져버렸으나 그는 공중에 가부좌를 한 채로 떠 있었다. 이를 본 강도들은 굴복하고 강한 신심으로 그에게 자기들 지역에 머물러 살아 달라고 간청했다.

그가 강도들에게 중국으로 가야 한다고 말하자, 그 강도들은 만약 그가 머물지 않고 간다면 주민들을 모두 죽여버리겠다고 했다. 그들의 결심이 너무 확고하고 그대로 실행할 것 같아, 그는 도르제 종^{Dorje Dzong}이라는 성스러운 장소로 들어가 함께 살았다. 그리하여 그는 도종 린포체로 알려지게 되었다. 거기서 호법들의 도움을 받아 그는 사원을 짓고 사람들의 복지를 위해 일했다. 그는 밀라레빠의 제자였던 레충빠의 환생자로 유명하다.

동티베트에서는 까르마 텐펠이 캄파갈 사원을 건립했다. 그것은 처음에는 커다란 명상 캠프였다. 후에 그와 제자들은 동굴이 많은 성스러운 은둔 수행처인 푹충 동^{Phugchung Dong}으로 들어갔다. 그의 핵심 제자 세 명은 제1대 직갈 린포체인 소남 갸초, 제1대 아듀 린포체인 툴식 틴레 갸초 그리고 제1대 두구 최걀 린포체인 두구 갸초이다. 캄툴 린포체와 그의 제자들은 200개 이상의 사원과 은둔 수행처, 비구니 승원을 건립했으며 그곳에서 수많은 깨달은 성취자들을 배출하였다.

빼마 까르포 때까지는 둑빠 까규의 수장들과 둑첸 린포체까지도 창빠 갸례의 후손들 중에서 뽑았다. 그것은 마치 샤까파의 법맥 계승처럼 혈통으로 이어받는 것이었다. 빼마 까르포의 혈통 계승자는 샵둥 응아왕 남걀(1593-1641)이었는데, 그는 갸^{Gya} 왕가에서 태어나 티베트 최초의 둑빠 까규 사원인 라룽 사원의 제18대 승원장이 되었다. 그러나 빼마 까르포가 죽고 나서 남부 티베트에 있는 상 응악 횔링 사원의 승려들은 같은 집안 출신의 파상 왕포(1593-1641)를 제5대 달라이라마로 인정함과 동시에 그를 빼마 까르포의 공식 환생자로 지정하고 제5대 둑첸 린포체로 추대했다.

빼마 까르포의 후계자로 응아왕 남걀을 내세우려던 라룽 사원과 이해가 상반되어 반기를 든 상 응악 횔링 사원은 라싸에 있는 중앙 정부의 강력한 지원으로 티베트에서 가장 유력한 둑빠 까규 사원이 되었다. 이런 분쟁은 응아왕 남걀을 부탄으로 망명하게 하였으며, 그는 1619년 부탄의 팀푸 계곡에서 체리사원을 건립했다. 그리고 1629년에는 팀푸에서 가까운 곳에 있는 심토카에 쫑^{dzong}이라고 하는 행정 사원을 건립했다. 그는 부탄의 여러 지역을 합쳐 하나의 국가로 통일하여 그곳의 종교 및 세속적 통치자가 되었다. 그 이후로 부탄은 부탄어로 둑율$^{Drug Yul}$ 즉 용의 땅$^{Land of Draggon}$으로 알려졌다. 부탄에서는 아직도 이 전통이 남아 있으며 국민들의 종교적 생활에 가장 큰 영향을 미치고 있다.

1938년에 태어난 유명한 족첸파 최걀 남카이 노르부는 제16대 카르마파 릭파이 도르제와 다른 성취자들에 의해 샵둥 응아왕 남걀의 환생자로 인정을 받았다. 거기에다 까규의 위대한 성취자인 캉카르 린포체(1893-1957)가 1955년에 예언하기를 최걀 남카이 노르부가 세계에서 큰 정신적 기여를 할 것이라고 했다.

제6대 걀왕 둑첸인 미팜 왕포(1641-1717)는 제5대 달라이라마에 의해 발견되어 대부분의 청년 시절을 라싸의 포탈라궁에서 보냈다. 그는 저명한 학자가 되었고 티베트와 라다크 사이의 전쟁을 종식시키는 정치적 역할을 했다.

제7대 둑첸인 까규 틴레 싱타(1716-1766)는 까르마파, 타이 시투와 함께 그 시대의 비범한 성취자였다. 그는 특별히 상빠 까규 가르침에 조예가 깊었고 까규와 닝마 가르침을 동시에 보전하는 역할을 했다. 그는 네팔 왕의 자문을 맡았으며 카트만두 계곡에 있는 세 개의 탑인 스와얌부, 보드나트, 나모부다를 복원하였다.

제8대 둑첸인 쿤식 최키 낭와(1767-1822)는 파오 충락 텡와의 환생자인 그의 스승에 의해 많은 비밀 가르침을 받아 신뢰를 받게 되었음은 물론이고 다키니들과 밀교 본존들로부터 수많은 가피를 받았다. 그는 일생을 통하여 모든 까규파 학교의 책임을 맡았다. 티베트 정부에 특별고문 역할을 했음은 물론이고 그의 예언과 환생자를 인가하는 능력은 아주 유명했다. 제9대 달라이라마 룽톡 갸초와 그 시기의 까르마파를 공식 인가한 사람도 바로 그였다.

제8대 둑첸의 공식 환생자로는 제14대 까르마파의 가까운 친척 형제였던 직메 밍규르 왕걀(1823-1883)이 지명되었다. 아좀 둑빠는 이 전기에서 자주 언급되는 샤캬 쉬리의 중요한 스승 중 한 명인데, 주요 둑빠 까규 성취자들에 의해 제8대 둑첸의 환생자로 인정받았다. 아좀 둑빠는 그의 전생 때문에 오로지 둑빠라는 이름을 유지했다. 그는 당대의 가장 중요한 족첸 마스터였고, '족첸의 마음의 정수 Heart Essence of Dzogchen'에 대한 법맥 소유자였다. 최걀 남카이 노르부는 무지개몸을 성취한 그의 삼촌 독덴 오기엔 텐진과 팔율의 유명한 라마승들에 의해 아좀 둑빠의 환생자로 비공식 인정을 받았다.

직메 밍규르 왕걀은 샤캬 쉬리의 일생 중 전반부에 살았으며 그의 후계자인 제10대 둑첸 미팜 최키 왕포(1884-1930)는 샤캬 쉬리의 제자가 되었다. 비록 그의 전기 속에 명확하게 기록되어 있지는 않지만, 샤캬 쉬리가 맨 처음 두구 사원에 들어갔을 때 그는 촉툴이라고도 불리는 사원장이었던 두구 최걀 린포체의 제자가 되었음을 짐작할 수 있다. 그 원장은 학식이 뛰어난 분으로 샤캬 쉬리를 아주 높이 평가했다. 이 두구 최걀은 뛰어난 성취자였고 보장 발견자였던 제1대 두구로부터 법맥을 계승한 제6대 두구였다. 제7대도 샤캬 쉬리와 아주 가까운 사이였다. 샤캬 쉬리는 그의 딸과 결혼하여 그의 핵심 제자가 되었다. 샤캬 쉬리는 그가 들어갔던 사원과 인생 초반기에 가르침을 주신 스승들을 통하여 둑빠 까규와 관계를 맺었다. 그 스승들은 근본스승인 캄툴 텐뻬 니마와 촉니 린포체, 둑빠 용진이다.

텐뻬 니마(1849-1907)는 아마도 제3대 캄툴인 쿤가 텐진 이후에 가장 저명했던 법맥 소유자였을 것이다. 동티베트의 낭첸 지역에서 태어난 그는 7세에 공식적인 법맥 소유자로 대관식을 올렸다. 그는 많은 정신적 스승들의 가르침을 구하여 지식의 내적, 외적 영역을 철저하게 공부했다. 특별히 촉니 린포체로부터는 나로육법과 구전전승의 가르침을 배웠다. 그는 열심히 수행하여 지식과 경험을 완벽하게 하였고, 고도의 깨달음을 얻는 조짐이 나타났다. 그에 대한 비밀의 예언이 지적하는 것이었지만 사원 공동체의 기대에 반하게 텐뻬 니마는 아주 자질이 뛰어난 부인을 두었다. 그 이후 그는 31세에 최초로 보배로운 가르침인 보장을 발견하였으며, 성스러운 물건들과 고귀한 가르침을 드러내는 위대한 보장 발견자가 되었다. 잠양 켄체 왕포는 그를 두고 보장 발견자의 왕이라고 했다.

　텐뻬 니마는 진언 수행의 성취자가 되었으며, 용감무쌍한 다카의 행위를 드러내는 몸과 말과 마음의 강렬한 빛으로 유형무형의 강력한 부정적인 힘들을 압도할 수 있었다. 한량없는 신통력을 타고나 그는 여러 개의 육신으로 나툴 수 있었고, 다른 사람이 볼 수 없게도 할 수 있었으며, 바위에 그의 손이나 발의 자국을 남길 수 있었다. 단지 손으로 어루만지거나 침針만으로도 빙의된 사람이나 심한 병에 걸린 사람을 도와줄 수 있었다. 그는 일생을 통하여 계속해서 성숙된 해탈의 가르침을 위한 수레바퀴를 굴려 교리의 큰 기둥이 되었다. 부처님 법을 위한 그의 행위는 수많은 법맥 소유자들을 낳았고 헤아릴 수 없는 학자들과 성인들을 배출했다. 이렇게 하신 분이 제6대 캄툴 린포체 텐뻬 니마였다. 가장 뛰어난 성취자로 의심의 여지가 없는 샤캬 쉬리는 그의 이름을 언급하고 있으며 독덴 샤캬 쉬리의 여러 깨달음의 노래에 그의 이름이 나온다. 텐뻬 니마에 대한 헌신의 마음에서 나온 노래 중에서 개인의 원초적 조건에 대한 깨달음을 기술한 것은 다음과 같다.

관찰자와 피관찰자의 합일

친절한 스승이시여, 당신은 진실로
영광의 아카니쉬타(Akanishta)에 계시는 보현보살이고
풍요롭게 장엄된 차원 속에 사는 지금강불입니다.
당신은 텐뻬 니마라는 이름으로 알려지신 분
자애로운 그대의 발아래 절합니다.

아버지, 당신은 모든 부처님의 표상이고 법형제들의 왕이시라.

사랑하는 텐뻬 니마여, 저를 생각하소서.

보호자 스승이시여, 이 생은 물론 다음 생에도

제가 귀의할 스승은 오직 당신뿐입니다.

힘을 주시는 당신 에너지의 흐름 속에서

제 마음을 성숙하게 하고 해탈케 하소서.

불자들의 왕이시며 아버지이신 당신이 제게 가피를 주시어

심원하고 핵심적인 아티요가(족첸, 대원만)의 가르침과

영광의 보현보살님 마음의 정수를 알려주소서.

저는 수동적이지 않고 당신의 가르침을 수행으로 실천했습니다.

그리하여 존경하는 스승님과 같은 깨달은 존재가 나타나면

한량없는 헌신의 마음이 일어 제 몸의 털이 쭈뼛 서고

저는 울었습니다.

저는 고통스럽거나 지루하게 수행하지 않았습니다.

이제 내면의 자연적인 마음의 진실한 모습을 이해하게 되었습니다.

적정의 상태에서나 마음이 움직일 동안에도

맨 먼저 현혹되지 않는 깨달음이라는 안내자를 내보냅니다.

사랑하는 스승님 텐뻬 니마를 향하여 정열적인 헌신의 마음이 일어나면

저는 완전한 원초적 열림의 상태를 경험하였습니다.

번뇌가 본래 자성과 다르지 않게 되었고

세 가지가 하나로 합일되어

관찰자와 피관찰자 그리고 순수한 깨달음이 하나가 되었습니다.

이는 자상한 스승님 덕분입니다.

저는 비록 수행에서 많은 경험을 갖고 있지 못하지만,
이런 비밀스러운 충고는 스승님 부처님을 만나서 나온 것입니다.
내가 지옥에 태어난다고 해도 후회하지 않습니다.
육도의 모든 중생들이 한 중생도 남김없이 진실한 길로 인도하여 지이다.
이 늙은 걸인의 황당한 말을 현학적인 수사로써 틀렸다고 하지 마세요.

이 두 번째 노래는 샤캬 쉬리가 그의 뛰어난 제자 중 한 명인 페카르 노르부에게 헌사했던 것으로, 스승에 대한 헌신의 필요성을 강조한 것이다.

페카르 노르부에게 조언함

텐삐 니마님이여 저를 생각하소서.
그 은혜 갚을 길 없는 아버지, 저를 생각하소서.
그대의 친절에 보답할 길 없는 고귀한 자여, 저를 생각하소서.
스승님, 당신의 큰 자비를 통하여
저는 이해할 수 없는 것을 이해하여
마음의 본질인 공성과 청정을 알게 되었습니다.

법형제 페카르는 들어보거나
스승님 부처님께 계속하여 간청하라.
이것이 핵심이라고 나는 맹세한다.
언젠가 그대가 마음의 본질적 상태를 알아차리면
그 상태에 그냥 머물라.

흐르는 강물처럼 끊임없는 명상에 머물라.

전도되지 않는 깨달음이 너의 보호자가 되게 하라.

이것이 황당한 걸인의 비밀스러운 충고다.

페카르 노르부야 다시 한번 들어보시게나

현혹하는 여덟 가지 세상사(손해, 이득, 명성, 무명, 칭찬, 비난, 행복, 고통)를

싫어하고 그로부터 해방되는 것을

마음속 깊은 곳으로부터 느껴라.

금생은 일시적 사건이라네 페카르야

그것이 영원할 것이라고 믿지 말게나

금생에서 자신의 본모습을 깨닫지 못하면

그 사람은 하천 세계로 떨어질 것이네.

그런 후회를 하지 않으려면 지금 불법을 수행하게나

그대 마음의 본모습을 만나면

그대 행위와 그 결과에 대하여 인식해야 하네.

그리하면 하천 세계에 태어남을 피할 수 있다네.

샤캬 쉬리와 족첸

만년에 샤캬 쉬리의 정신적 지평은 닝마파의 가르침도 아울렀으며 특히 수행의 초점을 족첸에 맞추었다. 이것은 닝마파의 가르침이 둑빠 까규 가르침과 가깝게 섞인 사실에 일부 기인하며, 스승인 캄툴 린포체 자신도 족첸 수행자였으며 보장 발견자였기 때문이다. 이처럼 그의 견해를 넓힌 것이 샤캬 쉬리로 하여금 보장의 가르침을 발견하는 사람이 되게 만들었다.

카톡 시투의 글을 읽어보면 샤캬 쉬리는 아주 희귀한 분임을 알 수 있다. 그는 처음부터 마치 원숙한 성취자처럼 타고난 자질을 드러내고 있었던 것으로 보인다. 한번은 잠양 켄체 왕포가 캄툴 텐뻬 니마에게 샤캬 쉬리에 관해 이야기하면서 말했다. "당신은 정말 멋진 제자를 두었습니다." 그러자 캄툴이 대답했다. "아닙니다. 그건 내가 한 일이 아닙니다. 그는 처음부터 그랬습니다."

샤캬 쉬리는 많은 성취자들로부터 가르침을 받았으며 말년에는 대부분 수행 경험을 의논하고 서로 나누기 위하여 이런 스승들을 찾았다. 그는 이런 방식으로 당대의 족첸 마스터였던 잠양 켄체 왕포, 콩튤 로되 타예, 미팜 린포체(1846-1912)와 아좀 둑빠 등으로부터 자문을 받았다. 이 모든 성취자들은 19세기 동티베트에서 개방적이고 범 종파적인 사조로 티베트 불교의 모든 전통을 부흥시키는데 크게 기여한 분들이다.

미팜 린포체는 미팜 잠양 남걀 갸초라고도 한다. 그는 특별한 재능을 타고났으며 문수보살에 의지하여 그의 마음을 고양시켰다. 그는 켄체 왕포, 콩튤 로되 타예, 짜 팔튤 등의 제자였으며 근세기 티베트의 가장 위대한 학자가 되었다.

잠양 켄체 왕포(1820-1892)는 데르게에서 태어났으며 중부 티베트의 민돌링 사원에서 여러 샤까파 스승들과 함께 공부했다. 데르게 왕국은 동티베트에서 작지만 중요한 자치주다. 그 관할지역은 지금 대부분 중국의 쓰촨과 시짱 자치구에 포함되었으며, 양쯔강 양안으로 약 78,000제곱킬로미터에 걸쳐 펼쳐져 있다.

데르게 왕국의 선조들은 전통적으로 중부 티베트에서 캄 지방으로 온 빠드마삼바바의 제자들이라고 인정된다. 타시 생게로부터 왕조가 시작되었으며 그는 15세기에 탕통 걀포에게 요청하여 룬둡 텡 사원을 건립하였다. 샤까파 학교는 퀸촉 걀포(1034-1102)에 의하여 설립되었으며 이는 까규파, 겔룩파 학교와 함께 11세기 이후 번역되어 만들어진 탄트라 경전에 기초하고 있다. 대신 원시 닝마파 전통은 8세기에 밀교가 최초로 티베트에 전래되었을 당시 번역된 경전을 따르고 있다.

잠양 켄체 왕포는 위대한 선지자의 감각과 필적할 수 없는 학자의 방대한 지식을 함께 합쳤다. 그는 저명한 학자로 명성을 얻고 샤까파로부터 환생 라마로 인정받았지만 높은 환생자로서의 지위를 버리고 동부와 중부 티베트 지방을 광범위하게 여행하면서 약 150명의 스승들로부터 가르침을 받았다.

후에 그는 비말라미트라, 티송 데첸(790-844), 체춘 생게 왕축(11세기-12세기)의 환생자로 인정되었으며, 직메 링빠의 마음의 계승자로 인정되었다. 그는 저명한 족첸 마스터가 되었으며, 그렇게 환생하는 힘의 소유자였다. 간단하게 빠드마삼바바에게 간청함으로써 그는 꿈속에서나 실제 모습으로 예전의 스승들과 보장 발견자들을 만나 구전 전승을 받았다. 이렇게 하여 그가 찾아낼 수 없는 보장은 없었다.

콩툴 로되 타예(1813-1900)는 뵌교 가문에서 태어났으나 불교로 귀의했다. 닝마 세첸 사원에 들어간 이후 그는 그의 의지와는 관계없이 힘 있는 높은 사람에 의해 까규 팔풍 사원으로 가게 되었으며, 묘한 일이지만 이미 세첸 사원에서 받은 계를 다시 거기서 받았다. 그가 너무 총명하고 재능을 타고났기에 사원의 관계자들은 혹시 그가 지방정부의 비서로 차출될까 봐 염려했다. 이런 이유 때문에 사원 관계자들은 급히 그를 시투 빼마 니인제(1774-1853)의 수제자였던 학식 있는 승려의 환생자라고 불렀다. 콩툴은 까규파의 가르침에 몰두하게 되었고 그 자신도 까규파라고 생각하게 되었다. 그럼에도 불구하고 그는 곧 꿈이나 스스로의 깨침에 의하여 그의 소속 문제가 큰 장애가 됨을 알았다. 그리고 이전의 닝마 전통이 다시 표출되었다. 1883년 그는 켄체 왕포를 만나 그를 향한 존경과 헌신을 다하였다.

콩툴의 젊은 날 이런 조화롭지 못한 사건들이 어쩌면 모든 종파의 전통을 향한 그의 열린 마음을 발전시켰고 그 보전을 위해 힘쓴 결과 긍정적인 결과를 도출하는데 일조했다고 보인다. 그는 놀라운 생을 보냈다. 대부분을 은둔처에서 보내면서도 이성적 설명을 뛰어넘는 방대한 분량의 저술을 남겼다. 그는 수많은 전승의 가르침을 보전하는데 핵심적 역할을 하여 그만의 언어는 마치 겨울철의 작은 시내와 같은 가르침이 되었다.

샤캬 쉬리의 또 다른 족첸 스승은 아좀 둑빠 파오 도르제(1842 -1924)로, 데르게에서 가까운 아좀이라는 마을에서 태어난 그는 둑빠 까규와 특별한 인연이 있으며 제9대 둑첸 린포체의 환생자였다. 그는 3살 때 자신이 빼마 까르포의 환생자라고 선언했다. 그의 주된 멘토가 된 켄체 왕포와 콩튤, 초규르 링빠, 도 켄체, 응악라 빼마 뒤둘과 다른 분들에 의해 그렇게 인정을 받았다. 수행이 점차 무르익어 가자 그는 빠드마삼바바와 롱첸빠, 직메 링빠의 가피를 받아 "외살 도르제 상쪼'라는 특유의 보장을 발견해냈다. 후에 그는 켄체 왕포의 환생자를 가르치는 주된 스승이 되었다. 그는 수많은 제자들과 함께 '족첸의 마음의 정수The Heart Essence of Dzogchen'를 가르치는 핵심 계승자가 되었다.

샤캬 쉬리의
자유로운 영혼

　샤캬 쉬리는 두구 사원에 들어갔지만 승려가 되지 않고 신도 오계만 받았다. 그중에는 사음하지 말라는 것도 포함되어 있었으나 완전한 금욕은 아니었다. 우리는 여기서 그를 독신의 일반 수행자라고 부른다. 그는 완전한 형태의 계를 지니고 있었지만 결혼을 하고 나서는 원래대로 되돌아가 버렸다. 우리는 샤캬 쉬리가 젊은 시절에 사원에서의 생활이 마음에 들지 않아 황량한 산이나 동굴로 갔을 것이라고 확신한다. 그는 일생을 통하여 어떤 그럴싸한 사원도 세우지 않았고 대신 텐트에서 살거나 사람들과 멀리 떨어진 곳에 있는 동굴이나 작은 집에 살기를 좋아했다. 그는 사원의 울타리 안에서가 아니라, 가능하면 언제라도 그런 환경에서 사람들을 만났다.

　그는 두구 사원을 떠나자마자 부인을 맞아야 했다. 그런 결정을 한 것은 신비한 예언에 의한 것이었지만, 스님들과 일반인들은 그를 경멸하면서 세속적인 조건에 굴복하고 나약해진 것이라고 믿었다. 그들의 행위에 의해 야기된 큰 혼란은 샤캬 쉬리가 '수정 갈대 요새Crystal Reed Fortress' 동굴에서 자연스럽게 쓴 다음과 같은 노래에 은유적으로 나타나 있다. 그가 말하기를 이 노래는 '보석처럼 아름다운 내 마음'이 쓴 것이라고 한다.

은유와 의미가 합일된 사랑하는 이에 대한 정열의 노래

아 호!
만물의 기반이며 내면의 우주인 마음속에는
자연스럽고 청정한 깨달음인 진정한 스승이
언제나 존재하며 없어지지 아니하네.

내면의 무명에 의해 희미해져서 나는 그를 볼 수 없었지.
그는 실재하는 경험 속에 숨어 있었지.
핵심적이며 최고의 비밀스러운 방편이고 거대한 불가사의인 장엄한 아티요
가에 의해
수많은 무지는 명확해져 사라지고 나는 바로 모두가 하나임을 깨달았네.
그것은 내 본연의 상태인 가식 없는 순수한 깨달음이며, 광대한 열림이라네.
이제 무명의 상태나 감정, 마음의 안개와 같은 모든 것들은
그것들이 원하는 대로 행해도 된다네.

작은 보석으로 장식된 대문인 내 눈앞에는
아름다운 메톡 라체가 나타나 신비로운 원을 그리며 춤을 추었지.
그런 다음에 그녀는 항상 내 그리운 마음과 하나가 되었네.
소원성취 나무의 줄기여, 그대의 몸을 조금만 옆으로 움직여다오. (합일하
기 쉬운 자세로)
나는 그대와 함께 3일 이상 즐기지 않을 테니
그다음에는 그대 마음대로 하게나.

천국의 향나무 꼭대기로부터

성스러운 푸른 뻐꾸기의 노랫소리 들리는구나.

그때 하얀 물의 천둥이 강물로 넘쳐 온 동네를 채우네.(샤캬 쉬리가 부인을

취하자 비웃는 소리)

그러나 그 천둥소리는 뻐꾸기의 달콤한 노래를 지울 수 없네.

천둥 치는 물결이여, 3일 동안 계속하거나!

그러면 우리 요가 수행자인 스승과 제자들은

원하는 곳으로 가서 원하는 바를 할 것이네.

우리는 세상의 방랑자들!

내 마음 한가운데서 강력한 사랑이 태어났네.

그것은 소중한 남카 된마에 대한 정열과 그리움에서 나왔지.

나는 그녀에게 반했어.

비뚤어진 사람들이여 3일 동안만 주절대는 말들을 멈추어다오.

그다음에는 당신들 좋을 대로 하거나.

우리 용감한 사람들은 깊은 확신을 갖고 있지.

현상계가 실재하는 것이라고 생각하는 것은 틀린 것이라고.

그것은 마술사의 환영과 같은 것

그래서 우리는 궁극의 차원인 대락(大樂)의 세계로 간다네.

그러나 그 이후에(영적 부인과 함께 수행한 후) 그의 능력은 너무
나 명백하게 드러나 모든 사람들에게 증명되었다. 이것은 확실히
깨달은 스승들이 내려준 찬탄에 의해 인가되었다. 그리하여 비난
을 잠재우고 샤캬 쉬리에 대한 존경과 추앙이 일어나게 했다. 예를

들면 한번은 전지자 둑빠 용진이 참도^{Chamdo} 지역을 여행하고 있었는데 어느 날 밤 그는 건너편 산에 링첸 레빠가 살고 있는 꿈을 꾸었다. 잠에서 깨어나 주변 경치를 자세히 살펴보니 꿈에서 보았던 것과 닮은 장소가 있는데 거기 산자락에서 연기가 피어오르는 것을 보았다. 그는 시자승에게 말하여 그 산에 가서 누구든 거기 살고 있는 사람이 있으면 데리고 오라고 했다. 거기서 샤캬 쉬리가 내려와 둑빠 용진을 만났는데, 그는 이 은둔자를 보고 큰 감동을 받아 다음과 같은 기원문을 지었다.

응암쭝 텐빠!(샤캬 쉬리의 전생이었던 응암쭝 보디라자를 말하며 밀라레빠의 정신적 아들로 여겨진다.)
설원의 땅에서 깨달음을 이루신 고귀한 밀라레빠의
비밀스런 만트라 그 구전 법맥을 지니신 분
당신은 일체중생의 행복을 위해 노력한 은둔 수행자였네
샤캬 쉬리, 그대의 발아래 절합니다.

제3대 카톡 시투 최키 갸쵸가 쓴 이 전기에는 샤캬 쉬리가 불교철학에 대해 깊이 공부했다는 기록이 없다. 그가 사원의 대학에 다녔다거나 고전적인 불교철학 서적을 읽었다는 언급은 어디에도 없다. 그러나 우리는 추정할 수 있다. 샤캬 쉬리는 천부적으로 모든 것을 알고 태어났거나 아니면 심원한 수행이 그로 하여금 마하무드라나 족첸과 같은 고귀하고 심원한 가르침의 법맥을 수지하고 드러나게 했을 것이다. 경험 자체가 지혜가 되어 아무런 장애 없이 모든 실체를 관통하는 마음의 빛나는 청정을 드러나게 하고 깨닫게 한다. 궁극적 지혜가 숨어 있는 의식이 깨어남에 따라 학교라고는 다녀보지 못한 사람도 전지자가 될 수 있다. 그래서 어떤 분야라도 자세히 설명할 수 있으며 존재와 실체의 미묘한 양상에 대해서도

다 설명할 수 있다.

　다음은 샤캬 쉬리의 깨달음에 대하여 또 다른 방식으로 표현하고 있는 노래다.

순수 의식의 깨달음

위대한 스승 수가타 (빠드마삼바바를 말함)
신비한 영적 부인, 어머니 예세 초갤
순수한 즐거움과 공성이 합쳐져서 얼굴을 마주하셨네.

나는 당신께 기원합니다.
이 생과 다음 생에도 당신 외에는 귀의할 곳이 없습니다.
당신 외에는 나의 희망을 둘 곳이 없습니다.
지혜의 눈으로 저를 살피소서.

타락한 시대의 수행자들인 우리는
가장 비밀스러운 아티요가의
완벽하게 둘이 없는 평등을 부여받았네.
그것은 모든 불법의 핵심이며
비밀스러운 가르침의 궁극이고
어떤 가르침보다도 심원한 가르침이라.

우리는 이를 정직하게 수행해야 하네.
오로지 스승에 대한 헌신에 초점을 맞추면

그 어떤 속임도 다 뛰어넘어

원초적 조건인 순수 의식을 보게 될 것이네.

우주와 존재들, 윤회와 열반, 이중적 사고, 영혼과 신들도

순수한 마음의 견지에서 보면 모두 실체가 없는 공성이라.

명상이나 명상 없음, 집착이나 집착으로부터 벗어나는 것도

그들만의 상태에서 스스로 자유로워지는 것.

순수한 경험과 청정한 종교적 환영

꿈과 수많은 청정한 빛을 알아차림에 의해서 드러나는 것은

주관적이고 신비로운 경험들이라.

청정한 깨달음의 내적인 상태가 그것을 적나라하게 보여주네.

윤회와 열반, 유정과 무정의 세계도

모두 개념을 초월하는 것

누구라도 심원한 비밀의 만트라를 수행하고

요가 수행을 열심히 하여

그런 깨달음의 은총을 받으면

명상 없는 자연적인 현재 상태를 깨달을 것이네.

그다음 거대하고 정교한 방편의 금강을 앞뒤로 움직여

오방불 가문에 속하는 타고난 까르마무드라(영적 부인인 여성 수행자)인

고귀하고 신비한 영적 부인의 연꽃 속에서

한없는 기쁨과 즐거움이 생겨난다네.

공성의 절대적 차원이 확장되면 그 속에는

본래 모습인 설명할 수 없는 스스로의 대자유가 있네.

그러한 우주적 지식을 얻어 깨달음을 성취한 자는
이중적 인식은 마음이 만들어낸 에너지임을 안다네.

높은 차원의 깨달음에 대한 열망이나
일반 중생들의 저급한 상태에 대한 두려움도
둘이 없는 완벽한 열림의 상태에서
확실하게 잘라버려야 할 것들.

가장 비밀스러운 가르침인
'내밀한 진수의 비밀스러운 방편'(샤캬 쉬리가 발견한 심보장 the Secret
Path of the Innermost Essence)으로
이 한 몸 이 한 생에서
누구라도 보현보살인 스승을 성취한다네.

    샤캬 쉬리의 전기는 그가 아주 겸손한 사람임을 밝히고 있다. 그는 완전한 마음의 자유를 성취하기 위하여 엄격한 수행은 물론 스승과 도반에 대한 티 없이 순수한 통찰을 통하여 자신만의 길을 추구했다. 이런 목적을 달성하고 나서 그는 정치적 활동이나 세속적인 일에 개입하여 각광받는 것을 피하고 그냥 단순한 사람으로 남았다.

    그는 일생을 통하여 깨달음으로 이끈 가르침과 방편들을 보전하기 위하여 헌신적으로 일했다. 그의 가식 없는 성취는 끝없는 시냇물과 같이 제자들을 불러 모았고, 그들의 지위와 상관없이 아무런 차별도 없이 똑같은 가르침을 베풀었다.

비록 샤캬 쉬리에게는 아무런 지위도 없었지만 실질적으로 그 당시 모든 둑빠 까규 학교의 주요 스승들이 그의 제자가 되었다. 이 학교의 수장인 둑첸 린포체는 종종 차리에 있는 샤캬 쉬리의 집 앞에 와서 땅바닥에 엎드려 절을 올렸다. 가장 중요한 둑빠 까규 법맥의 성취자들과 샤캬 쉬리의 많은 후손들은 밀접한 관계를 맺었다. 그래서 샤캬 쉬리의 일생은 또 다른 측면에서 보면 그 시대의 중요한 성취자들에게 엄청난 영향을 끼친 것이 분명하다. 샤캬 쉬리는 종교적으로 높은 지위에 올라간 사람이 아니다. 그것은 그가 겉치레에 관심이 없었음은 물론이고 출생성분도 평범하기 때문이었다. 그러나 그는 티베트의 안과 밖에서 광범위하고 지속적인 영향을 끼쳐 19세기 티베트 정신세계의 실질적인 주류로 대표된다.

전기에서 성스럽게 표현된 것처럼 샤캬 쉬리는 광대한 마음의 빛 속에서 인간사의 모든 갈등 요소들을 전부 용해시켜 버렸다. 그는 깊은 연민을 가진 인간이었으며 동시에 자신과 타인의 이익을 위한 지혜의 소유자였다. 샤캬 쉬리의 많은 다른 이름 중 하나인 파오 릭찰 톡메 명의로 쓴 다음 시가 이를 증명하고 있다. "집착의 대상이 끝도 없고 생각할 수도 없는 존재의 광대함 속으로 녹아버린다."라고 말하면서 샤캬 쉬리는 이 시를 썼다.

마음에서 우러난 열망의 노래

아 호 예! (기쁨의 감탄사)
삼세의 모든 부처님의 총체이신 진정한 스승님
저의 노래를 들으소서.

이제 제가 깨달은 궁극적 실체의 광대함은

본래부터 청정하고 순수하고 열려 있어 아무런 장애도 없네.

깨닫지 못한 어리석은 습관들이 어찌 행위와 감정과 작용들을 더럽힐 수 있으며

하천 세계에 태어나는 두려움이 어찌 거기에 있을 수 있는지?

나에게 보여주오!

일곱 마리 바람의 말들이 끄는 강렬한 빛으로

태양은 일없이 허공을 비추며 곧바로 네 개의 대륙을 비추고

티베트 위쪽 창 지방에는 내 사랑 남카 된마가 살고 있네.

그대 태양에게 묻노니 그녀는 어떻게 지내는가?

우리가 함께 하기 전부터 내 마음은 그녀에게 반했고 그녀는 나를 사랑했지.

우리는 떨어질 수 없는 하나가 되었네.

그때 그 사랑 때문에 그녀는 지금도 나를 좋아할까?

나는 아직도 그녀를 사랑하네.

그녀가 나를 마음 한구석에 버리고 다른 이를 사랑한다면

강렬한 태양은 비밀을 지키지 않을 것이네.

나에게 진실을 말해주오!

남쪽에서 푸른 청록색 용이 우레와 같은 소리를 내며

구름 속으로 날아올라

우U와 창Tsang의 네 지방을 여행하고 있었지.

사랑스러운 메톡 덴마는 무얼 하는지?

내 친구 용이여 아무것도 숨기지 말고

내게 사소한 것도 자세히 말해주게나.

휘돌아 바람이 되어

그대 푸른 용은 곧장 대지를 한 바퀴 돌았네.

동쪽의 롱첸 지방(차리의 어느 지역을 암시함)에서

데첸 팔키 덴마는 아직도 강력한 열정으로 나를 그리워하고 있는지

강한 바람의 소용돌이로

내게 솔직히 말해다오.

욕망의 대상인 그 여인이

완전한 즐거움과 열림의 길에서 나와 함께한 것은 물론

그러한 욕망의 마음까지도

모두 실체가 없고 무지개와 같음을 알았네.

욕계 색계 무색계의 삼계는 마음이 만들어낸 것

나라는 것과 자신이라는 것도 허깨비가 쌓인 것이라네.

개념을 초월한 본래의 자연적 상태에서는

실제인 것처럼 집착하는 잘못된 그 무엇도 뿌리째 무너져버리네.

샤캬 쉬리와
그의 후손들

샤캬 쉬리는 두 명의 부인 사이에 아들 여섯과 딸이 네 명 있었다. 가족이 13명인 것은 차크라삼바라 만달라의 13 본존과 맞아떨어진다고 한다. 샤캬 쉬리는 또한 비공식적 부인이 더 있었다고 알려져 있다.

샤캬 쉬리의 장남인 뚤꾸 린첸 쿤둔은 공식적으로 임명된 승려가 되어 평생을 독신으로 살았다. 둘째 아들 릭진 체왕 직메는 잠양 켄체 왕포의 저명한 스승으로 언어를 비롯한 학문적 수련법을 가르친 오기엔 텍촉의 환생자로 인정받았다. 아드로 다람파(Adro Drarampa)라고도 알려진 오기엔 텍촉은 십 종첸Sib Dzongchen 수도원(탕통 걀포 사원이 발견된 곳에 있었던 데르게 괸첸 수도원으로 추정)에서 살았으며 티베트의 전통 의약에 대한 논문을 썼다.

체왕 직메는 그의 형과는 다른 삶을 택하여 참도에서 가까운 동티베트 트라얍 출신의 체링 라초와 결혼했다. 그들은 다섯 아들과 한 명의 딸이 있었으며 많은 손자를 두었다. 체왕 직메의 장남 차루 니닥(1890 – ?)은 닝마 사원인 차루 사원에서 승려가 되었다.

둘째 아들 아포 쿤장이 낳은 아들인 린첸 텐둡은 북부 티베트 초원지대의 낙추카에 있는 락쉐 여승원의 승원장이 환생한 것으로 인정받았으며 현재 거기서 살고 있다. 셋째 아들 빼마 데첸은 미팜 린포체의 환생자로 여겨졌다.

샤캬 쉬리의 다섯째 아들인 팍촉 도르제가 죽고 나서 빼마 데첸이 솔데르 은둔처의 수장으로 주석하였으며 팍촉 도르제의 환생자를 가르치는 스승이 되었다. 빼마 데첸은 특이한 삶을 살아 경전 강백으로서 폭넓은 활동을 하였으며 큰 영향력을 행사하였다. 그는 중국이 티베트를 침공한 후 인도로 피신하다가 중국의 붉은 군대에 의해 살해되었다.

체왕 직메의 넷째 아들 이름은 우기엔이다. 그는 북부 티베트의 낙쉐 사원에서 닝마파 밀교 라마승이 되었다. 다섯째 아들 잠양은 티베트 북부 초원지대에 있는 어느 사원의 수장이 환생한 것으로 여겨졌다. 그는 평생 독신으로 살았다. 체왕 직메는 아주 많은 손자를 두었다.

샤캬 쉬리의 셋째 아들 쿤라 텐진(1877-?)은 금욕주의자 최잉 랑돌의 환생으로 인정받았다. 쿤라 텐진의 장남 아포 직메는 종사르 사원으로 들어가 종사르 켄체(1893-1959)의 은둔 수행처에서 명상 지도 스승이 되었다. 쿤라 텐진은 상 응악 촐링 출신의 소남 펠좀과 결혼하였으며, 그녀는 제9대 둑첸 린포체의 수행비서 겸 조카의 딸이었다.

그들의 첫 번째 아들은 응아왕 예세 랑돌이며 아포 린포체(1922-1974)로 더 잘 알려져 있다. 아포 린포체는 뛰어난 성취자가 되었으며 할아버지의 주된 법맥 계승자로 여겨진다. 그는 히말라야 지역에 많은 무문관 수행처를 건설하였으며 티베트, 라다크(고창과 카스팡 무문관), 라호울과 히마찰 프레데쉬에 산재해 있다. 그는 우기엔 최덴과 결혼하여 네 명의 자녀를 두었다.

장남인 세이 린포체 겔렉 남걀은 1961년 시킴에서 태어났으며 이후에 빼마 쵸걀의 환생자로 인정받았다. 빼마 쵸걀은 유명한 라다크의 요가 수행자로 샤캬 쉬리의 제자였다. 그는 아포 린포체에게 '마음의 보배mind treasure'라는 심보장과 그 외 많은 성스러운 가르침을 전수해 주었다.

샤캬 쉬리의 넷째 아들 체왕 린첸은 콘조에 있는 칼모괸 사원의 성취자가 환생한 것으로 인정되었으며, 승려로서 살았다.

사캬 쉬리의 다섯째 아들 팍촉 도르제(1893- ?)는 자식들 중에서 아주 특별한 능력을 타고난 사람이다. 잠양 켄체 왕포의 다섯 환생(마음, 말, 몸, 자질, 행위) 중에서 그는 마음의 환생자로 인정받았다. 그 시대의 많은 성취자들에 의하면 그는 위대한 닝마파 선지자인 직메 링빠의 직계 법맥을 타고난 환생자였다고 한다.

켄체 왕포의 마음의 환생자는 응아왕 툽톱 왕축(1900-1950)이다. 그의 온전한 이름은 샤캬 풍포 켄체 트리첸 응아왕 툽톱 왕축이었다. 툽톱 왕축은 샤캬 사원에서 떨어져 나간 푼촉 포드랑 사원에서 살았다. 말씀의 환생자는 베리 켄체였으며 팔풍 켄체 카르마 켄체 웨셀(1896-1945)로도 알려져 있다. 그는 동티베트의 타이 시투에 있는 팔풍 사원에서 살았다. 몸의 환생인 잠양 최기 왕포(1893-1909)는 제1대 켄체의 문하에서 살았으나 16세에 돌아가셨다. 켄체의 또 다른 환생자인 구루 체왕(1897-?)은 제5대 족첸 린포체인 툽텐 최기 도르제(1872-1935)의 초대로 족첸 사원에서 살았다. 케둡 릭빠 진은 팍촉 도르제로도 알려졌으며 샤캬 쉬리의 아들이며 켄체 왕포의 마음의 환생자로 인정되었다.

세첸 걀참 뻬마 남걀(1871-1926)은 제첸 사원 출신의 딜고 켄체 타시 팔졸로 알려진 랍살 다와(1910-1991)를 또 다른 켄체의 환생자로 보았다. 많은 까르마파와 둑빠까규 성취자들은 낭첸짜 팔메의 쿤장 도둘 데첸 도르제(1897-1946)를 또 다른 켄체의 환생자로 본다. 여기에 대해서는 쵸걜 난카이 노르부가 쓴 '좁은 마음의 어둠을 비추는 등불The Lamp that Lights the Darkness of Narrow Minds'이 2009년도에 샹송 출판사에서 출간되었는데 참조하기 바란다. 잠양 켄체 왕포의 다른 환생자에 대해서는 1962년 파리에서 출간된 'Le Mandala du Manjusrimulakalpa'를 참조하면 된다.

팍촉 도르제는 어린 소년이었을 때, 어떠한 형식적인 공부도 하지 않았다. 그럼에도 불구하고 그는 엄청난 천부적 지혜를 타고나 훌륭한 학자가 되었으며 마하무드라와 족첸 가르침에 관한 저명한 책을 세 권이나 썼다. 13세 때부터 그는 정규 교육을 받았으며 처음에 아버지로부터 가르침을 받고 후에는 동시대인이었던 신 구 학파들의 많은 성취자들인 아좀 둑빠, 세첸 걀참, 켄체 최키 로되로부터 가르침을 받았다. 세첸 걀참 구르메 뻬마 남걀 (1871-1926)은 1735년에 제2대 세첸 랍잠인 구르메 쿤장 남걀에 의해 건립된 데르게에 있는 세첸 닝마 사원의 유명한 성취자였다. 그는 라마 미팜의 수제자였으며 딜고 켄체 린포체의 근본 스승이었다. 그는 제8대 캄툴 린포체인 뎅규 니마의 주된 스승이었다.

샤캬 쉬리는 팍촉 도르제를 자신의 가르침을 대신하는 사람으로 여겼고 법맥 계승자로 보았다. 그는 가르침을 실행에 옮기는 기치를 높이 들었고 교리를 보전하기 위하여 강력하고 실질적인 방법으로 그의 일생을 투자했다. 파촉 도르제는 3명의 아들이 있었다고 전해진다. 최근에 티베트에 살았던 팍촉 도르제의 환생자인 라마 셰둡은 비록 출간되지는 않았지만 샤캬 쉬리의 삶과 후손들에 대한 기록을 남긴 저자이다.

샤캬 쉬리의 여섯째 아들인 응아왕 최잉은 둑빠 용진의 환생자이며 솔데르 은둔처에서 살았던 승려였다. 그는 카트만두 계곡의 탑을 보수하러 아버지가 보낸 사람들과 함께 갔는데 네팔에서 돌아오는 길에 젊은 나이로 팅리에서 운명했다.

샤캬 쉬리는 또한 네 명의 딸이 있었다. 큰 딸인 룬둡 초모는 훌륭한 수행자였으며 그의 아들 중 한 명인 응아왕 데 첸은 캄툴 텐뻬 니마의 아들인 최키 셍게의 환생자로 인정받았다. 그는 후에 뻬마룽에서 명상 지도 스님이 되었다. 뻬마룽은 캄툴 텐뻬 니마가 그의 사원이었던 캄파갈에서 빠져나와 부인과 함께 살았던 곳이다.

될카르(1872-?)로 알려진 샤캬 쉬리의 둘째 딸은 도술 여승원의 다키니가 환생한 것으로 인정되었다. 그녀의 둘째 딸 팔뗀 초모는 남카이 닝뽀 린포체의 어머니다. 남카이 닝뽀 린포체는 보장 가르침의 탁삼 법맥 소유자다. 그는 8세기에 빠드마삼바바의 25 제자 중 한 명이었던 남카이 닝뽀의 환생자로 마하요가^{Mahayoga}와 아누요가^{Anuyoga} 전승 법맥에 연결되어 있다. '모든 본존의 총체^{Union of the state of all the Deities}'로 알려진 보장의 전승 법맥인 탁삼 법맥은 보장 발견자인 릭진 탁삼 도르제와 관련이 있으며 그는 뉘뗀 도르제 또는 삼뗀 링빠로도 알려져 있다. 그는 예세 초갤의 네팔인 배우자였던 아차르 살레의 환생으로 보장 발견자였다. 팔덴 초모는 또한 아진 린포체와 아르차 뚤꾸의 어머니이기도 하다. 아르차 뚤꾸의 아들 중 한 명인 예세 니마는 최근에 티베트의 솔데르 은둔처에서 주석하고 있다.

샤캬 쉬리의 셋째 딸 아페(1892-?)는 제7대 두구 최걀 린포체의 부인이 되었으며 훌륭한 수행자였다. 제7대 두구 최걀은 제6대 캄튤 텐뻬 니마에 의해 인정 받아 그의 제자가 되었다. 그러나 그는 주된 가르침을 샤캬 쉬리로부터 받았다. 제7대 최걀은 대부분의 시간을 자신의 사원에서보다 샤캬 쉬리의 가족과 함께 보냈으며 이를 두고 자신의 사원에 있는 승려들이 탐탁지 않게 생각했다. 그는 의례적인 사람이 아니었으므로 뚤꾸라는 자리에 높은 관을 쓰고 앉기를 싫어했다. 샤캬 쉬리에게 전적으로 헌신하면서 오직 그의 곁에 남기를 원했다. 이런 이유 때문에 그는 제8대 두구 최걀 린포체의 초청에도 응하지 않았다. 셋째 딸 아페가 죽어서 화장을 했을 때 두개골에서 평온한 따라보살의 모습이 나타났다. 넷째 딸 폴라(1897-?)는 제10대 둑첸 린포체의 부인이 되었으며 툭세 린포체 응아왕 데첸 규르메의 어머니였다. 응아왕 데첸 규르메는 뛰어난 라마였으며 현재의 툭세 린포체의 스승 중 한 명이다. 그는 공식적으로는 인도 다르질링의 달리 곰파(작은 절)에서 살았다.

샤캬 쉬리의 자식들과 손자들은 불굴의 수행자가 되어 그의 가르침을 티베트와 그 너머의 모든 종교에 광범위하게 퍼트렸다. 오늘날 샤캬 쉬리의 많은 직계 후손들이 있고 그의 법맥이 존재한다. 티베트의 전통에 의하면 이른바 '뼈 혈통'이라 불리는 부계 혈통은 남자 후손을 통해 그 아버지로부터 아들로 계속 전해 내려왔으며 그 전형적인 예는 은둔 요가 수행자로 살고 있는 세이 린포체 겔렉 남걀이다. 중국의 침략과 문화혁명의 파괴적인 영향만 없었다면 샤캬 쉬리 후손들의 존재감과 영향력은 오늘날 더욱 두드러지게 나타났을 것이다.

그럼에도 불구하고 세이 린포체는 샤캬 쉬리의 부계 혈통 법맥의 3세대 성취자로서 그의 아버지 아포 린포체와 제8대 캄툴 린포체, 툭세 린포체, 켄포 노리양, 로폰 소남 상뽀 등으로부터 완벽한 가르침의 전승을 받았다. 그리하여 이 법맥은 서 히말라야의 라다크, 라호울, 쿠누 등에 있는 사원, 무문관 수행처와 서구의 여러 나라 및 동남아 국가들에 있는 제자들을 통하여 유지되고 살아 있다. 샤캬 쉬리 법맥이 둥지를 튼 자리는 인도 히마찰 프레데시 주에 있는 마날리의 아포 린포체 사원인 치메 둡뻬 가찰이다.

아포 린포체의 딸인 칸도 틴레 최된은 북 히말라야의 자스카르에 '행복한 다키니의 땅'이란 카초드링 프로젝트를 진행하여 둑빠 요가 전통에 있어 최초의 여승원을 세웠다. 둑빠 종교 공동체에서 지금까지는 오직 남성들에게만 전승되었던 지식과 수행법을 여기서 배울 수 있다. 명상 수행을 했고 서구에서 교육을 받은 칸도 라Khandro-la는 부탄을 세운 창건자의 환생인 샵둥 응아왕 직메와 결혼했으나 그는 2003년 인도의 칼링퐁에서 세상을 떠났다.

지금 부탄에서는 샤캬 쉬리의 가르침이 번창하고 있다. 샤캬 쉬리의 저명한 제자인 소남 상뽀, 텐진 걀첸, 뢴람 랍장에 의해 가르침이 전파되었고 이어서 이들의 제자이자 부탄의 라마 수장이었던 로폰 쿤렉과 동티베트의 걀첸 뚤꾸 린포체 등 많은 사람들이 가르침을 전파하였다.

오늘날 샤캬 쉬리의 유산은 전 세계에서 찾아볼 수 있다. 이 가문의 헌신적인 성취자들과 그 제자들이 이를 이해하고 수행하고 있다. 샤캬 쉬리에 의해 양성된 이러한 제자들과 후손들의 공동체는 비록 샤캬 쉬리가 많은 세월을 은둔수행처에서 보냈지만 그의 내적 경험과 지식을 이들과 나눈 결과였다. 그리고 주변의 모두에게 사랑과 자비를 베푼 결과였다. 스스로 성취한 샤캬 쉬리의 깨달은 행위는 자아 발견과 깨달음이라는 거대한 신비적 춤을 통하여 그와 만나는 모든 이들이 함께하게 되었다.

다음의 노래가 이를 잘 표현한다.

에마 호! 두 박자 춤의 노래

금강 형제자매의 공동체
그대 다키니의 비밀스러운 보배의 집인
최고의 명당 라드락 양쭝에서 사는 이들이여,
싸마야 계율을 지키는 요가 수행자들, 스승과 제자들이여!

청정하고 즉시에 존재하는 금강 형제자매의 공동체여
그대들은 천상의 다키니가 추는 둥근 춤 가운데 살고 있네.
여기는 자연적이고 스스로 생겨난 완벽한 장소
노력함이 없이도 저절로 도달하는 곳
청정한 천상의 불국토에서
부처님 가르침의 즐거운 춤을 추게나!

다시 한번 금강 형제자매여,

마음의 진정한 본성을 보게나!
모든 경험적 쾌락과 청정 그리고 공성이
총체적으로 결합된 공간에서
진정한 자기 해탈의 춤을 추게나!
둘이 없는 상태의 지복과 공성의 춤을 추게나!

다시 한번 금강 형제자매여,
마음의 진정한 본성을 보게나!
일체가 현현하는 절대의 공간에서는
마음 그 자체의 본성은 터전도 없고 뿌리도 없다네.
형언할 수 없고 잡을 수도 없는 진여의 춤을 추게나!
내밀한 청정과 공성의 춤을 추게나!

다시 한번 금강 형제자매여,
마음의 진정한 본성을 보게나!
실체라고 여기는 그 무엇으로부터도 벗어난 공간에서
현상과 마음은 분리할 수 없이 녹아서 하나가 되나니
같은 맛의 현혹되지 않는 춤을 추게나!
현상과 공성을 모두 관통하는 춤을 추게나!

다시 한번 금강 형제자매여,
마음의 진정한 본성을 보게나!
윤회와 열반이 하나인 공간에서는
명상하는 사람과 명상할 대상도 없다네.
현혹되지 않는 명상 없음의 상태로 춤을 추게나!
청정한 존재와 광대한 열림의 총체적 춤을 추게나!

다시 한번 금강 형제자매여,

마음의 진정한 본성을 보게나.

깨달음의 네 가지 차원(법신, 보신, 화신, 자성신)에서 보면 마음 자체는

투명하고 형언할 수 없는 존재라고 나는 말하겠네.

고귀한 사랑의 귀의처,

과거, 현재, 미래의 모든 부처님들의

스스로 존재하는 불가분의 모습과

나 자신의 청정한 존재와 공성의 자연적 에너지에게

진정한 스스로의 대자유를 기꺼이 주겠노라.

나에게 빨리, 빨리

최상의 비밀인 깨달음을 주소서!

티베트어를
영어로 번역한
사람의 말

나는 독덴 샤캬 쉬리에 대해 들어본 적이 있고, 그가 유랑하는 수행자로 보낸 오랜 세월 동안 그의 모습이 담긴 유명한 사진을 보았다. 그리고 1995년에 아내 돌마와 함께 인도 북부의 라호울 계곡에 갔는데, 그곳에서 둑빠 까규 샤캬 쉬리의 가르침을 주로 따르는 은둔 수행자와 승려들이 있는 여러 작은 수행처를 방문할 기회가 있었다. 샤캬 쉬리의 가르침은 라호울인 제자들에 의해 전해졌고 나중에 티베트에서 탈출하여 인도 마날리로 와서 정착한 아포 린포체에 의해 다시 전승되었다.

1999년 5월, 나는 친구들과 함께 마날리를 방문했다. 우리 그룹 중 한 명인 마리아는 옛 스승이었던 겐 켄체를 만나 인사를 하고 싶어 했다. 그러나 '아포 린포체 사원'에 도착하자마자 그가 몇 달 전에 세상을 떠났다는 소식을 듣고 우리는 슬픔에 잠겼다. 하지만 우리는 아포 린포체의 아들인 세이 린포체와 아포 린포체의 수행원이었던 이미 둡텐 라마를 만나 즐겁고 긴 대화를 나눴다. 세이 린포체는 수수하고 친근한 자세로, 그가 추운 겨울 라다크 은둔처에서 '내부 열inner fire' 수행인 뚬모를 했을 때의 경험과 최근 대만을 방문하여 감명을 받은 대만 불교에 대한 이야기를 했다. 차를 마신 후 막 떠나려던 참에 세이 린포체가 나에게 말했다,

"얼마 전에 저는 제 증조할아버지 독덴 샤캬 쉬리의 전기를 다람살라 도서관에 있는 티베트어 번역가에게 맡긴 적이 있습니다. 약 두 달이 지난 후 그 번역가는 익숙하지 않은 생소한 용어들이 너무 많아 번역할 수 없다며 다시 내게 돌려주었습니다. 혹시 당신이 번역을 하실 수 있겠는지요?"

샤캬 쉬리의 모습이 나를 매료시켰지만, 나는 과업을 수행하기 전에 전기부터 읽어 봐야겠다고 세이 린포체에게 말했다. 그러자 그는 노승을 시켜 자신의 서재에서 책 한 권을 갖고 오라고 했다. 세이 린포체는 내가 만약 번역을 하겠다고 수락하면 움재 세랍이라는 사람의 자문을 받게 해주겠다고 권유했다. 그는 다르질링에 있는 달리 사원 출신의 승려로, 달리 사원은 둑빠 까규 '상 응악 쵤링' 사원의 인도 내 정착지이며 현재 12대 둑첸 린포체인 텐진 직달 로되가 주석하고 있는 곳이다.

나는 내가 살던 다르질링의 소나다로 돌아왔다. 나는 여기서 오래 머물면서 콩툴 로되 타예의 백과사전 격인 '총지보론 The Treasury of Knowledge'을 번역하는 작업을 하고 있었다. 이것은 돌아가신 깔루 린포체의 장기 프로젝트였다. 나는 샤캬 쉬리의 전기를 읽어보면서 약간의 노력과 함께 도움을 받는다면 번역을 도와드릴 수 있을 것 같아 세이 린포체에게 연락하여 이 일을 하기로 약속했다.

여가 시간을 활용하여 전기에 대한 약 절반가량의 개략적인 원고를 작성한 후, 움제 세랍을 만날 때가 되었다고 생각했다. 그의 사

원은 내 집이 있는 소나다에서 몇 마일 떨어진 곳에 있었다. 그 스님은 나이 든 독경 마스터(움제)였으며 본명은 세랍 갸초로 밝혀졌다. 그는 정중하게 나를 맞아주었으나 나의 첫 방문을 이상하게 상각했다. 내가 방문한 이유를 설명하고 세이 린포체가 제안한 말을 이야기했다. 그러자 그는 아주 밝은 표정으로 나의 번역을 도와주겠다고 하면서, 학자는 아니지만 그가 아는 모든 것으로 도울 수 있을 것이라고 했다.

1990년과 2000년에 나는 거의 한 달 이상을 매일 오후에 움제 세랍을 만났다. 몇 시간 동안 우리는 전기를 함께 읽으면서 나는 질문을 했고 어떤 용어들과 그 의미를 파악할 수 있었다. 움제 세랍은 82세였으나 아주 건강했고 그와 함께 일하는 것이 즐거웠다. 그는 티베트의 젊은이들이 서구의 물질문명에 사로잡혀 그들의 심원한 문화에 관심이 없는 때에, 서양인이 이런 책과 가르침에 관심을 갖는 것을 아주 고마워하는 듯했다. 우리가 함께 공부하는 동안 자주 방문객들이 찾아왔으나 그는 할 일이 있다며 그들을 빨리 돌려보냈다.

움제 세랍은 아무것도 숨기지 않고 자유롭게 그의 지식을 나와 나누었다. 그는 시력이 좋지 않음에도 불구하고 안경을 끼고서 강한 빛이 글자 위에 직접 내려 비치는 샤캬 쉬리의 전기를 열정적으로 읽어 내려갔다. 나의 질문들과 의문을 해소하고자 하는 집요함에 그는 잘 대처하면서 인내심을 보여 주었다. 이렇게 공부하는 동안 그는 내게 버터차와 비스킷을 주었으며 종종 가족들이 가지고 오는 따끈한 야채만두를 내게 주기도 했다. 그는 엄격한 채식주의였다.

우리는 몇 가지 점에서 같은 불확실성을 공유했고, 때때로 특정 구절에 대한 이해가 그의 것보다 내가 더 명확한 것도 있었지만, 그는 내가 제대로 이해하지 못한 전기의 많은 부분을 밝혀냈다. 움제 셰랍은 샤캬 쉬리의 제자였던 유명한 라다크 요긴 툴식 빼마 최제의 제자였기 때문에 함께 일하기에 적합한 사람이었다. 또한 움제 셰랍은 샤캬 쉬리와 관련된 많은 사건이 일어난 차리에 있는 '행복한 동굴^{happy cave}'에서 오랜 세월을 보냈었다.

나는 그가 번역에 도움을 준 것뿐만 아니라 나에게 베푼 친절은 의심할 여지 없이 오랜 수행의 결과였다고 생각한다. 달리 수도원 꼭대기에 있는 나무 벽이 있는 작은 방에서 텍스트의 내용을 자세히 들여다보면서, 노승과 서양인은 양철 지붕에 폭우가 쏟아지는 동안에도 몇 시간 동안 외부 세계에 대해 알지 못했다. 친절한 아버지와 함께 보낸 시간처럼, 그의 소박함과 따뜻한 인간미가 있는 공간에서 함께 나눈 그 시간들은 나를 샤캬 쉬리와 더 가깝게 만들었고 샤캬 쉬리의 삶에 관한 이야기를 더 깊이 이해하게 했다.

제8대 두구 최걀 린포체에게도 깊은 감사를 드린다. 그의 제안으로 나는 이 책에 샤캬 쉬리의 수집된 작품에 담긴 깨달음의 노래에 나오는 시와 함께 '마음의 본질에 대한 소개^{introduction to the nature of mind}'라는 짧은 가르침을 포함시켰다. 2001년 10월, 히마찰 프레데시의 따시종에서 오랜 인연이 있는 두구 최걀이 나에게 이 신비로운 노래들을 티베트어로 친절하게 설명해 주었다. 나와 깊은 지식을 공유하고 이 시들의 의미를 밝혀준 그에게 감사드린다. 그의 직계 전임자인 7대 두구 최걀이 샤캬 쉬리의 가까운 제자이자 샤캬 쉬리의 딸 중 한 명과 결혼한 점을 고려하여, 나는 그에게 샤캬 쉬리가 어떤 인물인지 물어볼 기회를 가졌다. 부록에 그의 설명을 포함시켰다.

같은 달에 나는 마날리에 있는 세이 린포체를 다시 만나러 갔다.

그때 아포 린포체의 옛 수행원인 이미 둡텐이 친절하게도 셰둡(샤캬 쉬리의 아들 중 한 명인 팍촉 도제의 화신)이라는 사람이 쓴 미공개 원고를 내밀었다. 셰둡은 티베트에 살다가 지금은 사망했다. 이 원고는 샤캬 쉬리의 후손들의 역사를 요약한 것으로, 내가 부록에 몇 가지를 나열했다.

나는 방금 언급한 사람들에게 큰 빚을 지고 있다. 이분들은 이토록 뛰어난 스승에 대한 지식과 업적을 공유함으로써, 이 책의 독자들에게 이익을 주기 위해 이타적으로 정보와 도움을 제공한 사람들이다.

특히 세이 린포체에게 깊은 감사의 말씀을 전하고 싶다. 그는 내가 샤캬 쉬리와 만날 기회를 주었고, 끊임없이 불러일으키는 영감과 전승의 축복을 나에게 주었다. 작고하신 다르질링의 진파 교수는 인내심을 가지고 언어와 시의 많은 부분을 명확히 해주었다. 처음에는 따시종에서 이 책에 많은 시간을 할애한 여승 아니 빼마와 카테리나 델 레에 의해 나의 제한된 영어 실력이 향상되었다. 나중에는 훌륭한 협업을 통해 이 책을 더 수정한 콘스탄스 윌킨슨에 의해 영어가 향상되었다.

최종 영어 편집은 낸시 시몬스가 맡았는데, 낸시 시몬스는 올바른 단어를 찾지 못했을 때 이 책의 진정한 의미를 전달하는 것이 어려웠을 것이다. 그녀는 전체 작품의 편집에도 귀중한 도움을 주었다. 또한 전체적인 정확성을 높이는 데 큰 도움을 준 아드리아노 클레멘테와 책의 출판 과정을 함께한 마우리치오 밍고티에게도 감사의 마음을 전하고 싶다.

엘리오 구아리스코